THÉATRE COMPLET

DE M.

EUGÈNE SCRIBE.

THÉATRE COMPLET
DE M.
EUGÈNE SCRIBE,

MEMBRE DE L'ACADÉMIE FRANÇAISE.

Seconde Édition,

ORNÉE

D'UNE VIGNETTE POUR CHAQUE PIÈCE.

TOME DIX-SEPTIÈME.

PARIS,
AIMÉ ANDRÉ, LIBRAIRE-ÉDITEUR,

RUE CHRISTINE, N. 1.

M DCCC XXXVII.

CAROLINE,

COMÉDIE-VAUDEVILLE EN UN ACTE,

Représentée, pour la première fois, à Paris, sur le théâtre du Vaudeville, le 15 mars 1819, et reprise le 30 décembre 1820, sur le théâtre du Gymnase dramatique.

EN SOCIÉTÉ AVEC M. MÉNISSIER.

PERSONNAGES.

M. DE SAINT-GÉRAN.
CAROLINE.
MARIANNE.
LÉON, neveu de Saint-Géran.
DERVILLE, ami de Léon.
SAINT-ERNEST.
VALENTIN, valet de Saint-Géran.

SAINT GERAN.

VOUS ÉPOUSEREZ MON NEVEU, ET VOUS M'AIMEREZ TOUJOURS.

Caroline. Sc. XXI.

CAROLINE.

Le théâtre représente un salon élégant, dont les croisées donnent sur un parc. Une porte au fond, deux latérales; une table, plusieurs corbeilles de fleurs; une redingote est étendue sur un fauteuil.

SCÈNE PREMIÈRE.

(Dans l'appartement à gauche, dont la porte est ouverte, on entend chanter.)

CHOEUR d'Un jour à Paris.

Mes amis, peut-on vivre un jour,
Sans boire et sans faire l'amour,
Sans boire
Et sans faire l'amour !

VALENTIN, sortant une serviette sous le bras.

C'est ça, voilà qu'ils chantent, et de fameuses chansons; si on les entendait; heureusement ils m'ont renvoyé, je ne suis pas fâché de prendre l'air : tout ce vin de Champagne qu'ils ont bu me porte à la tête.

Air du vaudeville des Maris ont tort.

Ces messieurs en prennent à l'aise ;
Mais moi, j'aime peu les repas
Où l'on est derrière une chaise,
Et la serviette sous le bras.

Il faut n'avoir d'yeux, ni d'oreilles ;
Et le plus dur, si l'on m'en croit
C'est de déboucher les bouteilles,
Quand c'est un autre qui les boit.

(On entend de nouveau :)

Mes amis, peut-on vivre un jour, etc.

SCÈNE II.

VALENTIN, CAROLINE, SORTANT DE LA PORTE A DROITE.

CAROLINE.

Ah! mon Dieu, quel tapage!

VALENTIN.

Dam'! un déjeuner de garçons, ça n'est pas comme un goûter de demoiselles ; et je suis bien sûr que, dans votre couvent, vous ne faisiez pas tant de bruit ; vous surtout, mademoiselle, qui êtes la tranquillité même ; car depuis huit jours que vous êtes ici, à peine si l'on vous a entendue parler.

CAROLINE, à part.

Et Valentin, qui fait aussi des observations.

VALENTIN.

Mais voyez-vous, tout est relatif, et pour une douzaine d'officiers qu'ils sont là-dedans, il n'y a certainement, en fait de tapage, que ce qui est indispensable.

CAROLINE.

Je craignais que cela n'incommodât mademoiselle de Saint-Géran qui a sa migraine.

SCÈNE II.

VALENTIN.

(Il va prendre la redingote.)

C'est vrai, c'est aujourd'hui; car elle est de migraine de deux jours l'un, et de mauvaise humeur tous les jours.

CAROLINE, à Valentin qui fouille dans la poche de la redingote.

Eh bien! que faites-vous donc là?

VALENTIN.

C'est une liste de commissions que M. Léon, mon maître, m'a données, et qu'il m'a dit que je trouverais dans la poche de sa redingote. Ce doit être ce papier; il n'y en a pas d'autres; mais il n'y a qu'une difficulté, c'est que ce matin, je suis sûr que je ne savais pas lire, et je ne crois pas que depuis... si mademoiselle voulait me rendre le service...

CAROLINE.

Volontiers. (Elle lit.) « Serait-il vrai, mon cher Léon... » Mais c'est une lettre!

VALENTIN.

N'importe, les commissions y sont sans doute écrites.

CAROLINE, lisant.

« Serait-il vrai, mon cher Léon, que tu consentisses
« à épouser la ridicule et sotte petite personne qu'on
« te destine?... » C'est de moi qu'il s'agit.

(On entend en dehors.)

Holà! Valentin, le café.

VALENTIN.

Ah! mon Dieu! C'est le café et la liqueur; j'y cours. Lisez toujours, mademoiselle, vous me direz...

(Il entre dans le cabinet à gauche.)

SCÈNE III.

CAROLINE, SEULE, CONTINUANT A LIRE.

« Elle n'est pas trop mal si l'on veut; mais quelle « tournure, et quel esprit! je l'aurais crue muette, sans « les *oui, monsieur, et non, monsieur*, qui ont fait « l'aliment de la conversation; rappelle-toi le bal d'a- « vant-hier, je l'ai invitée par égard pour toi, et elle « m'a demandé si l'anglaise n'était pas une valse; que « dis-tu de son éducation? » Ah! mon Dieu, c'est vrai; je m'en souviens; je suis perdue de réputation.

(Lisant.)

« Nos pères pouvaient se contenter de bonnes ména- « gères; dans ce siècle-ci, il nous faut, à nous autres, « des femmes d'esprit. Je viens de recevoir de la petite « baronne une lettre admirable; c'est pétillant de « style; il y a même du trait : cette femme-là aurait « tourné le couplet si elle avait voulu.

« Ton ami,

« DERVILLE. »

Derville! C'est ce monsieur qui était si singuliè- rement habillé, et que j'ai pris pour un Anglais! Il me parlait toujours de Paris et de Tortoni. Qu'y pou- vais-je comprendre? Je suis bien malheureuse; élevée par les soins de M. de Saint-Géran, mon généreux protecteur, mais seule, sans guide, dans ce monde où j'entre pour la première fois, je ne puis, malgré mes efforts, vaincre ma timidité, et cependant si j'osais parler. Ah! d'après tout ce que je vois, que les réputations coûtent peu, et qu'on est homme d'esprit à bon marché!

Air: Est-ce ma faute à moi (de la Reine de Hollande).

Léon semble éviter mes pas
   Et craindre ma présence;
Il prend toujours mon embarras
   Pour de l'indifférence.
Mon trouble même aurait, je croi,
   Dû me faire comprendre.
Hélas! est-ce ma faute, à moi,
   S'il ne sait pas m'entendre?

SCÈNE IV.

CAROLINE, MARIANNE.

CAROLINE.

Ah! c'est vous, Marianne?

MARIANNE.

Oui, mademoiselle, j'ai congé aujourd'hui; comme je suis la dame de compagnie de mademoiselle de Saint-Géran, ses jours de migraine sont mes bons jours, et je viens vous annoncer une nouvelle, c'est que, pour célébrer l'arrivée de M. de Saint-Géran, son frère et votre tuteur, il y aura ce soir une grande fête et un bal.

CAROLINE.

Ah! mon Dieu! encore un bal, je suis perdue.

MARIANNE.

Eh bien! vous n'êtes pas contente? par exemple,

vous êtes la première demoiselle à qui un bal fasse de la peine.

<blockquote>
Air : Tenez, moi je suis un bon homme.

C'est dans un bal que l'on peut plaire :
Dans un bal on trouve un mari ;
Puis on parle au père, à la mère,
On s'arrange, tout est fini.
A l'église on roule en carrosse :
Et, par un bonheur sans égal,
Le bal a fait venir la noce ;
La noce fait venir le bal.
</blockquote>

Et ainsi de suite, il n'y a pas de raison pour que ça finisse.

CAROLINE.

Est-ce que tous ces messieurs y seront ?

MARIANNE.

Cela va sans dire, M. Léon les a tous invités, et des belles dames, des demoiselles! Mais je conçois que vous ne serez pas à votre aise au milieu de tout ce monde-là. Parce que quand on a un air un peu gauche... mais ça n'est pas de votre faute; on a de l'esprit ou on n'en a pas, on vient au monde avec ça, et l'on ne peut pas se refaire; c'est ce qu'ils ne veulent pas comprendre; aussi moi, je vous ai prise en amitié.

CAROLINE.

C'est bien de l'honneur que vous me faites, mademoiselle Marianne.

MARIANNE.

Voyez-vous, quand mademoiselle de Saint-Géran, ma marraine, m'a prise auprès d'elle, j'étais presque une paysanne; il est vrai que moi, je ne manquais pas d'intelligence; et puis j'avais tant d'envie de devenir une grande dame; car, c'est à cela qu'il faut penser, et une demoiselle ne doit songer qu'à son établissement, parce qu'une fois qu'elle est mariée, c'est tout.

CAROLINE.

Eh! qui vous a si bien instruite?

MARIANNE.

Oh! j'ai bien vu par moi-même : quand on a l'envie d'apprendre, on observe, on examine; dès que deux personnes parlent ensemble, je suis de là... (avançant la tête). et puis j'ai lu de bons livres; tenez, j'en ai lu un qui porte mon nom : *Marianne ;* c'est une petite fille qui finit par épouser un grand seigneur; pourquoi ne m'en arriverait-il pas autant? en voilà trois ou quatre que je lis, et ça se termine toujours par là ; ainsi...

CAROLINE.

Et c'est là-dessus que vous comptez?

MARIANNE.

Sans doute, et ça a déjà commencé. Une aventure, juste comme dans le livre; vous savez bien l'allée du canal où nous allons souvent nous promener, et le gros chêne au pied duquel nous nous asseyons? J'y ai trouvé un billet adressé à la belle solitaire ; à moi : *si l'amour fait tout excuser...*

CAROLINE.

Et de qui était-il?

MARIANNE.

Pardi! d'un inconnu, c'est toujours d'un inconnu, ça ne peut pas même être d'une autre personne.

Air : Mon Galoubet.

Sans se nommer,
Sans s'exprimer ;
A la fin pourtant tout s'exprime ;
Et ces messieurs de grand renom,
Ces princesses que l'on opprime,
Les meurtriers et la victime,
　　Ça n'a pas d'nom. (4 *fois*.)

　Ça n'a pas d'nom, (*bis*.)
La façon dont on les promène ;
Et l'oncle cruel qui dit : Non !
Et jusqu'aux enfans qu'on amène,
Qui n'ont ni parrain, ni marraine,
　　Ça n'a pas d'nom. (4 *fois*.)

Aussi j'ai répondu en conséquence.

CAROLINE.

Vous avez répondu ?

MARIANNE.

Il le faut bien ; c'est toujours ainsi que ça commence, et vous allez voir maintenant les déclarations et les aventures ; ça ne peut pas manquer d'arriver, ainsi qu'un bon mariage, et je vous tiendrai au courant parce que ça pourra vous servir dans l'occasion quand vous voudrez vous établir.

CAROLINE.

Je vous en dispense, et si vous pouviez seulement trouver un moyen pour m'empêcher de paraître à ce bal ; si j'osais m'adresser à M. Léon.

MARIANNE.

Voulez-vous que je m'en charge ?

CAROLINE.

Non, mon Dieu, non. (A part.) Cette petite fille se

mêle de tout... Le voici. (A Marianne.) Il me semble que si vous me laissiez, j'aurais plus de courage.

MARIANNE.

Non; au contraire, je viendrai à votre secours.

SCÈNE V.

Les précédentes, LÉON, sortant de l'appartement a gauche.

LÉON.

En vérité, il n'y a pas de raison pour qu'on sorte de table. Ce Derville les retient avec ses fades plaisanteries... Ah! voici cette pauvre Caroline! qu'elle est jolie! et pourquoi faut-il?... Eh bien! ils ont beau dire, il y a des momens où ces yeux-là semblent annoncer l'esprit. Ah! quel dommage! allons, sortons.

(Il salue Caroline, et s'éloigne.)

CAROLINE.

Eh bien! il s'éloigne, et sans m'adresser la parole. C'est la première fois.

MARIANNE.

Comment! vous ne lui parlez pas!

CAROLINE.

Puisqu'il s'en va.

MARIANNE.

Eh bien! il faut l'arrêter. (Appelant.) Monsieur Léon! Monsieur!

CAROLINE, voulant l'en empêcher.

Mais non... mais je vous en prie... c'est insupportable!

MARIANNE.

C'est mademoiselle qui voudrait vous parler.

LÉON, revenant.

Serait-il vrai? et serais-je assez heureux...

CAROLINE.

Non, Monsieur, non certainement; je suis désolée qu'on vous ait retenu; c'est mademoiselle.

MARIANNE.

C'est mademoiselle. Eh bien! une autre fois, faites vos commissions vous-même; dame! c'était pour vous faire plaisir.

LÉON.

Il est donc vrai que c'est par vos ordres?

CAROLINE.

Moi! monsieur; non, assurément; je ne me serais pas permis.

LÉON, à part.

Allons. Il est impossible de rien comprendre à sa conduite ainsi qu'à ses discours.

SCÈNE VI.

Les précédens, DERVILLE, SAINT-ERNEST, plusieurs officiers dont quelques-uns tiennent encore leur serviette, d'autres des verres de liqueur.

DERVILLE.

Mon ami, le champagne de ton oncle est délicieux. (A Caroline, qui veut s'en aller.) Eh! quoi, Mademoiselle, nous vous faisons fuir; ah! restez, je vous en supplie.

SCÈNE VI.

CAROLINE, à part.

J'aurais pourtant bien voulu m'en aller. (A Marianne.) Mais c'est peut-être malhonnête.

MARIANNE.

Oh! sans doute, ce serait malhonnête.

DERVILLE, bas, aux autres officiers.

C'est le génie en question ; vous allez entendre une conversation dont je vais vous indiquer d'avance les répliques : *Oui, Monsieur ; non, Monsieur* ; nous ne sortirons pas de là. (Allant à Caroline.) Oserais-je demander à mademoiselle si elle ne s'est point ressentie des fatigues du dernier bal ?

CAROLINE.

Non, Monsieur.

DERVILLE.

Et aurons-nous le plaisir de vous voir ce soir ?

CAROLINE.

Oui, Monsieur.

DERVILLE, regardant les autres officiers, d'un air d'intelligence.

C'est que ces messieurs avaient l'air d'en douter. Vous voyez que je ne vous ai pas trompés, et mademoiselle ne nous privera pas, je l'espère, de l'avantage de danser l'anglaise avec elle ?

CAROLINE.

Non, Monsieur.

LÉON, bas à Derville.

Derville, de grâce.

DERVILLE.

Ah! ça, nous comptons sur un bon orchestre, car à Paris, maintenant, l'on vous exécute une boulangère comme un concerto. Je ne conçois pas comment au dernier bal vous n'aviez pas de galoubet. Quand on aurait dû faire venir Colinet en poste. Un orchestre sans galoubet! Je vous demande, Mademoiselle, si jamais vous avez rien vu de plus impertinent.

CAROLINE, le regardant de la tête aux pieds.

Oui, Monsieur.

(Elle fait la révérence et sort avec Marianne.)

SCÈNE VII.

Les mêmes, hors CAROLINE et MARIANNE.

DERVILLE, un peu déconcerté.

Allons, celui-là a de l'intention; je ne sais pas si c'est de sa faute.

LÉON.

Derville, encore une fois, finis, ou nous nous fâcherons.

DERVILLE.

Ah! ça, peut-on voir un plus mauvais caractère? Je fais les honneurs de chez lui; je sue sang et eau pour être aimable et soutenir la conversation. Il est vrai que j'étais secondé, sans cela!... Eh bien! mes amis, je m'en rapporte à vous, et je vous demande si nous pouvons lui laisser contracter un pareil mariage. Moi d'abord, je forme opposition. Que diable! mon ami, tu ne te maries pas pour toi seul; il faut un peu songer à nous.

SCÈNE VII.

Air du vaudeville de Partie carrée.

Oui, nous vivrons toujours amis, j'espère,
Ainsi qu'au temps où nous étions garçons;
Et ce sera pour nous un jour prospère,
    Quand chez toi nous te trouverons;
Mais pour affaire, ou d'autre cas semblable,
    S'il te faut t'absenter, hélas!
Qu'au moins chez toi nous trouvions femme aimable,
    Quand tu n'y seras pas. (*ter.*)

LÉON.

Je vois que cette pauvre Caroline est condamnée, et que j'espérais en vain la défendre? Mais tu aurais dû songer au moins que sa timidité...

DERVILLE.

Sa timidité! moi, je la soutiens très vive et très romanesque, et j'en ai des preuves. Où en serais-tu si tu n'avais pas en moi un ami véritable? Mais ce n'est pas après un déjeuner comme celui que tu viens de nous donner, que je voudrais te cacher quelque chose. Eh bien! depuis quelque temps, je désirais savoir, dans ton intérêt, si le style de ta prétendue répondait à son dialogue; j'avais remarqué, au bout de l'allée du canal, un gros chêne, où elle allait souvent s'asseoir; j'y ai déposé un petit billet insignifiant, de ces déclarations de portefeuille.

SAINT-ERNEST.

Est-ce celle qui commence par *si l'amour fait tout excuser?*

DERVILLE.

C'est cela, moi, je n'en ai qu'une, c'est toujours la même, et j'en ai reçu la réponse suivante.

LÉON.

Elle a répondu?

DERVILLE.

Deux lignes qui peuvent servir de modèle dans le genre épistolaire. (Lisant.) « Que l'inconnu se fasse con-« naître, et il trouvera un cœur sensible. »

SAINT-ERNEST.

Que l'inconnu se fasse connaître!

DERVILLE.

Il me semble inutile d'aller aux voix, le mariage est cassé à l'unanimité. Mais voyons d'abord, pourquoi te maries-tu? car, s'il n'y a pas de nécessité...

LÉON.

Je vous répète que je dépends de mon oncle, que je n'ai d'autre patrimoine que des dettes, et chaque jour, vous le savez, j'augmente mon patrimoine d'une manière effrayante. Vous ne raisonnez pas assez solidement vous autres; vous ne pensez pas que ces excellens déjeuners, c'est mon oncle qui les donne; que ces parties de plaisir, c'est lui qui les paie; que nos folies, c'est lui qui les répare; et dans ce siècle-ci, Messieurs, l'on ne peut trop estimer les oncles payans.

DERVILLE.

L'observation est juste; continue.

LÉON.

Quoique mon oncle soit resté garçon, il veut absolument qu'on se marie; il ne parle que de mariage, il ne vante que le mariage, et c'est pour cela qu'il veut me faire épouser Caroline.

DERVILLE.

Eh bien! déclare-lui que tu ne peux pas.

SCÈNE VII.

LÉON.

Oui; mais quelle excuse lui donner?

DERVILLE.

Parbleu! il n'en manque pas; dis-lui que tu en aimes une autre, nous allons t'en trouver une.

LÉON.

Vous ne le connaissez pas; il irait sur-le-champ la demander pour moi à ses parens, et demain il faudrait signer le contrat. Oh! vous n'avez pas idée de son activité en fait de mariage, et vous serez bien heureux, vous qui parlez, si vous sortez d'ici avec votre liberté.

DERVILLE.

Comment, on n'est pas ici en sûreté? Eh bien! écoutez. Une inclination malheureuse, un choix disproportionné. J'ai ce qu'il te faut sous la main! la camariste de ta tante, mademoiselle Marianne; il ne te forcera pas, j'espère, à l'épouser.

LÉON.

Eh bien! après?

DERVILLE.

Après, après. Tu ne peux pas te marier tant que tu en aimes une autre. Cette autre, il est vrai, n'est pas digne de toi; tu en conviens le premier, et tu ne demandes qu'à te guérir d'une passion fatale; mais il te faut du temps.

LÉON.

J'y suis; un an, deux ans; je peux même être incurable, et me voilà, comme mon oncle, garçon toute ma vie.

DERVILLE.

Air: J'ai vu le Parnasse des Dames.

Ta flamme ne sera guérie,
Hélas ! qu'avec ton dernier jour,
Et pour peu qu'on te contrarie,
Tu peux même mourir d'amour.

LÉON.

L'en menacer serait folie ;
Jamais on n'en meurt ici-bas,
Car c'est la seule maladie
Que les docteurs ne traitent pas.

SCÈNE VIII.

Les précédens, VALENTIN.

VALENTIN.

Alerte ! alerte ! c'est monsieur votre oncle ; sa voiture entre dans la cour, et la journée sera bonne, car je l'ai entendu qui grondait entre ses dents.

DERVILLE.

Sauve qui peut !

LÉON.

Ah ! ça, je compte sur vous pour dîner et pour la fête de ce soir ; mon oncle est bonhomme au fond, et n'a contre lui que son système conjugal. D'ailleurs, si vous avez peur, dites que vous êtes mariés.

DERVILLE ET LES AUTRES.

Air: On m'avait vanté la guinguette.

De la prudence et du courage,
Et, crois-moi, nous réussirons ;

Hardiment soutiens l'abordage,
Tiens-toi ferme, nous nous sauvons.

(Seul.)

Pour marier chacun, je pense
Que ton oncle, dans ce pays,
Devrait établir une agence,
Dont nous serions tous les commis.

TOUS.

De la prudence et du courage, etc.

(Ils sortent tous.)

SCÈNE IX.

LÉON, SAINT-GÉRAN.

SAINT-GÉRAN entre d'un air de mauvaise humeur, et se promène quelque temps sans rien dire.

La belle chose qu'un garçon en voyage. Des domestiques négligens, aucun soin; tous mes paquets en désordre. Si l'on avait là une femme; et ici, personne pour me recevoir... Ah! c'est vous, Monsieur mon neveu?

LÉON.

Oui, mon oncle, enchanté de vous revoir.

SAINT-GÉRAN, brusquement.

Et moi aussi. (Continuant.) J'aurais trouvé là bon feu, visage agréable, une bonne bergère, une robe de chambre et des pantouffles fourrées, toutes prêtes au coin du feu.

LÉON.

Mais, mon oncle, voulez-vous qu'à l'instant même?...

SAINT-GÉRAN.

Eh! non, Monsieur, c'est inutile; je n'ai pas besoin

de feu au mois d'août; mais je dis que les soins, les égards et les pantouffles fourrées, sont des douceurs auxquelles il faut qu'un garçon renonce pour toute sa vie; prenez leçon sur moi, et profitez. Comment se porte votre future ? Comment la trouvez-vous ?

LÉON.

Fort jolie, assurément.

SAINT-GÉRAN.

Je l'aurais parié; depuis six ans que je l'ai mise au couvent, et que je ne l'ai vue, elle doit être bien changée et bien embellie. Ce doit être un ange, si elle ressemble à son père. Pauvre colonel! c'était un brave, celui-là, nous le savions tous, et l'ennemi aussi.

Air de Lantara.

Oui, pour tout bien à sa famille,
Il n'a laissé que son nom, ses exploits;
Un brave méritait sa fille,
Et c'est de toi que j'ai fait choix. (bis.)
Mais je connais déjà, malgré ton âge,
Ton cœur, ton courage... en un mot,
La gloire est son seul héritage, } bis.
Et tu sauras ajouter à sa dot. }

Oui, Monsieur; vous serez heureux, et moi, je ne serai plus seul; car vos enfans seront les miens, et ils auront tout mon bien.

LÉON.

Mon cher oncle, combien je suis touché de tant de bontés! mais, dites-moi pourquoi, vous, qui détestez autant le célibat, ne songez-vous pas vous-même?...

SCÈNE IX.

SAINT-GÉRAN.

Pourquoi, Monsieur? Parce que celui qui ne se marie pas à votre âge est un fou, et celui qui se marie au mien est un sot. Vous entendez bien que je me connais; la femme que je prendrais aurait toujours trop d'esprit, et avec une femme qui réfléchit et qui raisonne je serais perdu; car, à coup sûr, ses réflexions ne seraient pas à mon avantage.

LÉON.

Je comprends, mon oncle.

SAINT-GÉRAN.

C'est fort heureux! Je ne dis pas si j'avais rencontré l'ignorance et la simplicité que je cherchais; mais où les trouver maintenant? avec l'éducation qu'on donne aux demoiselles. Vous, c'est différent, vous n'êtes pas dans le même cas, et rien ne s'oppose à votre bonheur.

LÉON.

Eh bien! mon oncle, c'est ce qui vous trompe, il y a un obstacle insurmontable; vous êtes trop généreux pour contrarier mon inclination, et je ne puis épouser Caroline, puisque j'en aime une autre.

SAINT-GÉRAN.

Comment! morbleu! j'en apprends là de belles. Et moi, j'entends que vous n'en aimiez pas d'autre, et que vous aimiez Caroline. Eh! pourquoi, s'il vous plaît, ne l'aimeriez-vous pas?

LÉON.

Mais mon oncle, on n'est pas maître...

SAINT-GÉRAN.

Si, Monsieur.

Air : Quand une Agnès devient victime.

A sa présence, à sa personne,
Bientôt vous vous habituerez ;
Elle vous plaira, je l'ordonne,
Et dans huit jours vous l'aimerez !

LÉON.

Vous prétendez qu'un homme sage
Devienne amoureux tout exprès.

SAINT-GÉRAN.

Oui certes, Monsieur, à votre âge,
Moi, je l'étais quand je voulais.

LÉON.

Et moi, je vous déclare que cela m'est impossible ; je ne pourrai jamais m'habituer à un tel caractère, et encore moins à un tel esprit. Interrogez-la vous-même, et vous verrez si c'est la femme qui me convient.

SAINT-GÉRAN.

Qu'est-ce à dire ?

LÉON.

Nul maintien, nulle tenue. L'ignorance, la simplicité même.

SAINT-GÉRAN.

Comment ! comment ! Serait-il vrai ? Répète-moi donc un peu cela.

LÉON.

Oui, mon oncle, je vous répète que c'est la gaucherie personnifiée.

SAINT-GÉRAN.

Vraiment !

LÉON.

Ne sachant ni parler, ni répondre.

SCÈNE IX.

SAINT-GÉRAN.

Serait-il bien possible?

LÉON.

N'ayant pas le moindre usage, pas la moindre habitude du monde.

SAINT-GÉRAN.

C'est à merveille.

LÉON.

Enfin, d'une nullité d'esprit...

SAINT-GÉRAN.

Allons, tranchons le mot, tu crains de dire qu'elle est...

LÉON.

Je n'aurais pas osé.

SAINT-GÉRAN.

Il n'y a pas de mal, il n'y a pas de mal. Je vois cela d'ici. Comment! diable! mais c'est un trésor que cette femme-là; et moi, qui, sans en connaître le prix, allais la sacrifier. Allons, puisque tu ne l'aimes pas, je te pardonne. Nous arrangerons cette affaire-là. (Appelant.) Holà! quelqu'un! Cherchez mademoiselle Caroline, et dites-lui que je serais enchanté de la voir. Quant à toi, voyons un peu quelle est ton inclination? car je veux que tout le monde soit heureux, et dès demain je te marie.

LÉON, à part.

Nous y voilà. (Haut.) Mon cher oncle, je suis indigne de vos bontés; je ne puis pas espérer que celle que j'aime puisse jamais vous plaire. Je combattrai, je surmonterai ma passion. Je ne vous demande que du temps, beaucoup de temps pour me guérir.

SAINT-GÉRAN.

C'est égal ; je veux savoir...

SCÈNE X.

Les précédens, MARIANNE.

MARIANNE, dans le fond.

Comment ! il est vrai que Monsieur est arrivé ?

LÉON.

Eh bien ! mon oncle, dussé-je rougir à vos yeux, il faut donc vous l'avouer ! C'est cette petite fille que ma tante a élevée ; c'est Marianne que j'adore.

MARIANNE, à part.

Ah ! mon Dieu ! c'est lui qui a écrit le billet ; M. Léon est l'inconnu.

SAINT-GÉRAN.

Comment ! il serait possible ? une petite paysanne sans éducation.

MARIANNE.

Tiens, par exemple, est-il malhonnête ?

SAINT-GÉRAN.

Et comment cet amour-là t'est-il venu ?

LÉON.

Je ne vous dirai pas. C'est l'amour le plus prompt, le plus inconcevable.

SAINT-GÉRAN.

Et mon imbécille de sœur, qui là, devant ses yeux !...

SCÈNE X.

LÉON.

Elle n'a rien vu ; et même, je vous jure qu'il était impossible qu'elle pût rien voir.

MARIANNE.

Pardi ! puisque moi-même...

SAINT-GÉRAN.

Tu avais donc perdu la tête ?

LÉON.

J'en conviens.

MARIANNE.

C'est là de l'amour ?

Air : Sans mentir.

Respectez l'amour funeste,
Dont le souvenir m'est cher.

MARIANNE.

Il va faire, je l'atteste,
Quelque coup à la Werther.

SAINT-GÉRAN.

Mais je crains, Dieu me pardonne,
Qu'il ne parle franchement ;
Il faut donc qu'il déraisonne.

MARIANNE, à part, dans le fond.

Oui, car il a l'air, vraiment,
D'un roman (*bis.*) imité de l'allemand.

Que je le plains !

SAINT-GÉRAN.

Allons, il n'y a pas à hésiter ; il faut mettre fin à une pareille folie, et pour commencer, je vais renvoyer cette petite fille à ses parents, et écrire qu'on vienne la reprendre.

(Il entre dans le cabinet.)

MARIANNE, *approchant doucement de Léon.*

Ah! Monsieur, que c'est bien à vous! j'ai tout entendu, et je ne me serais jamais doutée d'un amour aussi désordonné que celui-là.

LÉON.

Comment! vous étiez là?

MARIANNE.

Oui. Nous aurons bien des obstacles, c'est toujours comme ça. Mais il ne faut pas que cela vous effraie. Nous avons le chapitre des oncles barbares et des parens inflexibles; mais ça finit toujours par s'arranger. Quant à moi, vous pouvez compter sur la fidélité ordinaire, et sur la constance de rigueur.

(Elle sort.)

LÉON.

Parbleu! la rencontre est excellente.

SAINT-GÉRAN.

Tiens, fais partir cette lettre.

LÉON.

Oui, oui, mon oncle; je me retire. (A part.) Allons, tout a réussi au gré de mes vœux, et cependant je suis moins content que je ne l'aurais cru.

(En s'éloignant, il salue Caroline qui entre.)

SCÈNE XI.

SAINT-GÉRAN, CAROLINE.

CAROLINE.

Il s'en va; tant mieux! il ne verra pas que j'ai pleuré.

SCÈNE XI.

SAINT-GÉRAN.

Elle est en effet fort bien. Approchez, Caroline, je voulais vous unir à mon neveu; mais il refuse votre main.

CAROLINE, à part, douloureusement.

Il est donc vrai!

SAINT-GÉRAN.

Je ne puis lui en vouloir, il m'a avoué qu'il en aimait une autre, et les inclinations sont libres; qu'en dites-vous?

CAROLINE.

Ce que vous voudrez.

SAINT-GÉRAN.

Comment? ce que je voudrai; (à part, d'un air approbatif.) c'est bien. (Haut.) Je vous demandais si cette résolution vous affligeait?

CAROLINE.

M'affliger! non, rien maintenant ne peut m'affliger.

SAINT-GÉRAN, à part.

Voilà parbleu un heureux caractère! (Haut.) Vous êtes donc contente?

CAROLINE.

Oui.

SAINT-GÉRAN.

Et pourquoi?

CAROLINE.

Je ne sais!

SAINT-GÉRAN, à part.

C'est bien. (Haut.) Et s'il se présentait un époux qui

ne fût plus de la première jeunesse, et qui vous offrît de vous rendre immensément riche?

CAROLINE.

A quoi bon?

SAINT-GÉRAN.

Par exemple, voilà une question. C'est admirable!

Air de Doche.

Quoi! les diamans, la parure?

CAROLINE.

Je n'y tiens pas.

SAINT-GÉRAN.

Mais cependant,
Songez-y bien, chacun assure
Que par leur éclat séduisant,
La beauté même est embellie;
S'il se peut, leur secours divin
Vous rendrait encor plus jolie.

CAROLINE, douloureusement.

Que n'en avais-je ce matin! (*bis.*)

SAINT-GÉRAN.

Ce matin ou ce soir, la différence n'est pas grande, et vous serez satisfaite. Mais que diriez-vous si cet époux était moi-même; si je voulais rendre la fille de mon ancien ami, libre, heureuse et indépendante, et si, en retour, je ne lui demandais qu'un peu d'amitié?

CAROLINE, avec expression.

Quoi! vous daignez attacher quelque prix... Vous, Monsieur, vous voulez donc bien que Caroline vous aime.

SAINT-GÉRAN.

Si je le veux! Parlez, commandez, disposez de ma

SCÈNE XI.

fortune et de moi ; je suis un peu brusque, mais bon diable au fond, et pour devenir le meilleur homme du monde, je n'avais besoin que de trouver quelqu'un qui voulût bien m'aimer ; vous avez cette bonté-là, et c'est d'autant plus beau à vous, que vous êtes la première. Mais, ventrebleu ! je ne serai point ingrat, et vous serez heureuse, ou le diable m'emporte ; que ça ne vous fasse pas peur.

CAROLINE.

Oh ! non, au contraire. Depuis que j'habite ce château, vous êtes la première personne avec qui il me semble que je sois à mon aise.

SAINT-GÉRAN.

Et vous avez raison, voyez-vous ; pas de façons, point de cérémonies. Ils prétendent que vous n'êtes point une femme savante. Tant mieux ! moi, je ne suis pas non plus un académicien ; nous ne débiterons pas de phrases ni de grands mots ; on peut faire bon ménage sans cela.

Air : Ma belle est la belle des belles.

Si par hasard parler vous gêne,
Je m'efforcerai de mon mieux,
Pour vous en épargner la peine,
D'aller au devant de vos vœux ;
Et s'il est maint époux peu tendre,
Toujours prêts à se quereller,
Qui parlent sans jamais s'entendre,
Nous nous entendrons sans parler.

Je vais envoyer chez le notaire... Je comptais assurer la fortune de mon neveu, s'il vous avait épousée... mais désormais, cet article-là est rayé, et vous aurez tout mon bien.

CAROLINE.

Et moi, je n'en veux pas... vous êtes bon, généreux, et pour une personne que vous connaissez depuis quelques instans, vous ne dépouillerez point votre neveu.

SAINT-GÉRAN, stupéfait.

Comment!... parbleu, je suis trop heureux! pas d'esprit, et un bon cœur! voilà la femme qu'il me fallait... Caroline, c'est bien, c'est très bien... ordonnez, je ferai ce que vous voudrez.

CAROLINE.

Eh bien! donc, donnez-lui cette dot, et qu'il épouse celle qu'il aime.

SAINT-GÉRAN.

Celle qu'il aime!... mais, savez-vous que ce n'est pas proposable... Si vous la connaissiez! c'est la filleule de ma sœur, cette petite Marianne.

CAROLINE.

Marianne! Marianne!

SAINT-GÉRAN.

Elle a pour parens d'honnêtes fermiers, il est vrai; mais une fille qui n'a rien, qui ne possède rien.

CAROLINE.

Elle n'a rien!... et elle est aimée.

SAINT-GÉRAN.

D'accord, mais cela ne constitue pas une dot.

CAROLINE.

Sa famille est honnête, votre neveu en est épris; que vous faut-il de plus? Je n'ai pas le droit de dicter votre conduite, mais je sais ce que mon cœur me commande, et je ne consentirai jamais à jouir d'un

SCÈNE XII.

bonheur dont vous priveriez votre neveu..., notre mariage suivra le sien.

SAINT-GÉRAN.

Comment! l'ai-je bien entendu?

CAROLINE, avec fermeté.

Je vous le répète, ma main est à ce prix.

SAINT-GÉRAN, étonné.

Parbleu, mademoiselle... allons, allons, je suis marié, je n'ai plus de volonté. Au fait, elle a raison... qu'est-ce qu'elle me demande? de sacrifier un peu d'orgueil, de faire la félicité de mon neveu, et par conséquent la mienne.

Air du Petit Corsaire.

Je sais bien que plus d'un époux
A ma place craindrait le blâme,
Car ces messieurs rougissent tous
D'être ainsi menés par leur femme.
Je n'ai pas un tel point d'honneur;
Quand une femme qu'on admire,
Veut nous mener vers le bonheur,
Ma foi, je me laisse conduire.

SCÈNE XII.

Les précédens, LÉON.

SAINT-GÉRAN.

Venez ici, monsieur, et tombez aux pieds de votre tante.

LÉON.

Comment! mon oncle, il serait possible?

SAINT-GÉRAN.

Oui, monsieur, et si vous saviez ce qu'elle a fait pour vous... cent mille francs que je vous donne... remerciez-la, vous dis-je ; car je jure bien que jamais sans elle... (Le prenant à part.) Tu avais raison, ce n'est pas un génie, mais elle a du caractère et un bon cœur, et cela vaut bien de l'esprit.

Air de Doche.

Mon cœur à l'espoir s'abandonne ;
Je suis plus jeune de vingt ans ;
Près d'elle je vois mon automne
S'embellir des fleurs du printemps.
Marianne t'est destinée ;
Je vais l'avertir de mon choix :
Pour moi quelle heureuse journée !
Deux mariages à la fois.

LÉON.

Comment, mon oncle ?...

SAINT-GÉRAN.

Ce n'est pas moi, monsieur, c'est elle qu'il faut remercier.

(Reprise de l'air.)
Mon cœur à l'espoir s'abandonne.

SCÈNE XIII.

LÉON, CAROLINE.

LÉON.

Marianne et cent mille francs ! Par exemple, je ne croyais pas que sa rage de marier allât jusque là.

SCÈNE XIII.

Mais, comment diable me tirer de là? (Avec dépit, à Caroline.) Et c'est vous, Mademoiselle, que je dois remercier de ce service?

CAROLINE, avec dépit.

Me remercier! non, Monsieur, je n'ai fait que mon devoir; vous en aimez une autre... vous ne m'aimez pas. Votre conduite est toute naturelle... qui pourrait s'en étonner? ce n'est certainement pas moi... et je me rends trop de justice pour ne pas être la première à plaider votre cause.

LÉON, la regardant avec étonnement.

Qu'entends-je? Et qui vous a dit que cet hymen comblait mes vœux?

CAROLINE.

Qui me l'a dit? votre oncle, vous-même; les transports de joie que vous avez fait éclater... Mais je le vois, vous craignez même de m'avoir une obligation... et le bonheur que vous désirez cesse d'en être un quand il vient de moi.

LÉON.

Non, rien n'égale ma surprise, et c'est vous qui croyez que Marianne a pu me plaire?

CAROLINE.

Air de Romagnesi.

De cet amour vif et soudain,
Pourquoi plus long-temps vous défendre?
J'en aurais gémi ce matin,
A présent on peut me l'apprendre.
Qui pourrait vous en empêcher?
Quand on est d'humeur inconstante,
A sa femme on doit le cacher;
Mais on peut le dire à sa tante.

LÉON.

Comment, ma tante!

CAROLINE.

Oui, ce nom-là me semble doux ;
Désormais il doit me suffire ;
Il faut, pour fixer un époux,
Des charmes qui puissent séduire.
Un neveu... du moins, je le croi,
Sans qu'aucun prestige le tente,
Peut vous aimer... voilà pourquoi
J'ai pris le nom de votre tante.
Je l'avouerai, voilà pourquoi
J'ai pris le nom de votre tante.

LÉON.

Ah! Caroline... daignez m'entendre. Allons, voilà qu'on vient de ce côté, quand je donnerais tout au monde pour un moment d'entretien. C'est mon oncle et ces messieurs.

CAROLINE, à part.

Ces messieurs... Ah! si je pouvais me venger à ses yeux.

SCÈNE XIV.

LES PRÉCÉDENS, M. DE SAINT-GÉRAN, DERVILLE, SAINT-ERNEST, PLUSIEURS AUTRES JEUNES GENS.

SAINT-GÉRAN.

Oui, Messieurs, soyez tous les bienvenus, les amis de mon neveu sont les miens, et surtout dans un jour comme celui-ci! Permettez que je vous présente à la maîtresse de la maison; celle qui, demain, sera ma femme, madame Saint-Géran.

DERVILLE.

Général, je vous en fais mon compliment. (Avec intention.) Et, surtout, à votre neveu.

SAINT-GÉRAN.

Et pourquoi?

DERVILLE.

Parce qu'il aura une jolie tante, et vous une excellente femme. (S'inclinant, à Caroline.) Ah! ça, est-ce par raison, ou par sympathie? Je serais curieux de savoir comment ce mariage-là a pu se faire?

CAROLINE.

Je peux vous l'apprendre, Monsieur. (En souriant, et avec intention.) Autrefois nos pères se contentaient de bonnes ménagères.

DERVILLE.

C'est vrai! Je l'écrivais encore l'autre jour à Léon.

CAROLINE.

A présent les jeunes gens prétendent que, dans ce siècle-ci, il leur faut des femmes qui leur apportent en mariage beaucoup d'esprit; il y a tant de gens qui ont besoin de dot; mais M. de Saint-Géran n'était pas dans ce cas, et la solidité de son jugement, l'étendue de ses connaissances lui permettaient d'épouser une femme sans instruction et sans talens; voilà, Monsieur, ce qui peut vous expliquer le choix qu'il a fait de moi.

SAINT-GÉRAN.

C'est très bien répondu.

DERVILLE, à part, étonné.

Qu'est-ce que ça signifie ? Il me semble qu'elle s'exprime... (Haut.) Nous devons en vouloir à mademoiselle de nous avoir privé si long-temps du plaisir de l'entendre.

CAROLINE.

C'est que je pensais qu'il y avait souvent du danger à parler, et rarement à se taire.

SAINT-GÉRAN.

C'est bien dit.

CAROLINE.

Et qu'une personne dont l'entretien se bornerait à *oui, monsieur, non, monsieur,* courrait souvent moins de risques que celle qui fait les honneurs de la conversation.

SAINT-GÉRAN.

Elle a raison.

DERVILLE.

Ah! ça, mais décidément elle parle.

CAROLINE.

Oui, Monsieur ; mais vous m'avouerez qu'avant de parler, il fallait connaître la langue du pays. Et comment me faire entendre ? comment prendre ce ton léger, cette ironie aimable que vous savez manier avec tant de grâce ? Il est des modèles, Monsieur, dont la perfection décourage.

SAINT-GÉRAN, à part, étonné et fâché.

Hum! Hum!

DERVILLE.

Mademoiselle... Certainement... Mais c'est une mystification !

SAINT-GÉRAN, qui pendant les deux précédentes tirades a montré de l'étonnement et un air fâché.

Eh bien! Messieurs, vous n'avez plus rien à dire. Allons donc, en restez-vous là? (A part.) Morbleu!

LÉON, qui de même a montré de l'étonnement, mais d'un autre genre.

Je suis anéanti!

DERVILLE.

Et moi, d'honneur, je suis pétrifié.

SCÈNE XV.

Les précédens, VALENTIN.

VALENTIN.

Monsieur, voilà une partie de la compagnie qui arrive, et je viens prendre vos ordres.

SAINT-GÉRAN, galamment.

Prenez ceux de madame; moi, cela ne me regarde plus.

CAROLINE.

Comment?

SAINT-GÉRAN.

Je l'exige, ou, du moins, je vous en prie.

CAROLINE, avec aisance et dignité.

Faites entrer dans le premier salon, où nous allons les recevoir; préparez la galerie pour le bal, et disposez les tables de jeux. Vous passerez avant à la salle à manger, et qu'on soit prêt à servir (Montrant Saint-Géran) quand monsieur l'ordonnera; allez.

(Valentin sort.)

DERVILLE, présentant la main à Caroline.

Vous voulez bien permettre. (A Léon, sans quitter la main de Caroline.) Mon ami, elle est charmante. C'est l'esprit le plus piquant et le plus original que je connaisse. Je suis sûr que nous trouverons dans le salon une foule d'originaux de province, et nous allons nous amuser ensemble à les mystifier. Ce sera divin! (A Caroline.) Mille pardons, je suis à vous.

(Ils sortent tous, et Saint-Géran se retire le dernier en marchant lentement, et l'air préoccupé. Léon le retient.)

SCÈNE XVI.

LÉON, SAINT-GÉRAN.

LÉON.

Mon oncle, il faut que je vous parle. Vous connaissez mon attachement pour vous; il m'empêche de garder plus long-temps le silence; on vous a trompé.

SAINT-GÉRAN.

Tu crois?

LÉON.

Oui, mon oncle, et il est de mon devoir de vous avertir. Vous alliez vous marier avec confiance, parce que vous croyiez épouser une femme simple. Je dois vous prévenir qu'elle ne l'est pas.

SAINT-GÉRAN.

Eh bien! mon ami, je m'en doutais.

LÉON.

Et moi, j'en suis sûr.

SCÈNE XVI.

SAINT-GÉRAN.

C'est cependant toi qui m'as dit...

LÉON.

C'est moi qui suis un sot. Vous alliez être dupé, si je ne vous avais pas averti du danger.

SAINT-GÉRAN.

Je te remercie. Mais je ne le crois pas si grand que tu le dis.

LÉON.

Si, mon oncle; bien plus encore. Vous ne pouvez vous imaginer quelle femme charmante! quelle réunion de grâces et de dignité! quel feu! quelle finesse! quelle imagination! Vous ne pouvez pas plus mal tomber, et le danger est réel.

SAINT-GÉRAN.

Eh bien! mon ami, ça m'est égal; je me risque.

LÉON.

Comment!

SAINT-GÉRAN.

Ma foi, oui.

Air: Qu'il est mince, notre journal.

Nous comptions rencontrer céans
Une fille gauche et muette;
Nous trouvons grâce, esprit, talens;
Enfin une femme parfaite.
Ma foi, qu'y faire? que veux-tu?
Il faut se résigner, je pense;
Et je prends, j'y suis résolu,
Mon bonheur en patience.

LÉON.

Mais, mon oncle, ce que vous me disiez tantôt...

SAINT-GÉRAN.

Je crois que je raisonnais mal. Car enfin, une femme sotte peut faire des sottises comme une femme d'esprit, tandis que la femme d'esprit peut quelquefois avoir celui de se plaire avec son mari. As-tu vu déjà quelles attentions la mienne a pour moi, comme dans tout ce qu'elle dit elle cherche à m'attirer les égards et la considération? Mon ami, c'est fini; je me range du parti de la majorité. Je suis pour les femmes aimables.

LÉON.

Eh bien! mon oncle, puisqu'il faut vous le dire, puisque vous ne voulez pas m'entendre, je vous déclare qu'il m'est impossible de donner mon consentement à ce mariage-là.

SAINT-GÉRAN.

Qu'est-ce à dire?

LÉON.

Oui, mon oncle; je l'aime, je l'adore, et je ne puis vivre sans elle.

SAINT-GÉRAN.

Expliquons-nous, s'il vous plaît; je te la donne pour femme, et tu n'en veux pas; tu en aimes une autre; je te la donne encore! et voilà que maintenant... ah! ça, je vais croire que c'est à moi que tu en veux.

LÉON.

Non, mon oncle; mais rien n'égale mon désespoir; et, si vous l'épousez, je ne réponds pas de ce qui peut arriver.

SCÈNE XVII.

SAINT-GÉRAN.

Il n'arrivera rien, Monsieur; je connais Caroline, et elle me préfère à vous. C'est moi qui ai reconnu son mérite, qui ai su l'apprécier. Que diable! épousez votre Marianne, ou, si vous ne voulez pas vous marier, n'empêchez pas les autres; ainsi, prenez votre parti. Caroline sera ma femme, et tâchez d'avoir un peu plus d'amitié pour moi, et pas tant pour votre tante, sinon, je vous déshérite.

(Il sort.)

SCÈNE XVII.

LÉON, SEUL.

Ma tante! ma tante! je ne pourrai jamais m'habituer à ce nom-là. Est-il une situation pareille à la mienne? et fut-on jamais plus malheureux? Pourquoi ai-je écouté les conseils de mes amis, et n'ai-je pas osé braver leurs railleries? car malgré eux, malgré moi, j'ai toujours aimé Caroline; je l'ai aimée du premier moment que je l'ai vue; et depuis que mon oncle veut l'épouser, il me semble, s'il est possible, que je l'aime deux fois plus encore; je n'y tiens plus; je cours lui dire, lui expliquer...

SCÈNE XIX.

LÉON, SEUL.

Notre prévention a été assez grande, pour que nous ayons été dupes d'une erreur aussi grossière! Moi, supposer que Caroline... Ah! je suis indigne d'elle, et j'ai perdu par ma faute le bonheur qui m'était réservé.

SCÈNE XX.

LÉON, CAROLINE, DEUX DOMESTIQUES.

(Caroline sort de l'appartement à droite, et parle aux deux domestiques.)

CAROLINE.

Oui, c'est bien; je vais faire placer le lustre et les guirlandes de fleurs.

LÉON.

C'est elle, et j'ose à peine maintenant lui adresser la parole. (Haut.) Mille pardons, Mademoiselle, je vois que vous avez de si nombreuses occupations...

CAROLINE.

Oui; votre oncle a voulu...

LÉON.

Je n'ose alors vous arrêter; mais je cherchais... je voulais...

CAROLINE, vivement.

Mon Dieu, l'on peut attendre; (aux domestiques) allez, vous autres, je vous rejoins. (Ils sortent.) Serais-je assez

SCÈNE XX.

heureuse, monsieur Léon, pour que vous ayez besoin de moi?

LÉON.

Oui, j'ai besoin de vous dire combien je fus coupable envers vous, moi qui ai pu vous méconnaître, vous outrager. J'en suis assez puni, puisque je vous perds, et qu'en vous perdant, je n'ai pas même le droit de me plaindre; mais si vous saviez quels sont mes tourmens et mes remords, vous ne me refuseriez pas la grâce que je vous demande.

CAROLINE.

A moi! une grâce?

LÉON.

Oui, je serais moins malheureux si j'avais la certitude que vous ne me haïssez pas, que vous oubliez mes torts, et que vous daignez me pardonner.

CAROLINE.

Vous pardonner? et quels torts avez-vous envers moi? Est-ce votre faute si vous ne m'aimez pas?

LÉON.

Que dites-vous! Ah! vous ne connaîtrez jamais combien je vous aimais, et à quel point ma faiblesse et une fausse honte ont pu m'égarer. Mais vous ne me croiriez pas, et je dois renoncer à tout, même à l'espoir de vous convaincre de ma sincérité! Il est donc vrai que tout est fini pour moi! Caroline, vous allez en épouser un autre.

CAROLINE.

Oui; mon consentement est donné, ma main n'est plus à moi.

SCÈNE XXI.

Les précédens, SAINT-GÉRAN.

(Il est dans le fond.)

SAINT-GÉRAN.

Diable, un tête-à-tête! approchons.

LÉON.

Et j'aurais pu posséder tant de charmes, et c'est moi-même qui m'en suis privé! Non, mon oncle ne peut exiger un pareil sacrifice; et s'il me réduit au désespoir, je suis capable de tout oublier.

CAROLINE.

Non, vous n'oublierez point la reconnaissance que vous lui devez; vous vous rappellerez qu'il prit soin de votre enfance, qu'il vous combla de ses bienfaits; que tout à l'heure encore, il vient d'assurer votre fortune; et quand il fait tout pour votre bonheur, de quel droit viendriez-vous troubler le sien? Vous prétendez que ce sacrifice vous est impossible; je le crois, je veux bien le croire; mais vous n'avez pas pensé, sans doute, que l'honneur le commandait : ce mot doit vous suffire, je n'ai pas besoin, auprès de vous, d'autres considérations.

LÉON.

Caroline!

CAROLINE.

Oui, vous vous éloignerez, vous quitterez ces lieux... Vous hésitez; et qui vous a dit, Monsieur, que vous souffriez seul au monde, qu'il n'y a pas d'autres personnes plus à plaindre, et qui ont autant que vous besoin de courage. J'aurais peut-être dû vous le laisser ignorer; mais je ne m'en fais pas de reproches; je crois que vous n'en abuserez pas, que vous n'y verrez qu'un nouveau motif de faire votre devoir, et que vous rougiriez qu'une femme eût plus de fermeté que vous.

LÉON.

Je ne balance plus, je m'éloigne; chaque vertu que je découvre en elle est un nouveau regret pour moi; adieu, Caroline.

(Il fait quelques pas pour sortir.)

SAINT-GÉRAN.

Allons! il s'en va; c'est très bien.

LÉON, revenant.

Et vous, n'avez-vous point d'adieux à me faire? N'avez-vous plus rien à me dire?

CAROLINE.

Non, depuis long-temps mon parti est pris; j'ai juré de faire mon devoir, d'épouser votre oncle, de ne plus vous voir, et de vous aimer toujours.

LÉON, se jetant à ses pieds.

Grand Dieu!

SAINT-GÉRAN.

Comment, de vous aimer toujours?

LÉON.

Eh quoi! vous étiez là?

SAINT-GÉRAN.

Oui, Monsieur, et elle vous a traité comme vous le méritiez; c'est bien, Caroline, c'est très bien, je suis content; il n'y a que quelques mots seulement que j'ai peine à comprendre, *j'épouserai votre oncle, et je vous aimerai toujours.* Voilà une distinction diablement subtile; et je crois qu'en effet il y a trop d'esprit pour moi là-dedans... hein? Qu'en dites-vous? De crainte de ne pas nous entendre, je crois qu'il faut retourner la phrase : « Vous épouserez mon neveu, et vous m'aimerez toujours, » car je serai toujours votre père, votre ami; oui, mes enfans, je reviens à mes premiers projets, et nous ne changerons rien au contrat.

SCÈNE XXII.

Les précédens, DERVILLE.

DERVILLE.

Ah bien! qu'est-ce que je vois donc? cela fait tableau!

LÉON.

Ah! mon ami, je suis le plus heureux des hommes; elle est à moi.

DERVILLE.

Ma foi, tant mieux; je suis maintenant dans les principes du général, il faut qu'on se marie.

MARIANNE, accourant toute essoufflée, à Derville.

Ah! c'est vous, Monsieur; voilà assez long-temps que je vous cherche.

DERVILLE.

Elle est tout-à-fait gentille... Qu'est-ce que tu me veux, mon enfant?

SCÈNE XXII.

MARIANNE.

Eh bien! vous savez... C'est donc vous... qui...

DERVILLE.

Quoi?

MARIANNE.

Eh bien! c'est clair... vous savez bien, pour le mariage?...

DERVILLE.

Excepté cela, ma belle enfant, demande-moi tout ce que tu voudras.

MARIANNE.

Ah! vous ne persistez pas non plus; personne ne persiste, il paraît qu'il n'y aura pas de dernier chapitre.

VAUDEVILLE.

DERVILLE.

Air : Moi, j'aime la danse.

Quand l'amour nous guide
Tout va bien, sous un tel précepteur,
La plus timide
Bientôt n'a plus peur.

SAINT-GÉRAN.

Sexe dangereux
Que je redoute,
A mon âge on craint, sans doute,
Deux beaux yeux,
Plus que les feux
D'une redoute..
Mais qu'amour nous guide,
Que sa flamme échauffe notre cœur;
Le plus timide
Bientôt n'a plus peur.

CAROLINE.

LÉON.

Ce soldat récent
Que chacun raille,
Dès qu'il se trouve en bataille,
S'élance en chantant
Gaiment
Sous la mitraille :
Quand l'honneur nous guide
Près des vieux enfans de la valeur,
Le plus timide
Bientôt n'a plus peur.

DERVILLE.

L'opéra, vraiment,
Fait ma conquête;
Chaque soir, nymphe discrète
Y soigne le sentiment
Et la pirouette :
L'Amour y préside ;
Mais, de ce Dieu terrible et vainqueur,
La plus timide
N'a jamais eu peur.

CAROLINE, au public.

L'auteur inquiet
Est dans l'attente ;
Moi qui d'un rien m'épouvante,
Je n'eus jamais plus sujet
D'être tremblante.
Soyez notre égide :
Dès qu'il entend un bravo flatteur,
Le plus timide
Bientôt n'a plus peur.

FIN DE CAROLINE.

LE
MÉNAGE DE GARÇON,

COMÉDIE-VAUDEVILLE EN UN ACTE,

Représentée pour la première fois, à Paris, sur le théâtre
du Gymnase dramatique, le 27 avril 1821.

EN SOCIÉTÉ AVEC M. DUPIN.

PERSONNAGES.

M. DUBOCAGE, président.
Madame DUBOCAGE, sa femme. (45 ans.)
ERNESTINE, nièce de madame Dubocage.
PROSPER, étudiant en droit.
HUBERT, propriétaire.
GUILLEMAIN, usurier.
UN COMMISSIONNAIRE.
TROIS CRÉANCIERS.

La scène est à Paris, dans la maison de M. Hubert.

PROSPER.

SAISISSEZ, JE LOGE EN GARNI....

Le Ménage de Garçon, Sc. IX.

LE
MÉNAGE DE GARÇON

Le théâtre représente une chambre fermée : à droite, une porte qui communique dans une autre pièce ; à gauche, une porte d'entrée ; dans le fond, une petite porte vitrée, qui est censée être celle de l'alcôve ; au-dessus, une petite lucarne avec un rideau vert ; un secrétaire, une petite table, cheminée avec une tasse, etc.

SCÈNE PREMIÈRE.

HUBERT, seul.

Ma foi, arrivera ce qu'il pourra, cette dame m'a toujours donné le denier à dieu et la voilà installée. C'est agréable d'être à la fois propriétaire et portier de sa maison : on touche les loyers et l'on reçoit les pour boire ; il n'y a rien de perdu, quand on sait faire son état ; car ce n'est pas aisé.

Air du vaudeville de l'Avare.

On croit que notre seul office
Consiste à tirer le cordon :
Il faut qu'un portier réunisse
L'esprit à la discrétion.

> Vient un Juif, un mauvais apôtre,
> Ou jeune fille faite au tour ;
> Avec l'un, il faut être sourd,
> Il faut être aveugle avec l'autre.

Mais si M. Prosper revenait, son terme n'expire qu'après-demain ; et lui, qui est vif en diable ; aussi pourquoi ne prévient-il pas ; on dit : M. Hubert, je ne dois pas rentrer ; on glisse le pour-boire au portier, et le propriétaire n'en sait rien. Mais point du tout ; Monsieur emporte la clef dans sa poche, et voilà huit jours de suite qu'il ne rentre pas ; quel scandale ! et tous les matins... derlin, derlin ; les créanciers, qui font aller la sonnette ; passe encore si c'était un artiste, on y est fait ; dans les maisons on sait bien que ça ne peut pas être autrement ; mais un étudiant en droit !... (On sonne.) Allons, qu'est-ce qui vient là ; je suis sûr que c'est pour louer.

SCÈNE II.

HUBERT, M. DUBOCAGE.

M. DUBOCAGE.

N'est-ce pas ici, madame Florbel ?

HUBERT.

Madame Florbel ! ah ! oui, c'est le nom de cette dame qui vient de me donner le denier à dieu : elle est là dans l'autre pièce avec sa nièce ou sa fille, une jeune personne...

SCÈNE II.

M. DUBOCAGE.

C'est bon, mon ami, voulez-vous m'indiquer le portier.

HUBERT.

Voilà, Monsieur,

M. DUBOCAGE.

Ah! c'est toi; eh bien, mène-moi chez le propriétaire.

HUBERT.

Voilà, Monsieur.

M. DUBOCAGE.

Ah! c'est vous!

HUBERT.

Oui, Monsieur; une jolie propriété que j'ai là, le fruit de mes économies; le pavillon que vous voyez, et une boutique qui en dépend, au coin du boulevard, rue du Pas-de-la-Mule, le cœur du Marais; vous ne croiriez pas, Monsieur, que cela rapporte huit cents francs de loyers et deux cent soixante francs d'impositions.

M. DUBOCAGE.

Deux cent soixante!...

HUBERT.

Oui, Monsieur; je m'en vante; quarante francs de plus, j'étais électeur; mais j'espère bien me faire augmenter.

M. DUBOCAGE.

Et le loyer de cet appartement; car je viens vous payer le premier terme.

HUBERT.

Ah! je comprends, Monsieur loge aussi chez moi?

M. DUBOCAGE.

Non, mon cher, je n'y logerai pas; mais n'importe, c'est moi qui suis chargé...

HUBERT.

Je comprends; Monsieur est...

M. DUBOCAGE.

L'homme d'affaires de ces dames.

HUBERT.

Je comprends, vous dis-je; je vous en fais mon compliment. (A part.) Je peux hausser le loyer. (Haut.) Monsieur.

Air du Vaudeville de Catinat.

C'est six cents francs pour le loyer,
Les impôts de toutes espèces,
Le sou pour livre du portier.

M. DUBOCAGE.

Gomment, six cents francs, ces deux pièces;
Moi, qui n'y porterai mes pas
Que de temps en temps.

HUBERT.

C'est l'usage
Monsieur, quand on n'y loge pas,
Ça coûte toujours davantage.

D'ailleurs, Monsieur, toutes les convenances possibles; deux entrées: l'une par le boulevard, et l'autre par une rue déserte; une maison tranquille, des portiers fort honnêtes.

M. DUBOCAGE.

Oui, je m'en aperçois. Allons, je paie d'avance le premier terme, cent soixante-deux francs cinquante centimes; ces meubles-là en dépendent?

SCÈNE IV.

HUBERT.

Oui, Monsieur, et vous pouvez être sûr que les soins, les attentions, la discrétion...

M. DUBOCAGE.

C'est bon, je m'installe ici; vous pouvez me laisser.

SCÈNE III.

M. DUBOCAGE, seul.

Diable! je n'aurais jamais cru qu'au Marais les loyers fussent si chers! aussi je ne conçois pas ma femme, madame Dubocage, avec ses idées de mystère, d'incognito; à Paris, on vous fait payer tout cela.

SCÈNE IV.

M. ET madame DUBOCAGE.

M. DUBOCAGE.

Ah! vous voilà donc enfin, Madame.

MADAME DUBOCAGE.

Oui, mais parlez plus bas. Il y a une heure que nous sommes arrivées de Versailles, par les Parisiennes.

M. DUBOCAGE.

Et vous n'avez pas versé?

MADAME DUBOCAGE.

Mais non.

M. DUBOCAGE.

Par exemple, c'est jouer de bonheur! aussi je suis enchanté, ma chère amie.

(Il veut lui baiser la main.)

MADAME DUBOCAGE.

Monsieur Dubocage, monsieur Dubocage, ma nièce est là. Et les convenances...

M. DUBOCAGE.

Les convenances n'ont pas le sens commun; vous êtes veuve, c'est fort bien; vous jurez tout haut de ne jamais vous remarier; aussi qu'arrive-t-il cinq mois après?

MADAME DUBOCAGE.

Cinq mois et demi, Monsieur.

M. DUBOCAGE.

Cinq mois et demi! je le veux bien; certaines raisons d'affaires d'intérêt, et, si j'ose le dire, un peu d'inclination réciproque vous forcent à recevoir ma main. Eh bien! morbleu! depuis que vous êtes ma femme...

MADAME DUBOCAGE.

Je vous ait dit, monsieur Dubocage, de ne jamais prononcer ce nom-là; que voulez-vous que pense ma nièce, que pense le monde, qui depuis long-temps connaît la rigidité de mes principes, et qui, vous le savez, n'est que trop disposé à se moquer des veuves, trop pressées de se remarier? attendez au moins l'année de rigueur, et alors...

M. DUBOCAGE.

Et jusque-là, moi, faut-il que je sèche de jalousie? car apprenez, Madame, que lorsque vous étiez à

SCENE IV.

Versailles, je n'y tenais pas, je ne dormais plus, pas même à l'audience.

MADAME DUBOCAGE.

Je vous demande cependant quel sujet vous avez d'être jaloux; pour me rapprocher de vous, j'abandonne Versailles et ma cour, et me voilà installée au fond du Marais, sous un nom supposé avec ma nièce.

M. DUBOCAGE.

A la bonne heure; mais cette petite Ernestine, qui ne vous quitte pas, c'est très incommode; et il faudrait mieux trouver quelques moyens pour qu'elle ne s'étonnât pas de mes visites.

MADAME DUBOCAGE.

Soyez tranquille, je m'en charge; mais c'était ma nièce, ma pupille, je ne pouvais pas m'en séparer! et encore moins à son âge, lui confier un secret de cette importance. D'ailleurs je n'étais pas fâchée de l'éloigner de Versailles; il y avait là quelque galant que je n'ai pu découvrir.

M. DUBOCAGE.

Savez-vous ce qu'il faut faire? il faut la marier.

MADAME DUBOCAGE.

C'est bien mon intention; on m'a même parlé du fils d'un négociant de Marseille, le jeune Saint-Elme, avocat très distingué; le connaissez-vous?

M. DUBOCAGE.

Le jeune Saint-Elme, avocat à Paris? non, je ne connais pas; mais je vous promets de prendre des informations. Adieu, adieu. Je tâcherai, si mes affaires me le permettent, de revenir vous voir aujourd'hui:

c'est qu'il y a si loin du Marais au faubourg Saint-Germain ! je me perds toujours dans ce maudit quartier dont je ne connais pas une rue... Ah ! mon Dieu j'oubliais ; (ouvrant le secrétaire) vous aurez sans doute besoin d'argent, et je vous apportais là quelques rouleaux... (Il va pour les poser sur des papiers.) Qu'est-ce que c'est que cela ? (Lisant.) État de mes dettes : petits dîners particuliers au *Cadran bleu*; livres de droit, vingt-deux francs ; cachemires, six cents francs. Et ce gros cahier ? *Cicéron*, tragédie en cinq actes et en vers, par un étudiant en droit.

MADAME DUBOCAGE.

Comment ! des vers ; qu'est-ce que ça signifie ?

M. DUBOCAGE.

N'allez-vous pas vous fâcher ? ces papiers appartenaient sans doute à la personne qui habitait avant nous ce garni ; et si j'osais risquer une comparaison...

Air : L'Amour a perdu sa cause.

Daignez me la permettre ici ;
Je la crois peut-être assez neuve :
Voyez-vous, un hôtel garni
Est semblable au cœur d'une veuve.

MADAME DUBOCAGE.

Monsieur Dubocage !...

M. DUBOCAGE.

(Suite de l'air.)

Ce cœur où l'on veut s'établir,
Et qui, malgré qu'on puisse faire,
Garde encor quelque souvenir
Du précédent locataire.

(Tirant sa montre.)

Déjà !

SCÈNE V.

Air : *Allons, donnez-moi.*

Adieu, je reviens bientôt
Auprès d'une épouse chérie ;
Car mon cœur me dit qu'il faut
Que je revienne bientôt.

MADAME DUBOCAGE.

Adieu, revenez bientôt ;
Oui, si vous voulez me plaire,
Mon ami, songez qu'il faut
Revenir ici tantôt.

M. DUBOCAGE.

De l'hôtel des Américains,
Je vais vous envoyer des vins,
De ces mets délicats et fins
Que, je vous l'avouerai, ma chère,
Au Marais on ne trouve guère.

MADAME DUBOCAGE, tendrement.

Quelle attention délicate !

ENSEMBLE.

Adieu, je reviens bientôt, etc.

(*M. Dubocage sort.*)

SCÈNE V.

Madame DUBOCAGE, ERNESTINE.

ERNESTINE, entrant.

Eh ! mais, ma tante, vous me laissez bien seule, et je trouve ce quartier, cet appartement d'une tristesse... j'aimais encore mieux Versailles.

MADAME DUBOCAGE.

Je m'en doute bien ; vous croyez peut-être que je

n'ai pas remarqué votre air rêveur, vos distractions ? ce n'est pas moi que l'on trompe, Mademoiselle; je sais tout, et quoique je ne connaisse, ni la personne, ni son nom, ni son état.

ERNESTINE.

Eh! mon Dieu, ma tante, ni moi non plus; il m'a dit seulement qu'il était de Paris, qu'il venait pour moi à Versailles.

MADAME DUBOCAGE.

Qu'est-ce que c'est que cela? une pareille inclination ne saurait être convenable. D'ailleurs j'ai d'autres projets sur vous : on nous a parlé du fils d'un ancien ami, M. de Saint-Elme, un avocat dont on dit beaucoup de bien, et qui... mais nous causerons de cela; rentrons.

ERNESTINE.

Comment! ma tante, nous resterons donc ici toutes seules ?

MADAME DUBOCAGE.

Oui, Mademoiselle; est-ce que cela vous contrarie!

ERNESTINE.

Non, ma tante; mais je pensais que vous alliez bien vous ennuyer, et nous ne recevrons pas de visite?

MADAME DUBOCAGE.

Personne, excepté cependant un monsieur qui, je crois, viendra même assez souvent.

ERNESTINE, vivement.

Un monsieur, jeune?

MADAME DUBOCAGE.

Mais oui, jeune encore; c'est lui qui est chargé de

SCÈNE X.

suivre mon procès, et il faudra que chaque jour il me rende compte.

ERNESTINE.

J'y suis, un avoué! comme c'est gai, la société de ma tante, un avoué tous les jours et un avocat en perspective.

MADAME DUBOCAGE.

Quoi qu'il en soit, je vous engage à le recevoir de votre mieux.

ERNESTINE.

Oui, ma tante.

Air : On m'avait vanté.

A vos ordres, je vais souscrire,
Entre nous, c'est bien convenu,
Je vais travailler, c'est-à-dire,
Je vais penser à l'inconnu.

MADAME DUBOCAGE.

Allons, rentrez, ne vous déplaise,
Je vous suivrai.

ERNESTINE.

Comment! déjà?
Je n'y peux penser à mon aise,
Quand ma tante se trouve là.

ENSEMBLE.

A mes ordres, il faut souscrire :
Entre nous c'est bien convenu,
Je veux qu'en ces lieux tout respire
Les bonnes mœurs et la vertu.

(Elles rentrent toutes les deux dans la pièce à gauche.)

SCÈNE VI.

On entend le bruit d'une clé dans la serrure.

PROSPER, SEUL, LES BOTTES COUVERTES DE POUSSIÈRE ET UNE BADINE A LA MAIN.

Cet imbécille d'Hubert n'est jamais dans sa loge! je n'aurais pas été fâché de prendre en montant mes lettres, mes journaux et mes assignations; car je suis sûr qu'il y en a. (S'essuyant.) Ouf, je n'en puis plus; mais c'est égal, après huit jours d'absence, on n'est pas fâché de se retrouver chez soi; j'aime mon appartement.

Air du vaudeville du Petit Courrier.

Oui, je préfère cet endroit
A plus d'un hôtel à la mode;
Pour un garçon il est commode,
Quoique d'abord il semble étroit.
Son étendue est sans égale,
J'ai mon salon chez Henneveu,
J'ai mon jardin Place-Royale,
Et ma cuisine au Cadran-Bleu.

(Il ôte son chapeau et défait sa cravate.)

C'est charmant d'être garçon : on n'a de compte à rendre à personne; il vous prend une idée de campagne, on met sa clef dans son gousset, une chemise dans sa poche, et l'on rentre dans son appartement sans que personne se soit aperçu de votre absence. Ma foi, je me suis amusé; mon ami Derval est un homme de mérite, riche à millions, et toujours en dispute avec ses voisins. Si jamais je deviens avocat,

c'est une connaissance à cultiver; en outre un château superbe à quatre lieues de Paris, bals, spectacle, concert et un parc qui donne sur les bois de Satory, et dans ces bois de Satory on fait souvent des rencontres. Je vous demande si ça n'est pas jouer de malheur : je vais passer huit jours à la campagne pour m'amuser, et je deviens amoureux d'une manière inquiétante; car enfin, dans ma position, on ne peut pas trop demander une demoiselle en mariage : voilà trois ans que je suis à Paris pour faire mon droit et je n'ai encore pris que mes inscriptions; mon père, d'après mes lettres, me croit déjà un avocat très occupé; c'est une imprudence que j'ai faite là, car depuis ce moment-là il ne m'envoie plus d'argent. Ça coûte cher une réputation, surtout une réputation usurpée; et quand il saura qu'au lieu de faire mon droit, j'ai fait des dettes : des dettes; les grands parens n'ont que cela à vous dire. Eh bien! qu'est-ce que ça prouve? que j'ai du crédit; ce qui doit nécessairement arriver, quand on a, comme moi, deux cordes à son arc; d'un côté mon état d'étudiant en droit, de l'autre ma tragédie de Cicéron! je ne crois pas qu'il y ait beaucoup de jeunes gens dans une plus belle passe.

Air du Pot de Fleurs.

Suivant les élans du génie,
Ou biens des calculs moins hardis,
L'un se livre à la poésie,
L'autre se consacre à Thémis,
Mais, en les cultivant chacune,
Je suis à l'abri des revers :
Le poète fera des vers,
Et l'avocat fera fortune.

Mais où diable vais-je dîner aujourd'hui? car la route m'a donné un appétit; je suis venu à pied; moi, je ne suis pas fier; d'ailleurs quand on n'a pas de paquet. (Montrant son gousset.) Rien sur soi; je ne vois pas la nécessité de prendre une voiture... hein? qu'est-ce qui vient là... Ah! mon Dieu! j'ai laissé la clef à la porte, et ce sera sans doute quelques-uns de ces messieurs, qui, informés de mon arrivée... aussi je m'étonnais bien de ne pas les voir encore.

SCÈNE VII.

PROSPER, un COMMISSIONNAIRE, avec une plaque.

PROSPER.

Eh! Dieu me pardonne, je crois que ce sont des vivres?

LE COMMISSIONNAIRE.

Monsieur, voici un pâté de foies gras, et six bouteilles de vin de Pomard.

PROSPER.

Que tu apportes ici?

LE COMMISSIONNAIRE.

Oui, Monsieur.

PROSPER.

Ah ça, tu ne te trompes pas?

LE COMMISSIONNAIRE.

Non, Monsieur, rue du Pas-de-la-Mule, au second.

SCÈNE VII.

PROSPER.

D'où ça vient-il?

LE COMMISSIONNAIRE.

Ça vient de l'hôtel des Américains.

PROSPER.

Et de quelle part?

LE COMMISSIONNAIRE.

De la part de la personne que vous savez bien; voilà tout ce qu'on m'a chargé de dire.

PROSPER.

Diable m'emporte si...

LE COMMISSIONNAIRE.

V'là ma commission faite, et on m'a même recommandé de ne rien accepter.

PROSPER.

Oh! sois tranquille...

LE COMMISSIONNAIRE.

Mais c'est égal, si malgré cela...

PROSPER.

Non pas, non pas; il faut remplir ses commissions à la lettre.

Air : Voulant par ses œuvres complètes.

Il faut suivre en tout la formule ;
J'en suis désolé, mais vois-tu ?
Je me ferais un vrai scrupule
De te donner un seul écu.
C'est ta consigne, et la droiture
M'ordonne de n'y rien changer.
   (Lui donnant une bouteille.)
Mais tiens, pour te dédommager,
Voilà ton pour-boire en nature.

LE COMMISSIONNAIRE.

Alors, Monsieur, je vous salue bien.

SCÈNE VIII.

PROSPER, seul.

Cela ne pouvait arriver plus à propos... Eh! j'y suis, c'est la femme de ce banquier pour qui j'ai fait des couplets de fête; il faut être juste, ils ne valaient pas cela; allons, je comptais dîner en ville; mais, ma foi, quand on a son repas chez soi, cela dérange moins; je travaillerai à mon autre tragédie de Démosthènes. Allons, allons, mettons le couvert.

(Il met le pâté et une bouteille de vin sur sa table, apporte du sel dans du papier et prend une tasse sur la cheminée à défaut de verre.)

Air de Turenne.

Mets succulens, divine ambroisie,

(Flairant le pâté.)

Il est aux truffes, je le sens.
Fille des cieux, céleste poésie,
Oui, c'est à vous que je dois ces présens ;
Comus est rarement des vôtres :
C'est bien le moins que les Muses, hélas !
Me fassent faire un bon repas ;
Elles en font jeûner tant d'autres.

Hein! (Ouvrant la porte.) Est-ce encore du Pomard?

SCÈNE IX.

PROSPER, GUILLEMAIN, TROIS CRÉANCIERS.

CHOEUR.

Oui, sans façons,
Nous venons
Furibonds ;
Il faut vite
Qu'on s'acquitte,
Ou nous allons,
Avec juste raison
Tout saisir dans la maison.

PROSPER, à table.

Sans façon, un verre ou deux ;
Car, messieurs, je le suppose,
Si vous venez dans ces lieux,
C'est pour prendre quelque chose.

CHOEUR.

Oui, sans façons, etc.

GUILLEMAIN.

Monsieur, il ne s'agit pas de cela, il faut nous payer.

PROSPER.

Oh ! je n'aime pas les criailleries, père Guillemain, arrangez cela avec ces messieurs, vous qui êtes le plus fort ; j'aime autant ne devoir qu'à un.

GUILLEMAIN.

Monsieur, Monsieur ! point de mauvaises plaisanteries, mes momens sont comptés.

PROSPER.

Eh bien ! votre argent ne l'est pas.

GUILLEMAIN.

Alors, Monsieur, nous saisirons le mobilier.

PROSPER.

Saisissez, qu'est-ce que ça me fait? je loge en garni, et l'on est obligé de me fournir; mais, tenez, quand on a des affaires un peu embrouillées, il faut se décider à des sacrifices, et je vous abandonne ma tragédie de Cicéron.

GUILLEMAIN, aux autres.

Bah! bah! inventorions toujours, d'abord, ouvrons le secrétaire.

PROSPER, toujours mangeant.

C'est là que vous le trouverez, un ouvrage sublime! c'est de l'or en barre.

GUILLEMAIN, prenant le rouleau et avec surprise.

C'est de l'or!

TOUS, regardant.

De l'or!

PROSPER, continuant de manger et sans se détourner.

Eh! oui, je vous le disais bien, et pourtant je vous le cède, je vous l'abandonne; je suis sûr que pour vous cela vaut mille écus, pour le moins.

GUILLEMAIN.

Pas tout-à-fait; mais enfin, tel que cela est, nous nous en contenterons. (Bas aux autres créanciers.) Dites-donc, vous autres, trois rouleaux, quinze cents francs, nous pouvons, sans y perdre, n'en prendre que moitié.

PREMIER CRÉANCIER.

Mais oui.

SCÈNE IX.

DEUXIÈME CRÉANCIER.

C'est aussi mon avis.

GUILLEMAIN.

C'est bon, c'est bon. Je suis chargé par M. Prosper de régler les comptes.

LES CRÉANCIERS, ensemble.

Monsieur, voici nos quittances.

GUILLEMAIN.

Voici la mienne aussi.

PROSPER, les regardant.

Comment! il serait possible? eh bien! je ne l'aurais par cru, et voilà un trait qui fait honneur au corps des usuriers. (Prenant les quittances.) Ah! ça, M. Guillemain, vous aimez donc la littérature?

GUILLEMAIN.

Mais dame! Monsieur, qu'est-ce que vous appelez la littérature?

PROSPER.

J'entends que vous êtes capable d'apprécier un pareil trésor.

GUILLEMAIN.

Parbleu! je ne connais pas de meilleure valeur, quand les pièces sont bonnes.

PROSPER.

Excellente, celle-là, excellente, je vous en réponds; c'était ma fortune! mais, heureusement, je ne suis pas encore épuisé! et j'aurai long-temps des ressources de ce genre-là.

GUILLEMAIN, vivement.

J'espère conserver la pratique de monsieur, et mes magasins...

PREMIER CRÉANCIER.

Mon restaurant...

DEUXIÈME CRÉANCIER.

Ma bourse...

TOUS.

Sont au service de monsieur.

PROSPER.

O Cicéron! voilà de tes prodiges. Vois ces modernes Catilina confondus à ton aspect.

GUILLEMAIN.

Catilina; vous êtes bien bon; la vérité est que monsieur est toujours sûr de nous trouver.

AIR : Le Magistrat.

Je crois connaître un peu les hommes ;
Et de parler, s'il m'est permis,
Des créanciers tels que nous sommes
Sont bien plus sûrs que des amis ;
L'amour que ceux-ci vous témoignent
Disparaît avec les beaux jours ;
Le malheur vient, tous les amis s'éloignent :
Les créanciers restent toujours.

PROSPER.

Mes amis, j'accepte. (A Guillemain.) Il me faudra un habillement complet, plus une redingote très élégante, pour la ville, et une robe de chambre pour rester chez moi. (Au premier usurier.) Il me faudra aussi des meubles; car je suis las de loger en garni. (Au deuxième.) Et vous : (comme une idée qui lui vient) parbleu ! il me faut ce soir, le plus joli petit souper, des vins fins, une chair exquise, et qu'à neuf heures tout soit ici. Je veux inviter deux ou trois amis pour rire avec eux de l'aventure. (A Guillemain.) Tu passeras chez Saint-

Charles, Ernest et les deux Senneville, leur dire que je les attends.

CHOEUR, entourant Prosper.

Air connu.

Nous vous nourrirons,
Vous habillerons,
Et sur votre table,
Un vin délectable
Va couler soudain.

PROSPER.

Ah! père Guillemain.

(Les créanciers sortent.)

SCÈNE X.

PROSPER, SEUL.

Comment! ce n'est point un rêve! voilà toutes mes dettes acquittées?

Air du vaudeville de Turenne.

O Cicéron, rien ne manque à ta gloire :
Toi, qui rendais les Romains attentifs,
Qui jamais aurait pu te croire,
Le même pouvoir sur des juifs?
Puisqu'un orateur mis en scène,
Aux créanciers fait donner des reçus;
Demain j'emprunte mille écus
Et j'achève mon Démosthène.

SCÈNE XI.

PROSPER, HUBERT.

HUBERT.
Qu'est-ce que je vois là?
PROSPER.
C'est toi, maître Hubert?
HUBERT.
Oui, Monsieur, mais par où êtes-vous donc rentré? je ne vous ai pas aperçu.
PROSPER.
Voilà ce que c'est que de ne pas être dans sa loge; je parie que tu étais chez le portier du n° 12, à faire de la politique.
HUBERT, troublé.
Oui, Monsieur, c'était son jour de recevoir. (A part.) Eh bien! par exemple, me voilà dans de beaux draps. (Haut.) Vous savez que c'est après-demain le terme.
PROSPER, élevant la voix.
Eh bien! ne t'ai-je pas payé d'avance? le jour où j'ai gagné ces cinquante écus à l'écarté.
HUBERT.
Mon dieu! je sais bien, il n'est pas nécessaire de parler si haut; je voulais vous dire qu'ignorant si vous vouliez renouveler...
PROSPER.
Ah! bien oui, un juif, un arabe tel que toi; je suis seulement fâché de ne pas pouvoir te jouer quelque tour avant de nous séparer.

SCÈNE XI.

HUBERT.

Vous ne m'en avez pas assez joué, peut-être?

<small>Air de Partie carrée.</small>

<small>Avec vous jamais je ne gagne,
De me ruiner vous avez fait le plan,
Et vous allez toujours à la campagne,
Aux approches du jour de l'an.
Enfin vous êtes, la saison dernière,
Resté sans bois l'hiver entier,
Afin d'ôter, à moi propriétaire,
La bûche du portier.</small>

PROSPER.

Dès demain je te quitte : je ne veux plus d'hôtel garni, je me mets dans mes meubles.

HUBERT, à part.

Demain, si cette idée-là avait pu lui prendre aujourd'hui. (Haut.) Vous ne savez donc pas, Monsieur, qu'il y a ce soir une première représentation à l'Ambigu-Comique? j'en ai entendu parler. Un ouvrage qui a été refusé au Théâtre-Français.

PROSPER.

Diable! mais cela pourrait être bon; n'importe, je ne puis : je donne ce soir à souper à une demi-douzaine de mes amis.

HUBERT.

Comment, Monsieur? Jésus-Maria! c'est fait de nous.

PROSPER.

Ah ça! qu'est-ce que tu as donc, depuis une heure! je te trouve un air tout extraordinaire, une physionomie renversée.

HUBERT.

Ce n'est pas sans raison; imaginez-vous, Monsieur, que pendant votre absence, il est venu ici très souvent cette plaideuse que vous ne vouliez pas voir.

PROSPER.

Serait-ce cette dame de province, que mon père m'a recommandée dans ses dernières lettres? depuis qu'il me croit avocat, il m'envoie des affaires tous les mois. J'espère bien que tu as toujours dit que j'étais à la campagne?

HUBERT.

Oui, Monsieur; mais je ne sais pas qui lui a dit que vous deviez revenir aujourd'hui; elle fait antichambre ici à côté avec sa nièce, bien décidée à attendre votre retour.

PROSPER.

Il paraît que mon père a soigné ma réputation. Parbleu! elle m'attendra long-temps, car je me sauve; donne-moi mon chapeau.

HUBERT.

Bravo! le voilà dehors.

SCÈNE XII.

Les précédens, ERNESTINE.

ERNESTINE, à la cantonnade.

Oui, ma tante, je reviens.

PROSPER.

Grands Dieux!... Hubert, mon cher Hubert, regarde donc.

SCÈNE XII.

HUBERT.

Qu'est-ce qui lui prend donc ?

PROSPER, le chapeau à la main.

Comment, Mademoiselle, c'est vous qui êtes ici avec madame votre tante ?

ERNESTINE.

Oui, Monsieur. (à part.) Ah! mon Dieu! je ne me serais jamais douté.... (Haut.) Comment! vous êtes celui que ma tante attendait avec tant d'impatience, je cours la prévenir.

PROSPER.

Non, il n'est pas nécessaire... un instant, je vous en supplie.

HUBERT.

Ah! ça! qu'est-ce qu'ils ont donc? est-ce que j'aurais rencontré juste sans m'en douter?

PROSPER.

Hubert, laisse-nous.

HUBERT.

Comment, Monsieur !

PROSPER.

Sortez, vous dis-je.

HUBERT, en s'en allant.

Ma foi, je n'y conçois rien; mais je n'y saurais que faire.... que cela s'arrange maintenant comme ça pourra.

(Il sort.)

SCÈNE XIII.

PROSPER et ERNESTINE.

PROSPER.
Que j'étais loin de m'attendre à un pareil bonheur!
ERNESTINE.
Certainement, Monsieur, je n'aurais jamais pensé que vous fussiez l'homme d'affaires de ma tante.
PROSPER, posant son chapeau et ses gants sur un meuble.
Je tâcherai de mériter sa confiance.
ERNESTINE.
Ça n'est pas nécessaire, vous l'avez déjà; si vous saviez combien elle a pour vous d'affection, d'estime, elle parle avec tant d'éloges de votre personne et de vos talens.
PROSPER, à part.
Par exemple, je ne me serais jamais cru une pareille réputation (Haut.) Et puis-je espérer que vous partagez un peu la bonne opinion qu'elle a de moi?
ERNESTINE.
Il le faut bien.
PROSPER.
Comment?
ERNESTINE.
Puisque ma tante m'a recommandé de vous traiter comme l'ami de la maison... Voilà ses propres paroles.
PROSPER.
Vraiment?... Voilà qui est charmant!

SCÈNE XIII.

Air de M. Aymon.

PREMIER COUPLET.

De cet accueil plein d'amitié
Avec raison mon cœur s'étonne ;
Mais le vôtre est-il de moitié
Dans les ordres que l'on vous donne ?

ERNESTINE.

Sur un tel chapitre, je crois,
Monsieur, je suis fort ignorante ;
Je sais seulement que je dois
Obéir toujours à ma tante.

DEUXIÈME COUPLET.

Elle m'a commandé tantôt
D'être aimable, d'être polie ;
Surtout, m'a-t-elle dit, il faut
Qu'en rien je ne vous contrarie.

PROSPER.

Puis-je à cette sévère loi
Croire que votre cœur consente ?

(Il lui baise la main.)

ERNESTINE.

Il le faut bien, monsieur, je doi
Obéir toujours à ma tante.

PROSPER.

Ainsi vous me permettrez de vous aimer, de vous le dire...

ERNESTINE.

Oui, si ma tante l'ordonne... mais vous oubliez qu'elle vous attend ?

PROSPER.

Ah! laissez-moi prolonger des instans aussi doux... songez donc que, dès que nous serons dans les procès et les affaires... Et dites-moi, savez-vous où votre tante compte aller ce soir?....

ERNESTINE.

Mais pas autre part qu'ici, du moins je le pense... à Versailles, ce n'est pas comme à Paris, on a l'habitude de souper...

PROSPER, vivement.

Et elle comptait peut-être souper ici.

ERNESTINE, froidement.

Mais probablement.

PROSPER.

Ah! que c'est heureux! (À Ernestine.) combien je suis flatté! (à part.) par exemple! elle joue de bonheur, tomber sur un jour où le traiteur me fait crédit: justement, un repas superbe. (Se frappant la tête.) Ah mon Dieu! et les deux ou trois mauvais sujets que j'ai fait inviter... Il est temps encore... Je cours donner contre-ordre (A Ernestine.) Mademoiselle croyez certainement... la joie... l'ivresse... je suis le plus heureux des hommes. Mais, daignez prier madame votre tante d'excuser mon impolitesse... dans un instant je suis à vous... je suis à elle... c'est l'affaire d'une minute...

(Il prend son chapeau, et sort précipitamment.)

SCÈNE XIV.

ERNESTINE, ENSUITE MADAME DUBOCAGE.

ERNESTINE.

Eh bien! qu'y a-t-il donc?... et d'où vient ce départ subit? (Appelant à la porte de la chambre.) Ma tante... ma tante! arrivez donc, vous ne savez pas... ce monsieur dont vous m'avez parlé...

MADAME DUBOCAGE.

Eh bien!

ERNESTINE.

Il sort d'ici.

MADAME DUBOCAGE.

Sans demander à me voir?

ERNESTINE.

Si vraiment.... mais je crois qu'il a la tête là... un peu... comment vous dirai-je?

MADAME DUBOCAGE, sévèrement.

Qu'est-ce que c'est, Mademoiselle? que prétendez-vous dire de sa tête?

ERNESTINE.

Dame! il venait de causer avec moi d'une manière certainement très raisonnable... et quand je lui ai dit que probablement vous souperiez ici... il a pris son chapeau et est sorti comme un fou, en criant qu'il allait revenir...

MADAME DUBOCAGE.

Il avait sans doute oublié quelque chose... mais à cela près, comment le trouvez-vous?...

ERNESTINE.

Oh! ma tante... je n'ose pas vous dire... je l'ai trouvé plus galant et plus aimable que jamais.

MADAME DUBOCAGE.

Comment plus aimable que jamais?... vous avez donc eu déjà des preuves de son amabilité?

ERNESTINE.

Mais oui... ma tante... c'est que si je vous dis ce qui en est, vous allez vous fâcher.

MADAME DUBOCAGE.

Ah! mon Dieu! il me prend une palpitation... parlez, Mademoiselle, parlez : vous voyez bien que je vous écoute...

ERNESTINE.

Mais vous auriez bien tort de croire que c'est une inclination suspecte; car il m'a dit qu'il me trouvait charmante et qu'il m'aimait.

MADAME DUBOCAGE.

Qu'il vous aimait? (A part.) Ah! monsieur Dubocage! Mais comment est-il possible.... que vous qu'il connaît à peine?...

ERNESTINE.

Mais du tout... puisque c'est lui...

MADAME DUBOCAGE.

Comment lui !....

ERNESTINE.

Eh bien, oui... lui, dont je vous parlais tantôt... c'est à Versailles que cela a commencé.

MADAME DUBOCAGE, à part.

Voilà donc pourquoi il y venait si souvent et incognito! (Haut.) Et c'est là qu'il vous faisait les yeux doux ?

ERNESTINE.

Oui, quand vous ne regardiez pas....

MADAME DUBOCAGE.

Laissez-moi, Mademoiselle.

ERNESTINE.

Eh! mon Dieu! qu'avez-vous?

MADAME DUBOCAGE, avec dignité.

Laissez-moi, Mademoiselle, laissez-moi, et rentrez dans votre chambre.

ERNESTINE.

Oh! je m'en vais... mais il reviendra, n'est-ce pas?... vous me le promettez... Par exemple, je ne sais pas ce qu'a ma tante.

(Elle rentre.)

SCÈNE XV.

MADAME DUBOCAGE, SEULE.

Je vous le demande : à qui se fier?... qui aurait jamais cru que M. Dubocage, un homme respectable... un président... lui, dont j'aurais répondu comme de moi... je ne puis croire encore... hein! qui sonne là?...

SCÈNE XVI.

MADAME DUBOCAGE, GUILLEMAIN, PLUSIEURS GARÇONS TRAITEURS.

GUILLEMAIN.

Mille pardons, Madame... (A part.) Il paraît que c'est une nouvelle... (Haut.) Je vois... je vois qu'en l'absence de monsieur, c'est vous qui êtes la maîtresse de céans. (A part.) Par exemple, il a là un drôle de goût.

MADAME DUBOCAGE.

Oui, Monsieur... finissons : qu'y a-t-il pour votre service ?

GUILLEMAIN.

Diable ! celle-là n'est pas de bonne humeur... dépêchez-vous, vous autres, et disposez là le souper que monsieur a commandé.

MADAME DUBOCAGE.

Comment ! il a commandé...

GUILLEMAIN.

Oui, un petit repas... pour lui et deux ou trois de ses amis... et je devine sans peine qu'est-ce qui doit en faire les honneurs.

MADAME DUBOCAGE.

Deux ou trois de ses amis à une pareille heure ?... mais c'est d'une indiscrétion... mais êtes-vous bien sûr ?...

GUILLEMAIN.

C'est M. Prosper qui m'a dit lui-même...

MADAME DUBOCAGE.

M. Prosper... vous voulez dire M. Dubocage.

GUILLEMAIN.

Est-ce Dubocage ? je le veux bien... le mois dernier il s'appelait Belval : Prosper ou Dubocage, le nom ne fait rien à la chose.

MADAME DUBOCAGE.

Qu'est-ce que j'apprends là ?... comment ! dès le mois dernier il occupait cet appartement sous un nom supposé ?

SCÈNE XVI.

GUILLEMAIN.

Le mois dernier... parbleu! en voilà plus de six que monsieur l'a loué.

MADAME DUBOCAGE.

Comment!... (A part.) Mais au fait il vaut mieux se taire et confondre le perfide.... (Haut.) Et sans doute il recevait des visites?

GUILLEMAIN.

Beaucoup, c'est un homme très répandu.

MADAME DUBOCAGE.

Air : Ces postillons sont d'une maladresse.

Il recevait donc,

GUILLEMAIN.

Oui, des diables ;
Tous jeunes gens et tous charmans sujets.

MADAME DUBOCAGE.

Et des dames ?

GUILLEMAIN.

De fort aimables,
Dont je retrouve en vous les traits ;
De bons amis, du punch, du tapage,
Vingt créanciers, autant d'amours, enfin,
On n'en aurait pas davantage
Dans le quartier d'Antin.

Au surplus cela ne nous regarde pas... pourvu que nos fournitures soient payées.

MADAME DUBOCAGE.

Monsieur est...

GUILLEMAIN.

Dans le commerce, Madame; je lui prête de l'argent.

MADAME DUBOCAGE.

Est-ce qu'il en a besoin ?

GUILLEMAIN.

Souvent. Mais il paraît qu'il veut se ranger ; et cela ne m'étonne pas, depuis que j'ai vu madame..... il n'a jamais fait un choix plus sage, plus raisonnable; et cela annonce une maturité de raisonnement dont je ne l'aurais jamais cru capable.

MADAME DUBOCAGE.

C'est bon... sortez.

(Guillemain et les garçons traiteurs sortent.)

SCÈNE XVII.

Madame DUBOCAGE, seule.

Allons, il n'y a plus de doute.

Air : De sommeiller encor, ma chère.

Rarement on trouve au jeune âge,
Amour constant, fidèle et pur ;
De crainte d'un mari volage,
Je l'avais pris d'un âge mûr.
Pour éviter mainte équipée,
Cinquante hivers me semblaient rassurans ;
Mais, hélas ! pour être trompée,
Autant vaudrait qu'il eût vingt ans.

Allons tout confier à ma nièce... lui dire que le perfide qui voulait la séduire est mon mari, et nous préparer toutes les deux à le traiter comme il le mérite.

(Elle emporte un des flambeaux qui sont sur la table et sort par l'appartement à droite : il fait nuit.)

SCÈNE XVIII.

PROSPER., TENANT M. DUBOCAGE PAR LA MAIN ;
M. DUBOCAGE EST SANS CHAPEAU ET UN PEU EN DÉSORDRE.

PROSPER.

Ne craignez rien, Monsieur, et suivez-moi. On n'y voit goutte, mais je connais si bien l'escalier.

M. DUBOCAGE.

Ma foi, Monsieur, je vous remercie ; je m'étais égaré dans ces rues que je ne connais pas ; et sans vous, ces deux coquins m'auraient fait un mauvais parti ; j'avais beau crier.

PROSPER.

Oui, c'est un avantage du quartier : à neuf heures, tout le monde est endormi ; seulement nous avons quelques personnes qui se couchent un peu plus tard, et qui s'amusent à vous demander la bourse ; par exemple, il ne se sont jamais adressés à moi ; il faut qu'ils me connaissent.

M. DUBOCAGE.

Puis-je vous demander où je suis ?

PROSPER.

Chez moi, Monsieur. Je vous disais bien que par ma petite porte, et en traversant le jardin, nous serions arrivés de suite.

M. DUBOCAGE.

Et à qui dois-je cet important service ?

PROSPER.

A M. Prosper, étudiant en droit.

M. DUBOCAGE.

Diable! vous êtes un peu loin de l'école.

PROSPER.

Ça m'est égal, je n'y vais jamais; mais je vous demande mille pardons de vous laisser dans l'obscurité, je cherche mon briquet phosphorique.

M. DUBOCAGE.

Ne vous inquiétez pas, je vais trouver un siége (En se reculant il rencontre la table.) Eh mon Dieu! qu'est-ce que je sens là? c'est un couvert qui est tout dressé.

PROSPER.

Ah! ah! ils ont servi; parbleu! Monsieur, j'espère que vous me ferez l'honneur de partager... Ah! voilà mon briquet.

M. DUBOCAGE.

Ma foi, avec plaisir; à cette heure-ci, on ne m'attendra pas.

PROSPER, brisant plusieurs allumettes.

C'est-à-dire, je vous invite, là, comme un étourdi, j'oubliais de vous dire que j'ai des dames; elles sont là à côté; parce que vous entendez bien qu'un garçon...

M. DUBOCAGE.

C'est trop juste. (A part.) Allons, me voilà en partie fine.

PROSPER.

Mais il faut que je leur demande la permission de leur présenter un étranger.

M. DUBOCAGE.

Comment donc! je serais désolé de vous gêner; je

SCÈNE XVIII.

passerai dans un autre appartement, et traitez-moi en garçon.

PROSPER, allumant les bougies.

Du tout, je suis sûr que ces dames seront enchantées d'avoir un pareil convive.

M. DUBOCAGE, qui a regardé autour de lui.

Ah! mon dieu!

PROSPER.

Eh bien! qu'est-ce que vous avez donc?

M. DUBOCAGE.

Rien : c'est l'éclat subit de la lumière. (A part.) Je ne me trompe pas...

PROSPER.

Eh bien! vous ne vous asseyez pas, vous avez tort; mettez-vous à votre aise.

(Il ôte son chapeau, son habit et met une redingote.)

M. DUBOCAGE.

Il est tout-à-fait chez lui. Morbleu! qu'est-ce que cela signifie? Comment, Monsieur, c'est ici votre appartement?

PROSPER.

Comme vous voyez.

M. DUBOCAGE.

Et c'est ici que vous allez passer la nuit?

PROSPER.

Apparemment, je n'ai pas envie d'aller coucher à la belle étoile, en héros espagnol... Eh bien! qu'avez-vous donc? vous changez de couleur!

M. DUBOCAGE.

Je vous avoue que l'émotion, la surprise...

PROSPER.

Bah! vous allez vous remettre en soupant.

M. DUBOCAGE.

Ah! sans doute; mais ces dames dont vous parliez tout à l'heure?

PROSPER.

Elles arrivent de province, de Versailles, c'est tout comme; vous en serez content.

M. DUBOCAGE.

Non : j'avais tort d'être jaloux; mais morbleu!... (Se reprenant.) Et, sans doute, ces dames vous voient d'assez bon œil?

PROSPER.

Vous sentez bien que là-dessus, je ne peux pas vous dire... mais, modestie à part, je ne me crois pas mal avec elles. Tenez, je les entends, et si vous voulez avoir la bonté d'attendre un instant, je vais demander la permission de vous présenter. (Regardant autour de lui.) C'est que je n'ai ni salon, ni antichambre.

M. DUBOCAGE.

Eh! parbleu! ce cabinet.

(Montrant la porte qui fait face au public et qui a une lucarne avec un rideau de taffetas.)

PROSPER.

Je vous demande mille pardons.

(M. Dubocage entre dans le cabinet.)

SCÈNE XIX.

PROSPER, ERNESTINE.

PROSPER.

Eh bien! madame votre tante a-t-elle eu la bonté de m'excuser?

ERNESTINE, très froidement et très sévèrement.

Oui, Monsieur, elle vous attend pour vous parler.

PROSPER.

Ah! mon Dieu! quel air froid et solennel!

ERNESTINE.

C'est le seul qui me convienne, Monsieur; ma tante m'a chargée, en outre, de vous dire qu'elle était indisposée, et qu'elle vous priait qu'on voulût bien souper dans l'autre pièce, au coin du feu.

M. DUBOCAGE, toussant.

Hum! hum!

PROSPER.

Je suis à vos ordres; mais daignez m'expliquer d'où vient le changement que je remarque dans vos manières, moi qui comptais que nous allions faire un repas charmant, et qui voulais vous demander la permission d'amener un ami.

ERNESTINE.

Justement ma tante ne veut recevoir personne que vous, Monsieur.

M. DUBOCAGE, toussant.

Hum! hum!

PROSPER.

Ah! diable! je suis désolé.

ERNESTINE.

Elle vous prie de congédier les deux ou trois amis que vous avez eu la délicatesse d'inviter.

PROSPER.

Ah! mon Dieu! n'est-ce que cela qui vous fâche?

ERNESTINE.

Je sais tout, ma tante m'a tout confié, jusqu'aux liens qui vous unissent.

M. DUBOCAGE.

Morbleu!

PROSPER.

Les liens qui m'unissent à elle! Il y a ici quelque méprise que je veux éclaircir, et je vole auprès d'elle.

M. DUBOCAGE.

Ah! c'en est trop, Monsieur, vous m'avez enfermé.

PROSPER.

C'est sans le vouloir; attendez un instant, je suis à vous.

(Allant au fond et criant.)

M. DUBOCAGE, frappant à la porte.

Air du Château de mon oncle.

Depuis trop long-temps je vois
Qu'on veut se jouer de moi,
   Ouvrez-moi,
   Seul je doi
Dans ces lieux faire la loi.

SCÈNE XX.

Les précédens, madame DUBOCAGE, entrant d'un côté, ROBERT, GUILLEMAIN, et les créanciers, entrant de l'autre.

Suite de l'air.

MADAME DUBOCAGE, ROBERT, GUILLEMAIN.

De grâce, pourquoi fait-on
Un tel bruit dans la maison ?
  Ah ! grands dieux !
  Dans ces lieux,
Pourquoi ce vacarme affreux ?

M. DUBOCAGE, *par la lucarne.*

Qu'on m'ouvre la porte !
Il faut que je sorte ;
  Craignez tous
  Mon courroux.

MADAME DUBOCAGE.

Ciel ! que vois-je ? mon époux !...

M. DUBOCAGE.

Oui, femme imprudente !

ERNESTINE.

Quoi ! c'est là ma tante !
  Votre époux,
  Entre nous, *(bis.)*
Combien donc en avez-vous ?

ENSEMBLE.

M. DUBOCAGE.

Depuis trop long-temps je voi,
Qu'on veut se jouer de moi,
  Etc., etc.

GUILLEMAIN, PROSPER, MADAME DUBOCAGE,
ROBERT, ERNESTINE.

De grâce, pourquoi fait-on
Un tel bruit dans la maison?
Etc., etc.

(Pendant le refrain, on a été ouvrir à M. Dubocage.)

(Deuxième reprise de l'air.)

M. DUBOCAGE.

Oui, je suis chez moi, peut-être.

PROSPER.

Non, c'est moi qui suis le maître.

M. DUBOCAGE, PROSPER, prenant tous deux Hubert au collet

Réponds, traître !
Réponds, traître !

HUBERT.

Calmez ce courroux !
D'où vient le bruit que vous faites ?
Tous trois nous sommes honnêtes,
Et vous êtes
Tous les deux chez vous.

TOUS.

Quoi ! vous leur } faites payer
Quoi ! vous nous }
A tous les deux un loyer;
Ah ! c'est bien
Le moyen
De faire valoir son bien !

(Prosper et M. Dubocage se faisant des politesses)

On avait su m'abuser,
Monsieur, daignez m'excuser ;
Plus d'accès
Aux procès ;
Désormais,
Vivons en paix.

SCÈNE XX.

PROSPER.

Vous voyez tous l'injustice de vos soupçons, et pour vous prouver que je n'eus jamais de coupables projets sur madame, si elle me permet d'aspirer à la main de son aimable nièce, vous pouvez vous informer de M. Prosper Saint-Elme, jeune avocat, ou peut s'en faut, une famille distinguée, des espérances superbes, une conduite irréprochable.

MADAME DUBOCAGE.

Saint-Elme, comment! vous seriez M. Saint-Elme, de Marseille, le fils du négociant.

ERNESTINE.

Ah! ma tante, celui dont vous me parliez ce matin.

M. DUBOCAGE.

C'est monsieur sur qui vous m'avez chargé de prendre des informations?

PROSPER.

J'ose espérer qu'elles seront à mon avantage, et que ma sagesse, ma raison...

MADAME DUBOCAGE.

Un instant; Prosper, c'est lui dont monsieur, (montrant Guillemain) me parlait tout à l'heure, des créanciers, des dettes.

PROSPER.

Moi! des créanciers, des dettes; c'est ainsi que la vertu est toujours calomniée; voyez plutôt.

(Lui donnant des quittances.)

MADAME DUBOCAGE.

Comment! il serait possible. (Regardant les quittances.) (A Guillemain.) Est-ce bien là, Monsieur, votre signature?

GUILLEMAIN.

Oui, Madame, nous avons trouvé ce matin, dans le secrétaire de monsieur, de quoi solder nos créances.

M. DUBOCAGE.

Comment! dans ce secrétaire, parbleu! je le crois bien, c'est moi qui avais mis...

MADAME DUBOCAGE.

Mes quinze cents francs!

PROSPER, avec transport.

C'était une méprise; mais... Je suis enchanté de vous avoir pour créancier.

MADAME DUBOCAGE.

Du tout, Monsieur, les quinze cents francs m'appartenaient.

PROSPER.

Comment! c'est à vous, Madame? quelle bonté, quelle générosité! marier votre nièce, et lui donner un présent de nôces. (Froidement aux créanciers.) N'importe, Messieurs, je ne m'en dédis pas; j'emploie les cadeaux qu'on me fait à payer mes dettes. (A M. et madame Dubocage.) j'espère qu'un pareil exemple de sagesse doit vous rassurer pour l'avenir.

Air : J'en guette un petit de mon âge.

D'ailleurs, Thémis à Melpomène unie
Vous répondra de mon futur destin;
Oui, président, votre ame est attendrie;
Vous voudriez me résister en vain;
Car j'ai pour moi, voyez si j'en impose,
J'ai Cicéron, Démosthène et l'Amour;
Trois avocats, demandez à la cour,
  Qui toujours ont gagné leur cause.

SCÈNE XX.

ERNESTINE, au public.

De vos arrêts, redoutant la justice,
  Et facile à s'intimider,
  Un avocat encor novice,
  Devant vous se hasarde à plaider ;
Le tribunal, par bonheur, se compose
  De jurés intègres, délicats,
Mais indulgens... et qui ne voudront pas
  Qu'il perde sa première cause.

FIN DU MÉNAGE DE GARÇON.

L'AVARE

EN GOGUETTES,

COMÉDIE-VAUDEVILLE.

Représentée, pour la première fois, à Paris, sur le théâtre du Gymnase dramatique, le 12 juillet 1823.

EN SOCIÉTÉ AVEC M. GERMAIN DELAVIGNE.

PERSONNAGES.

M. DE GRIPPARVILLE, riche propriétaire.
M. TRUFFARDIN, marchand de comestibles.
BETZI, nièce de M. de Gripparville.
ÉDOUARD, amant de Betzi.
Madame DE SAINT-ELME, femme de l'inspecteur-général.
MAITRE-PIERRE, cuisinier de M. de Gripparville.
Danseurs et Danseuses.

La scène se passe à la Flèche, dans la maison de M. de Gripparville.

GRIPPARVILLE.

COMMENT.... LA NOTE DES MILLE ÉCUS......

l'Avare en Goguettes, Sc. XIX.

L'AVARE
EN GOGUETTES.

Le théâtre représente une salle de la maison de M. Gripparville ; porte au fond ; deux portes latérales.

SCÈNE PREMIÈRE.

BETZI, ÉDOUARD.

BETZI.

Comment, monsieur Édouard, vous en êtes bien sûr ; mon oncle vous a promis...

ÉDOUARD.

Je le quitte dans l'instant, et il m'a répété que, si je pouvais obtenir la place de receveur dans cette ville, il m'accorderait votre main.

BETZI.

Je n'en reviens pas.

ÉDOUARD.

Il ne pouvait guère faire autrement. Quoique sa pupille, vous ne dépendez pas de lui seul ; je me suis adressé au conseil de famille, et comme ma fortune est loin d'égaler la vôtre, on a décidé, et votre oncle tout le premier, qu'il fallait, pour vous épouser, que j'obtinsse une place.

BETZI.

Au fait, receveur dans la ville de la Flèche, c'est quelque chose. Et êtes-vous certain de réussir? il faudra bien solliciter; entendez-vous, Monsieur.

ÉDOUARD.

J'ai quelques droits; mon père était un des chefs de la trésorerie; il y a rendu de grands services; mais cela ne suffit pas.

BETZI.

On dit qu'il est arrivé en cette ville madame de Saint-Elme, la femme d'un inspecteur-général; il y a bien long-temps, j'ai été avec elle en pension; peut-être ne m'a-t-elle pas tout-à-fait oubliée, et nous pourrions par sa protection...

ÉDOUARD.

Vous avez raison; on dit qu'elle est descendue chez madame de Lineuil; j'irai la voir.

BETZI.

Non, Monsieur, c'est moi qui m'en charge; car, autant qu'il m'en souvient, elle était fort aimable.

Air: Ma belle est la belle des belles.

Je crains, une fois en ménage,
Une telle protection...

ÉDOUARD.

Beaucoup de gens en font usage.

BETZI.

Prenez-y garde, et pour raison :
En tout imitant vos caprices;
Bientôt mes droits seraient vengés ;

Si vous avez des protectrices,
Monsieur, j'aurai des protégés.

Mais, qui vient là? et quel est ce monsieur?

SCÈNE II.

ÉDOUARD, BETZI, TRUFFARDIN.

TRUFFARDIN.

M. Gripparville est-il visible?

BETZI.

Non, Monsieur; mon oncle est sorti; mais il ne tardera pas à rentrer.

TRUFFARDIN.

La porte est peut-être défendue; mais ce n'est pas pour moi; vous pouvez lui dire que je lui apporte de l'argent; M. Truffardin, ancien commis-voyageur de la maison Corcelet, et, à présent, marchand de comestibles pour son propre compte.

ÉDOUARD.

Je me disais aussi que je connaissais cette figure-là.

TRUFFARDIN.

Je ne me trompe pas, monsieur Édouard Dalville, le fils de mon ancien protecteur, et puisque nous ne sommes que nous trois, je peux dire mon ancien maître; car j'ai été intendant de votre père; je n'en rougis pas; c'est là que j'ai fait mes premières études, et perfectionné mon éducation gastronomique; j'avais des dispositions, il est vrai, mais j'étais loin de me douter alors qu'elles me conduiraient à la fortune.

ÉDOUARD.

Tu as donc fait des affaires?

TRUFFARDIN.

Excellentes! si je n'engraisse pas, c'est par esprit de commerce, pour ne pas ruiner mon magasin; né avec un grand fonds d'audace et d'appétit, j'ai jugé tous les hommes d'après moi; je me suis dit : on peut se tromper en spéculant sur leur cœur; jamais en spéculant sur leur estomac; les passions changent, l'appétit reste; et il y a toujours un moment dans la journée où il faut lui donner audience; c'est dans ce moment-là que je me présente, et je suis toujours bien accueilli.

ÉDOUARD.

Et qui t'a forcé à quitter la capitale?

TRUFFARDIN.

Les affaires de mon commerce; je fais de temps en temps des voyages dans la France, mais des voyages utiles; je ne m'amuse pas à regarder dans un pays ses édifices et ses monumens.

Air de la Robe et les Bottes.

Moi, dans Bordeaux, je ne vois qu'un vignoble,
  J'admire les pruniers de Tours,
L'olive d'Aix, la liqueur de Grenoble,
L'oiseau du Mans, les pâtés de Strasbourg :
Trésors divins qu'en courant je rassemble.
  Et pour moi, gourmand voyageur,
  La carte de France ressemble
  A celle du restaurateur.

ÉDOUARD.

Mais qui t'amène ici, dans cette maison?

SCÈNE II.

TRUFFARDIN.

Je venais régler mes comptes avec M. de Gripparville, le plus riche et le plus avare de tous les grands propriétaires du département de la Sarthe.

BETZI.

Eh mais, prenez garde, c'est mon oncle.

TRUFFARDIN.

Ah! pardon, quand je dis avare, je n'entends pas un ladre, un pince-maille, comme celui de Molière; les avares de nos jours sont des gens comme il faut, bien mis, qui aiment la société et l'argent. Nous avons eu plusieurs fois des relations avec M. de Gripparville; car par dessous main, il vend, achète, brocante, et accepte tous les marchés, quand ils sont avantageux. Il y a quelques années, quand j'ai voulu m'établir, il m'a prêté, à quinze pour cent, une trentaine de mille francs que je viens lui rendre, parce que c'est de l'argent trop cher à garder. Le plus étonnant, c'est qu'il se persuade encore qu'il est mon bienfaiteur; je le veux bien; la bienfaisance à ce prix-là, il n'en manque pas sur la place. Je lui annonce en même temps une bonne nouvelle... M. de Saint-Elme, un inspecteur du trésor.

ÉDOUARD, à Betzi.

M. de Saint-Elme, celui de qui dépend ma nomination.

BETZI.

Il ne pouvait pas tarder à arriver, puisque depuis hier sa femme l'a précédé.

TRUFFARDIN.

J'ai eu l'honneur de causer avec lui, à la dernière

auberge; il m'a appris qu'il passerait une journée à la Flèche, et qu'il se proposait de voir M. de Gripparville, le futur receveur.

BETZI.

La! je disais bien que mon oncle avait quelque arrière-pensée.

ÉDOUARD.

Une arrière-pensée, c'est une trahison infame. Imagine-toi que, tout à l'heure encore, il fait décider par le conseil de famille que j'aurai la main de sa nièce, si je peux être nommé receveur dans cette ville, tandis que déjà il avait sollicité et obtenu cette place pour lui-même.

TRUFFARDIN.

Obtenue... pas encore; elle n'est que promise, et nous sommes là. Il faut du génie, de l'adresse, et tout ce que j'en ai de disponible est à votre service.

ÉDOUARD.

Ah! mon ami! comment jamais reconnaître?...

TRUFFARDIN.

En vous adressant à moi pour le repas de noce, c'est tout ce que je vous demande.

Air : Une fille est un oiseau.

Je sais obliger *gratis;*
Chaque jour, grâce à mon zèle,
J'augmente ma clientelle
En augmentant mes amis.
J'ai bon cœur, ma table est bonne;
Je ne refuse personne;
Quand je ne vends pas, je donne,
Et chez moi j'ai constamment,
Pour les plaideurs, des bourriches,

SCÈNE II.

Des truffes pour les gens riches,
Et du pain pour l'indigent.

Vous mettre bien avec l'inspecteur, le brouiller avec votre oncle, voilà le but; pour les moyens, il ne reste plus qu'à les trouver.

BETZI.

Quel homme est-ce que ce M. de Saint-Elme?

TRUFFARDIN.

Un homme juste, intègre, sévère, ennemi du luxe, et même tellement économe, que, s'il n'était pas en place, on dirait qu'il est avare.

BETZI.

Eh! mon Dieu! il va adorer mon oncle.

TRUFFARDIN.

C'est ma foi vrai; attendez donc; n'y aurait-il pas moyen? Oh! oui, c'est cela.

(Se mettant à la table, et répétant tout haut ce qu'il écrit.)

« Monsieur de Gripparville a l'honneur d'inviter
« Monsieur et Madame de Saint-Elme à passer chez
« lui la soirée.

« Ce 8 juillet 1823. »

BETZI.

Qu'est-ce que vous faites donc là? est-ce que jamais mon oncle a donné de soirée?

TRUFFARDIN.

Cela me regarde. (A Édouard.) Vous, mon cher ami, courez au-devant de votre inspecteur, et qu'il reçoive cette invitation en descendant de voiture. Allez, et ne craignez rien, vous êtes sous la protection de Comus.

Air du Vaudeville des Blouses.

Dieu tout puissant, par qui le comestible
Est en faveur à la ville, à la cour ;
Pour l'appétit, toi qui fais l'impossible,
Fais quelque chose aujourd'hui pour l'amour.
Ce dieu joufflu, qui fait mon espérance,
Souvent du vôtre a protégé les pas ;
L'Amour, Comus, se doivent assistance,
C'est par eux seuls qu'on existe ici-bas.

ENSEMBLE.

Dieu tout puissant, etc.

(Édouard sort.)

SCÈNE III.

TRUFFARDIN, GRIPPARVILLE ; BETZI, QUI S'ASSIED DANS UN COIN DU THÉATRE, ET TRAVAILLE.

TRUFFARDIN.

C'est votre oncle. (Bas à Betzi.) Vous me permettrez de songer d'abord à mes affaires, nous soignerons après celles de mon jeune protégé. (Haut à Gripparville.) Serviteur à mon cher patron.

GRIPPARVILLE.

Ah ! c'est toi, Truffardin ; bonjour, mon garçon ; te voilà donc dans notre pays ?

TRUFFARDIN.

Oui, pour un seul jour.

GRIPPARVILLE.

Et tu me viens voir à une pareille heure, c'est très mal ; tu aurais dû arriver plus tôt, nous aurions dé-

SCÈNE III.

jeuné ensemble ; mais moi, c'est déjà fait, et tantôt
je dîne en ville.

TRUFFARDIN.

Tant mieux.

GRIPPARVILLE.

Comment, tant mieux ?

TRUFFARDIN.

Air de Marianne.

Des festins je crains la fumée,
Je n'en sors pas : c'est mon état :
Déjà la truffe parfumée
Ne flatte plus mon odorat.
 Les ortolans
 Et les faisans
N'ont plus, hélas ! de pouvoir sur mes sens ;
 Et des jambons de mes foyers,
Mon cœur blasé dédaigne les lauriers.
 Las de festins, las de bombances,
 J'ai besoin d'un peu de repos,
 Et chez vous j'arrive à propos
 Pour prendre mes vacances.

Je vous apporte votre argent.

GRIPPARVILLE.

Comment ! un remboursement intégral.

TRUFFARDIN.

A peu près ; d'abord vingt-sept mille francs dans le
portefeuille.

GRIPPARVILLE.

Ah diable ! voilà qui me contrarie, et que l'on dise
encore que j'aime l'argent ; j'avais du plaisir à le voir
entre tes mains ; j'étais heureux de te rendre service.
Tu as fait la balance des intérêts ?

TRUFFARDIN.

Oui, Monsieur, vous pouvez le voir.

GRIPPARVILLE.

C'est bien, c'est bien. Oh! tu es un honnête garçon; il y a du plaisir à t'obliger.

TRUFFARDIN.

Et du profit, à quinze pour cent. Ensuite trois mille francs en lettres de change sur Paris, à moins que vous ne préfériez une excellente affaire que j'ai à vous proposer.

GRIPPARVILLE.

Oui, oui, j'aime mieux celle-là; dis vite ce que c'est.

TRUFFARDIN.

D'ici à trois ou quatre jours, on m'expédie en cette ville un assortiment de marchandises : Pâtés de Périgueux, dindes, faisans, et autres comestibles, le tout parfaitement truffé et conditionné; il y en a pour trois mille cinq cents francs, prix de fabrique.

GRIPPARVILLE.

Hé bien, où en veux-tu venir ?

TRUFFARDIN.

Attendez donc; il y a eu du retard dans l'envoi; or, je crains donc qu'en arrivant à Paris, cela ne soit détérioré; moi, alors, j'aime mieux les placer dans cette ville, à très bon marché : mille écus; voulez-vous en profiter ?

GRIPPARVILLE.

Et que veux-tu que j'en fasse ? (A part.) Un instant, un instant; il y a cette semaine un grand dîner que

SCÈNE III.

la ville doit donner aux officiers de la garnison... Attends, attends, et j'ai appris par un conseiller de préfecture qu'on était fort embarrassé... (Haut.) Écoute donc, mon ami, peut-être bien ; il se peut que je m'en accommode, quand je les aurai vus, et s'ils me conviennent.

TRUFFARDIN.

On vous les adressera dans trois jours, rendus chez vous, francs de port ; voilà donc une affaire réglée : maintenant, voulez-vous me permettre de vous adresser mes complimens sur votre place de receveur.

GRIPPARVILLE, lui fermant la bouche.

Silence ! mon ami, silence, surtout devant ma nièce, qu'elle ignore quelle est la place que je sollicite. Comment diable l'as-tu appris ?

TRUFFARDIN.

Par M. de Saint-Elme lui-même, l'inspecteur-général, qui paraît tellement disposé à vous l'accorder, qu'il doit venir passer la soirée chez vous.

GRIPPARVILLE.

Ah mon Dieu ! chez moi un inspecteur-général !

TRUFFARDIN.

Plaignez-vous donc, c'est pour vous une bonne fortune. Je l'ai rencontré à la dernière poste ; un train magnifique, une voiture à six chevaux.

GRIPPARVILLE.

Ah ! mon Dieu !

TRUFFARDIN, à part.

Je crois bien, il était en diligence. (Haut.) C'est un homme qui jette l'or à pleines mains, un généreux compère, un gaillard de bonne humeur; car il m'a dit : « Nous allons nous en donner chez ce cher Gripparville; dieux! quels dîners nous allons faire! ».

BETZI.

A merveille, je comprends. Oh! la jolie conspiration!

GRIPPARVILLE.

Comment! tu crois que je serai obligé de le traiter?

TRUFFARDIN.

Et grandement; sa table a une réputation européenne; et l'on vient chez lui de Londres et de Berlin, pour dîner en ville.

GRIPPARVILLE.

Ah! mon ami! quel service tu me rends en m'apprenant cela; moi qui comptais lui offrir un petit extraordinaire, le plat de sucrerie, et la tasse de café au dessert.

TRUFFARDIN.

Vous étiez perdu! c'est une position qu'il faut enlever à la *fourchette*.

GRIPPARVILLE.

Hé bien! demain, je verrai : mais aujourd'hui, comment veux-tu que je fasse? d'ici à quelques heures, improviser une soirée, moi surtout qui n'en ai pas l'habitude.

TRUFFARDIN.

Une soirée agitée, des tables de jeu, ça ne coûte rien. Je me charge des invitations.

Air de Toberne.

Vous aurez une fête
Magnifique et sans frais ;

SCÈNE V.

Vite que l'on apprête
Les bostons, les piquets :
Ne craignez rien, de grâce,
Ce sera bientôt fait.

(A Betzi.)
Du zèle et de l'audace.

(A Gripparville.)
De la cave au buffet
Ne laissez rien en place :
Voilà comme on s'y met,
Voilà tout le secret.

(Il sort.)

SCÈNE IV.

GRIPPARVILLE, BETZI.

GRIPPARVILLE.

Ta, ta, ta, comme il y va !... avec lui, il n'y a pas moyen de se reconnaître... Je pense maintenant à une foule d'objections que j'avais à lui faire... cependant, comme il le dit, une soirée où l'on joue... ça fait de l'honneur, et ça n'est pas cher... au contraire, plus il y a de monde, et moins ça coûte... parce qu'on met au flambeau.

SCÈNE V.

Les précédens, un valet, ensuite madame de SAINT-ELME et ÉDOUARD.

LE VALET, annonçant.

Madame de Saint-Elme.

GRIPPARVILLE.

Madame de Saint-Elme, qui nous fait visite à une pareille heure... qu'est-ce que cela signifie ?

BETZI.

Pourvu que sa présence n'aille pas tout déranger.

MADAME DE SAINT-ELME, à qui Édouard donne la main.

C'est charmant à vous, monsieur Édouard, d'avoir bien voulu me servir de cavalier... C'est monsieur de Gripparville que j'ai l'honneur de saluer... Vous trouverez peut-être ma visite bien indiscrète, mais le cœur ne calcule pas, et l'amitié se met au-dessus des convenances... (A Betzi.) Dites-moi, ma chère... mademoiselle Betzi, la nièce de monsieur, est-elle visible ?

BETZI.

C'est moi, Madame.

MADAME DE SAINT-ELME.

Comment ?... c'est toi, ma chère... il y a si longtemps que nous avons quitté le pensionnat de madame Debray ! tu n'as point oublié, j'espère, Pauline de Valville, ta meilleure amie.

BETZI.

Non certainement.

GRIPPARVILLE, à part.

Oui, elles ne se reconnaissaient seulement pas.

MADAME DE SAINT-ELME.

Je suis arrivée hier avec ma femme de chambre... tout simplement dans ma berline à trois chevaux...

parce que mon cher mari a une autre manière de voyager.

GRIPPARVILLE.

Je crois bien... il lui en faut six.

MADAME DE SAINT-ELME.

C'est tout à l'heure, chez madame de Lineuil, que M. Édouard m'a appris que tu habitais cette petite ville... c'est assez triste, n'est-ce pas? assez ennuyeux... cela m'a fait battre le cœur de souvenir... ça m'a rappelé la pension. Tu ne sais pas que je suis mariée... à M. de Saint-Elme... un homme de finance... Moi, j'aurais mieux aimé un militaire; mais mes parens n'ont pas voulu.

GRIPPARVILLE.

Et vous avez obéi.

MADAME DE SAINT-ELME.

Oh! oui, sans doute... dès qu'il se présente un établissement...

Air : Que d'établissemens nouveaux.

Un futur me fut proposé ;
Un beau soir je le vis paraître,
Huit jours après je l'épousai.

BETZI.

Eh quoi ! vraiment, sans le connaître ?

MADAME DE SAINT-ELME.

C'est toujours de même à Paris :
Par se marier on commence ;
Et l'on a, quand on est unis,
Le temps de faire connaissance.

Et toi, ma chère amie, quand dois-tu te marier? (Regardant Édouard.) Ah! oui... je comprends... ce sera fort bien... j'espère que tu me chargeras d'acheter la corbeille... j'attends cela de ton amitié.

GRIPPARVILLE.

Vous êtes trop bonne, Madame, et c'est une peine que...

MADAME DE SAINT-ELME.

Du tout... c'est un plaisir... j'ai des amies en province qui me chargent de toutes leurs commissions... Moi, j'aime à acheter, à marchander, à courir les magasins. On sait bien que c'est pas pour soi, mais c'est égal... c'est toujours de la dépense, et ça fait illusion.

GRIPPARVILLE, à part.

Je vois qu'en effet la jeune dame est assez légère... ce n'est pas étonnant... tel mari, telle femme.

BETZI, à part.

Et moi qui la craignais.

MADAME DE SAINT-ELME, à Gripparville.

A propos, Monsieur, j'oubliais de vous faire mes remerciemens... on dit que vous nous donnez ce soir une fête charmante...

GRIPPARVILLE.

Quoi! Madame, vous savez déjà...

MADAME DE SAINT-ELME.

Oui; nous avons rencontré en route votre intendant, votre majordome, monsieur, monsieur...

EDOUARD.

Truffardin.

MADAME DE SAINT-ELME.

Il nous a annoncé que vous nous donniez ce soir,

SCÈNE V.

à mon mari et à moi, un bal, un concert, un souper...

GRIPPARVILLE, d'un air effrayé.

Comment... il vous a dit...

BETZI.

Un bal, un bal! moi qui n'ai seulement pas de toilette.

MADAME DE SAINT-ELME.

Quoi!... vraiment... tu n'as pas... pauvre amie! ah! que je la plains!

Air : Au temps heureux de la chevalerie.

Monsieur sourit, et je vois qu'il nous raille.

GRIPPARVILLE.

C'est un malheur bien terrible!

MADAME DE SAINT-ELME.

Oui, vraiment.
Le bal pour nous est un champ de bataille
  Où la victoire nous attend ;
Aussi, monsieur, je conçois ses alarmes,
Quand tout promet un triomphe d'éclat :
Il est cruel de se trouver sans armes
  A l'instant même du combat.

Car je présume bien que dans cette ville il n'y a pas de magasins de nouveautés... à la Flèche.

BETZI.

Si vraiment... tout ce qu'il y a de mieux... une marchande de modes qui a travaillé à Paris, et un magasin de nouveautés qui tire directement de *la Rosière*.

MADAME DE SAINT-ELME.

De *la Rosière*... rue Vivienne... ce doit être très

bien... ils ont des choses charmantes... Viens, nous allons choisir.

BETZI.

Mais, c'est que peut-être mon oncle ne voudra pas...

MADAME DE SAINT-ELME.

Que tu viennes avec moi... (A Gripparville.) Vous y consentez... n'est-il pas vrai?

GRIPPARVILLE.

Mais... Madame...

MADAME DE SAINT-ELME.

Ah! ne craignez rien.... je me charge de votre cadeau... A ce soir... c'est pour neuf heures... nous aurons plus de temps qu'il ne nous en faut... Monsieur Édouard, vous nous donnerez la main... (A Gripparville.) Vous verrez... la robe sera délicieuse, je la choisirai comme pour moi... des tulles, des fleurs, enfin, ce qu'il y aura de mieux... Non, restez, je vous en prie, ou je me fâche... un maître de maison a tant d'occupations.

(Elle sort avec Édouard et Betzi.)

SCÈNE VI.

GRIPPARVILLE, SEUL.

Heureusement, les voilà dehors... car j'étouffais... Un bal, un concert, un souper; ce bourreau de Truffardin, on voit bien que cela ne lui coûte rien... Et comment faire maintenant?... comment s'en dispenser?... (Appelant.) Maître-Pierre! Maître-Pierre!

SCÈNE VII.

mon maître d'hôtel... Et cette maudite femme... obligé de paraître enchanté, tandis qu'elle me portait des coups de poignard...

Air du vaudeville du Turenne.

Je ne pouvais trouver une réponse ;
   Pour la traiter avec honneur,
Dieux ! que d'argent !... c'en est fait, j'y renonce ;
   Mais ma place de receveur !
   Dieux ! quel système de finance,
Pour m'enrichir, me ruiner d'abord !
Car la recette est peu certaine encor,
   Et je suis sûr de la dépense.

Maître-Pierre !

SCÈNE VII.

GRIPPARVILLE, MAITRE-PIERRE.

MAÎTRE-PIERRE.

Hé bien, Monsieur, qu'y a-t-il ? est-ce qu'il arrive quelque accident ?

GRIPPARVILLE, d'un air désespéré.

Mon ami, nous sommes obligés, aujourd'hui, de donner à souper.

MAITRE-PIERRE, étonné.

Pas possible !

GRIPPARVILLE.

C'est comme je te le dis.

MAÎTRE-PIERRE.

Hé bien alors ! qu'est-ce que veut monsieur ?

GRIPPARVILLE.

Ce que je veux ? tu mettras d'abord deux corbeilles de fleurs aux deux bouts de la table... ça tient de la place.

MAÎTRE-PIERRE.

Oui, Monsieur, après...

GRIPPARVILLE.

Après, tu mettras au milieu notre beau plateau en glace, avec des porcelaines de Sèvres; cela garnit.

MAÎTRE-PIERRE.

Après, qu'est-ce que veut monsieur?

GRIPPARVILLE.

Ce que je veux! ce que je veux! Dieux!... ce perfide Truffardin... si je le tenais...

SCÈNE VIII.

Les précédens, TRUFFARDIN.

TRUFFARDIN.

Ah! mon cher patron, je suis heureux de vous trouver encore ici; je viens de courir toute la ville de la Flèche, et je vous apporte une nouvelle.

GRIPPARVILLE.

Viens ici, traître... et dis-moi ce que c'est que ce bal, ce concert, ce souper, dont tu as parlé à madame de Saint-Elme?... Était-ce là ce dont nous étions convenus?

TRUFFARDIN.

Non, sans doute... mais il l'a bien fallu dans votre intérêt.

SCÈNE VIII.

GRIPPARVILLE.

Dans mon intérêt... un bal, un concert, un souper...

TRUFFARDIN.

Le souper est pour M. de Saint-Elme, et le bal pour sa femme... car si vous avez sa femme contre vous, vous êtes perdu... Apprenez donc, puisqu'il faut tout vous dire, que vous avez des ennemis, et de plus, un concurrent redoutable... un jeune homme, M. Édouard Dalville, qui a aussi des vues sur la recette.

GRIPPARVILLE.

Eh! parbleu, je le sais bien.

TRUFFARDIN.

De plus... il se trame un complot contre vous.

GRIPPARVILLE.

Un complot?...

MAITRE-PIERRE, s'avançant.

Monsieur... je vous attends toujours.

GRIPPARVILLE.

Eh! laisse-moi tranquille, je suis à toi... (A Truffardin.) Un complot, dis-tu?

TRUFFARDIN.

Oui, un tour que l'on veut vous jouer et qui allait renverser tous vos projets... (A part.) Et bien plus, qui allait déranger tous les nôtres... (Haut à Gripparville.) Enfin, j'avais fait toutes vos invitations, lorsque je vois près du café de la Paix un groupe de jeunes gens qui riaient aux éclats... je m'approche, et j'entends prononcer votre nom; car vous saurez qu'il n'est question dans toute la ville de la Flèche que du bal et du souper magnifique que vous devez donner ce soir... Ces messieurs, qui, à ce qu'il paraît, vous en veulent beaucoup, et qui ignorent l'intérêt que je vous porte, me font part alors d'un projet qu'il ont conçu pour nous mystifier.

GRIPPARVILLE.

Nous mystifier... ils trouveront à qui parler.

TRUFFARDIN.

Je l'espère bien... car leur dessein est simplement d'aller chez toutes les personnes à qui vous avez adressé un billet d'invitation, pour les prévenir, de votre part, que la réunion n'aura pas lieu ce soir, et est remise à un autre jour.

GRIPPARVILLE.

C'est là ce qu'ils méditent ?

TRUFFARDIN.

Oui... et après tout l'argent que vous aurez dépensé, après les préparatifs que vous aurez faits... vous voyez-vous tout seul à attendre la compagnie.

Air du vaudeville de l'Écu de six francs.

Certes, la perfidie est neuve ;
Mais ils veulent, c'est convenu,
Que la salle à manger soit veuve,
Et que le repas soit perdu ;
Car, disent-ils, mainte fois ayant vu
Chez vous, à votre table oisive,
Tant de convives sans souper,
Ils veulent, pour se rattraper,
Y voir un souper sans convive.

GRIPPARVILLE.

Je comprends l'intention, mon ami, il faut re-

SCÈNE VIII.

tourner chez tout notre monde, les prévenir du complot.

TRUFFARDIN.

C'est aussi mon avis... mais envoyez un de vos gens; car moi, je n'en puis plus; et il faut que je passe à mon hôtel pour mes affaires... il faut que je retienne votre orchestre.

GRIPPARVLLE.

C'est vrai, mon ami, c'est vrai... dieux! que de soucis !... que d'embarras!... Maudite ambition... maudite place... Je vais envoyer quelqu'un... toi, Truffardin, vois pour l'orchestre... les musiciens... ne prends pas ceux du Vauxhall, ils sont trop chers... ni ceux du régiment, parce qu'ils ne reçoivent jamais rien, et qu'on est obligé de leur donner à souper.

TRUFFARDIN.

Hé bien, lesquels prendrai-je ?

GRIPPARVILLE.

Dame !... vois toi-même... je m'en rapporte à ton intelligence... Nous avions ici, l'année dernière, une clarinette qui était bien bonne... je crois que c'était un aveugle... mais je ne sais pas ce qu'il sera devenu... je lui avais pourtant dit d'attendre.

TRUFFARDIN.

Il n'aura pas attendu... il se sera laissé mourir de faim... oubliant qu'il y avait encore en cette ville un protecteur des beaux-arts... Enfin, celui-là ou un autre... je vous promets une réunion de talens lyriques au plus bas cours possible.

(Il sort.)

SCÈNE IX.

GRIPPARVILLE, MAITRE-PIERRE.

MAITRE-PIERRE.

Monsieur, je suis toujours là.

GRIPPARVILLE.

C'est bon. Obligé de commander moi-même mon souper, et pour qui? pour des gens qui ne peuvent pas me souffrir; car tout le monde nous en veut à nous autres pauvres riches. Allons, envoyons déjouer leurs complots. Eh! mais, quand j'y pense, ces messieurs voulaient m'attraper, me jouer un tour; eh! je ne demande pas mieux, laissons-les faire. Quel était mon but? de donner un bal à M. de Saint-Elme et à sa femme; je le donne toujours; si on n'y vient pas, si j'ai des ennemis, ce n'est pas ma faute. Loin de m'en vouloir, ils doivent au contraire me plaindre, me consoler et me dédommager de l'affront que j'ai reçu pour eux, de sorte que j'aurai eu les honneurs de la soirée, sans en avoir les frais.

MAITRE-PIERRE.

Monsieur, j'attends toujours.

GRIPPARVILLE.

C'est ma foi vrai.

MAITRE-PIERRE.

Qu'est-ce que vous voulez pour votre souper?

GRIPPARVILLE, d'un air riant.

Ce que je veux, mon garçon? rien! absolument rien.

SCÈNE IX.

MAITRE-PIERRE.

Pas autre chose?

GRIPPARVILLE.

Non, mon ami.

MAITRE-PIERRE.

J'entends alors ce que veut Monsieur; notre repas de tous les jours, enfin notre ordinaire.

GRIPPARVILLE.

Précisément; mais en revanche, tu vas illuminer le salon et la salle à manger. Des quinquets et des bougies tant que tu voudras; là-dessus je te laisse carte blanche, parce qu'enfin si le monde ne vient pas, on pourra toujours éteindre... Attends encore, tu feras une demi-douzaine de glaces.

MAITRE-PIERRE.

Des glaces?

GRIPPARVILLE.

Oui, pour que l'on puisse en apporter une fois sur un plateau. Encore, quand j'y pense, trois glaces suffiront, pour M. et madame de Saint-Elme, moi, je n'en prends pas, ainsi il en restera.

MAITRE-PIERRE.

Ah ça, Monsieur, c'est donc un bal en tête-à-tête.

GRIPPARVILLE, riant.

Précisément. Apprends, mon garçon, que nous n'aurons personne.

MAITRE-PIERRE.

Vrai! voilà les réunions que vous aimez.

GRIPPARVILLE.

Oui, c'est plus commode pour un maître de maison.

MAITRE-PIERRE.

Mais, Monsieur, écoutez, il me semble qu'on arrive.

GRIPPARVILLE.

Ce ne peut être que l'inspecteur, vite à ton ouvrage.

MAITRE-PIERRE.

Ça ne sera pas long, vous avez une cuisine expéditive.

(Gripparville sort.)

SCÈNE X.

MAITRE-PIERRE, seul.

Air de Partie carrée.

Au lieu de dresser mon potage,
Et de r'tourner mes sauc's et mes filets,
Je m'en vais soigner l'éclairage,
Et la bougie et les quinquets.
L' convive le plus difficile
Sur mon souper ne dira rien, morbleu !
Et not' bourgeois peut être bien tranquille,
Ils n'y verront qu' du feu.

(Il sort par la gauche.)

SCÈNE XI.

Madame DE SAINT-ELME, ÉDOUARD, BETZI.

MADAME DE SAINT-ELME.

Convenez que c'eût été piquant, et que si nous n'avions pas déjoué la conspiration...

SCÈNE XI.

BETZI.

Ah! Madame, que je vous remercie. (Bas à madame de Saint-Elme.) Je crois que ma toilette est charmante, car, en la voyant, M. Édouard a souri, et mon oncle a fait la grimace.

MADAME DE SAINT-ELME.

Et où est-il donc, le cher oncle?

BETZI.

Dans le salon, à faire sa cour à votre mari, qui vient d'arriver.

ÉDOUARD.

Je crains qu'il ne l'emporte sur moi auprès de M. de Saint-Elme; et vous avez beau dire, je crois, Madame, qu'un seul mot adressé par vous en ma faveur...

MADAME DE SAINT-ELME.

Aurait tout détruit; je n'ai pas de crédit auprès de mon mari; au contraire, quand je lui recommande quelqu'un, il se persuade que ce ne peut être qu'un étourdi, et il donne la place à un autre; j'ai déjà eu comme cela deux ou trois protégés, qui, grâce à moi, ont été destitués.

Air du vaudeville de Voltaire chez Ninon.

Vous voyez que sur mon mari
Je n'ai pas beaucoup de puissance;
Mais cependant, et malgré lui,
J'exerce encore une influence:
Ne pouvant servir mes amis,
Je peux, quand ma colère est grande,
Perdre gaîment mes ennemis,
En apostillant leur demande.

Tenez, il a eu raison, votre monsieur... comment l'appelez-vous?

ÉDOUARD.

M. Truffardin.

MADAME DE SAINT-ELME.

Oui, M. Truffardin, c'est un original que j'aime beaucoup; le moyen qu'il a pris est le meilleur; suivons son plan et nous réussirons; car le luxe et l'extravagance de M. de Gripparville lui nuiront à coup sûr aux yeux de mon mari.

GRIPPARVILLE, en dedans.

Ma nièce! ma nièce!

BETZI.

Silence, voici mon oncle.

SCÈNE XII.

Les précédens, GRIPPARVILLE.

GRIPPARVILLE, à la cantonnade.

Ma nièce, ma nièce, mademoiselle Gripparville! Ah! vous voilà, je vous cherche partout.

MADAME DE SAINT-ELME.

Eh! mais, qu'avez-vous donc, Monsieur? on dirait d'un maître de maison désorienté.

GRIPPARVILLE.

Il n'y a peut-être pas de quoi! Imaginez-vous, Madame, que je venais de saluer votre mari, et je lui avais à peine adressé les deux ou trois phrases indispensables en pareil cas, que voilà huit, dix, douze, quinze personnes, qui arrivent coup sur coup.

SCÈNE XII.

MADAME DE SAINT-ELME.

Vous ne les aviez donc pas invitées?

GRIPPARVILLE.

Si, Madame; mais c'est que vous ne savez pas... moi, j'étais loin de m'attendre...

Air du Vaudeville de Catinat.

Dans mon salon, il faut les voir;
Quelle foule! quelle cohue!
Et personne pour recevoir...
Moi, j'en ai la tête perdue;
Comment se sont-ils introduits?
Car vraiment leur nombre m'étonne:
Je n'ai prié que des amis;

(A part.)

Et j'espérais n'avoir personne.

MADAME DE SAINT-ELME.

Et là! de quoi vous plaignez-vous? de ce que votre fête va être charmante? Ingrat! vous devriez plutôt me remercier; sans moi, vous n'auriez pas un convive.

GRIPPARVILLE.

Comment, Madame, c'est à vous que je devrais...

MADAME DE SAINT-ELME.

Eh oui! j'ai appris, par M. Truffardin, le danger qui vous menaçait, et que vous couriez risque de donner chez vous une représentation du Solitaire, ce qui est fort ennuyeux; il fallait donc vous créer un public, vous improviser une société; je me suis adressée à mesdames de Saint-Ange et de Lineuil, qui m'ont prêté, pour ce soir, toute leur compagnie, bien sûre que vous ne me désavoueriez pas. Mais admirez votre bonheur, pendant ce temps, M. Édouard, votre ami, qui avait eu aussi connaissance de la conspiration, courait chez toutes les personnes invitées par vous, criait à la trahison, ralliait les cavaliers, ranimait les danseuses, décidait les mamans, et grâce à nos efforts combinés, vous avez dans ce moment, dans votre salon, toute la ville de la Flèche.

GRIPPARVILLE, à part.

Que le diable l'emp... (Haut.) Je ne sais, Madame, comment vous remercier; mais tout ce monde-là ne pourra jamais tenir... on ne peut même pas danser.

MADAME DE SAINT-ELME.

A merveille, une soirée anglaise, un rout (1).

GRIPPARVILLE.

Comment, un rout.

MADAME DE SAINT-ELME.

Oui, une cohue à la mode, où l'on s'amuse sur place; il n'y a que cela d'agréable dans un salon; dès qu'on peut circuler, je m'en vais...

GRIPPARVILLE.

Mais je ne sais pas trop comment placer les tables de jeu.

MADAME DE SAINT-ELME.

Laissez donc; tout cela va s'éclaircir au moment du souper; il faut seulement le hâter, parce que quand il y aura une centaine de dames assises à table, et les messieurs debout...

GRIPPARVILLE.

Comment, Madame, vous croyez...

(1) Prononcez *râoute*.

SCÈNE XIII.

MADAME DE SAINT-ELME.

Ah! je suis sûre que vous nous ménagez encore quelque surprise; M. Édouard, nous comptons sur vous; vous vous tiendrez derrière notre chaise, parce que, dans un bal, le souper fût-il magnifique, quand on n'a pas là un cavalier, impossible de rien avoir.

Air: Amis, voici la riante semaine.

Allons, partons, à ce banquet splendide,
En dansant bien, je prétends faire honneur;
Dans cette enceinte où la gaîté préside,

(A Édouard.)

C'est vous, monsieur, qui serez mon danseur.
Oui, le plaisir est l'ame de la vie:
Pour moi, vraiment, je n'existe qu'au bal;
Entendez-vous l'archet de la folie,
Qui du plaisir nous donne le signal.

(Elle sort avec Betzi et Édouard.)

SCÈNE XIII.

GRIPPARVILLE, SEUL.

C'est ça, ils vont danser, ils sont bien heureux. Et le souper, le souper; mais c'est qu'ils y comptent; et rien de prêt, rien de commandé. Diable de jeunes gens, qui forment un complot contre moi, et qui n'ont pas l'esprit de garder le secret; dieux! s'ils ne l'avaient dit qu'à moi, si j'avais été à la tête de cela.

SCÈNE XIV.

GRIPPARVILLE, MAITRE-PIERRE.

MAITRE-PIERRE, mystérieusement.

Monsieur, je viens vous prévenir d'une chose, c'est que vous serez peut-être plus de personnes que vous ne croyiez; car en v'là qui arrivent encore.

GRIPPARVILLE.

Imbécile, crois-tu que je ne le sais pas?

MAITRE-PIERRE.

A la bonne heure; alors, je venais demander à Monsieur ce qu'il faut faire pour le souper.

GRIPPARVILLE.

Dieux! avoir invité toute la ville de la Flèche, pour la renvoyer à jeun; quels brocards vont fondre sur moi, sans compter la perte de ma place!

MAITRE-PIERRE.

Monsieur, je vous attends.

GRIPPARVILLE.

Eh! laisse-moi tranquille; depuis ce matin, tu me répètes la même chose; est-ce que nous avons le temps maintenant de préparer un repas? sans cela, je ne demanderais pas mieux.

MAITRE-PIERRE.

Si c'est là votre crainte, il y aurait encore un moyen. D'abord, je vais faire des potages, beaucoup de potages; pendant ce temps, on ira chez tous les marchands de comestibles, et en payant deux ou trois fois plus cher, on peut réussir à la hâte...

SCÈNE XIV.

GRIPPARVILLE, *lui mettant la main sur la bouche.*

Veux-tu te taire, veux-tu te taire, bourreau, ou je te chasse. Aller dépenser quinze à dix-huit cents francs, pour des gens que je ne connais pas, qui sont venus s'établir chez moi, me manger mon bien...

MAITRE-PIERRE.

Mais non, Monsieur, ils ne mangeront rien.

GRIPPARVILLE.

C'est bien ainsi que je l'entends; mais encore, faut-il sauver les apparences, et les renvoyer satisfaits.

MAITRE-PIERRE.

Si vous en venez à bout...

GRIPPARVILLE.

Cela dépend de toi, mon ami; tu peux faire ici l'office d'un serviteur fidèle; j'imagine un moyen victorieux et économique, qui tiendra lieu du souper que nous n'avons pas, et qui forcera nos convives à s'en aller, en me faisant des excuses et des complimens.

MAITRE-PIERRE.

Parbleu! Monsieur, pour la rareté du fait, je ne demande pas mieux; que faut-il faire?

GRIPPARVILLE.

Tu vas retourner dans ta cuisine, fais un grand feu dans la cheminée, et dans tes fourneaux; ensuite, mets tout sens dessus dessous, renverse tes casseroles et toute la batterie, jette de l'eau dans les cendres, un fracas épouvantable, et viens après cela me trouver d'un air effaré, la figure pâle, les cheveux en désordre, et annonce-moi bien haut, d'un air mystérieux, bien haut, entends-tu? que tout est perdu, abîmé.

Tu chercheras un motif, le premier venu, un accident; répète bien surtout que c'était un repas magnifique, un vrai repas de noce, et que maintenant rien n'est plus mangeable; tu m'entends. Pour le reste, je m'en charge, et cela me regarde.

MAITRE-PIERRE.

Oui, Monsieur, je crois comprendre; c'est une scène que nous allons jouer.

GRIPPARVILLE.

A merveille; mais voici du monde, cours vite, mon garçon.

Air du vaudeville de l'Opéra-Comique.

Si tu fais bien ce que je veux,
Compte sur ma reconnaissance.

MAÎTRE-PIERRE.

Convenez que j'ai, dans ces lieux,
Une singulière existence :
Je suis cuisinier, Dieu merci !
Où du moins je me l'imagine,
Et je vois que j' fais tout ici,
Excepté la cuisine.

V'là maintenant qu'il faut jouer la comédie.

GRIPPARVILLE.

Mais va donc, et dépêche-toi; car voilà deux heures qu'ils dansent, et ils doivent mourir de faim.

(Maître-Pierre sort.)

SCÈNE XV.

GRIPPARVILLE, BETZI, ÉDOUARD, MADAME DE SAINT-ELME, CHOEURS DE DANSEURS ET DANSEUSES, ENTRANT D'UN AIR FATIGUÉ.

PREMIER CHOEUR, entrant par la droite.

Ah! quel plaisir! (*bis.*)
Mais, sans mentir,
De faiblesse, moi, je tombe ;
Je n'en puis plus, je succombe.

GRIPPARVILLE.

Dans l'instant, mesdames, on va servir... Allons, en voilà encore d'autres.

DEUXIÈME CHOEUR, entrant par la gauche en même temps que madame de Saint-Elme ; Édouard et Betzi entrent par le fond, et reprennent le chœur.

Ah! quel plaisir! (*bis.*)
Mais, sans mentir,
De faiblesse, moi, je tombe ;
Je n'en puis plus, je succombe.
Asseyons-nous, car les anglaises,
Les écossaises,
Ne valent pas
Un bon repas.

MADAME DE SAINT-ELME.

Mais, en effet, mon cher, faites donc hâter le souper, les contredanses languissent, et mon mari s'impatiente, je vous en préviens.

GRIPPARVILLE.

Mon Dieu, mesdames! je suis désolé, c'est mon

GRIPPARVILLE.

Pour moi !

MAITRE-PIERRE.

Oui, Monsieur, et ils ont ajouté : « Rien à recevoir, tout est payé. »

GRIPPARVILLE.

Tout est payé. Et que contenaient ces paniers ?

MAITRE-PIERRE.

De quoi faire cinq ou six soupers, des pâtés, des jambons, des gâteaux, des fruits secs ou confits ; il y a de tout, et j'ai tout servi. Cela fait un spectacle comme je n'en ai jamais vu depuis dix ans que je suis à votre service.

GRIPPARVILLE.

Je ne reviens pas de ma surprise.

MAITRE-PIERRE.

Et le troisième panier, qui contenait une centaine de bouteilles de vin de Champagne ; je les ai rangées en bataille sur le buffet, de sorte qu'il n'y a même pas eu besoin d'ouvrir votre cave.

GRIPPARVILLE.

Serait-il bien possible ! quelle bénédiction ! et d'où cela peut-il me venir ?

MAITRE-PIERRE.

Dame, sans vous en douter, vous avez peut-être quelques amis.

GRIPPARVILLE.

C'est possible.

(On entend en dehors les premières mesures du chœur suivant.)

MAITRE-PIERRE.

Tenez, voici l'effet du vin de Champagne.

SCÈNE XVIII.

GRIPPARVILLE, ÉDOUARD, CHOEUR DE JEUNES GENS.

(Ils ont des assiettes à la main, et se forment en différens groupes, et mangent debout.)

CHOEUR.

Ah ! quelle ivresse ! ah ! quel nectar !
Bouchons, volez de toute part :
   A boire, à boire ;
  Chantons à l'unisson,
   Honneur et gloire
  A notre Amphitryon !

ÉDOUARD.

Quel luxe à la fête préside !
Bal superbe, repas *idem*,
On a rien vu de plus splendide
Depuis le riche *Aboulcasem*.

CHOEUR.

Ah ! quelle ivresse ! etc.

GRIPPARVILLE, pendant ce chœur, va parler à tous les jeunes gens ; il sort un instant et rentre.

Dieux ! comme on s'en donne... et là-dedans... et ici... dans toute la maison. A merveille, mes amis, n'épargnez rien... (Aux jeunes gens.) Hé bien !... qu'est-ce que c'est ? il me semble que nous nous ralentissons de ce côté-ci.

ÉDOUARD.

Je n'en reviens pas... et je ne le reconnais plus... il nous donne un souper magnifique.... il nous le voit manger... et il est de bonne humeur.

TOUS LES JEUNES GENS.

Hé bien! monsieur Gripparville... est-ce que vous n'êtes pas des nôtres? est-ce que vous ne prenez rien?

GRIPPARVILLE.

Si, vraiment... si, mes bon amis... je ne demande pas mieux.

ÉDOUARD.

Eh! que ne le dites vous! c'est bien le... (Aux jeunes gens.) Messieurs... le maître de la maison.

(On lui donne une assiette, un verre et une tranche de volaille; les jeunes gens s'empressent autour de lui, et lui versent à boire.)

GRIPPARVILLE, mangeant.

Air du Billet de loterie.

C'est une volaille estimable;
Mais tout ce qu'on mange chez moi
Est vraiment d'un goût admirable:
C'est du Périgueux, je le croi.

ÉDOUARD.

Il va se ruiner, je pense.

GRIPPARVILLE.

Eh! que m'importe la dépense!
Qu'il est doux de manger son bien,
Surtout quand il n'en coûte rien.

DEUXIÈME COUPLET.

Je sens que leur gaîté me gagne;
Mais goûtons un peu de ce vin,
C'est du véritable champagne;
Versez, amis, versez tout plein.

ÉDOUARD.

De dépenser il est avide.

GRIPPARVILLE.

Ma fortune est claire et liquide.
Qu'il est doux de boire son bien,
Surtout quand il n'en coûte rien.

ÉDOUARD.

Et le voilà décidément en goguettes.

SCÈNE XIX.

Les précédens, TRUFFARDIN.

TRUFFARDIN.

Eh bien! eh bien! il me semble que cela ne va pas mal.

GRIPPARVILLE.

C'est toi, mon cher Truffardin... veux-tu un verre de vin de Champagne? je ne t'ai pas vu de la soirée...

TRUFFARDIN.

Je crois bien... j'arrive... j'ai eu tant d'occupation; car, moi, je mène de front les affaires et les plaisirs... mais vous avez eu de mes nouvelles... je vous ai envoyé des convives; je vous ai envoyé des musiciens, et mon dernier envoi surtout... hein! je ne vous en parle pas, parce que je vois qu'ici il est du goût de tout le monde.

GRIPPARVILLE, qui allait boire un verre de vin de Champagne, s'arrête soudain.

Hein! qu'est-ce que tu veux dire?

TRUFFARDIN.

Que vous êtes bien le plus heureux des hommes... Vous savez ces paniers de comestibles que je vous avais promis, et qui devaient m'être expédiés dans trois ou quatre jours... en rentrant à mon hôtel je les trouve arrivés; je pense à vous, à votre bal, à votre souper... je vous les adresse sur-le-champ.

GRIPPARVILLE, laissant tomber son verre.

Dieux !

TRUFFARDIN.

Eh bien !... qu'avez-vous donc ?

GRIPPARVILLE, rebouchant la bouteille de vin de Champagne qui est à côté de lui.

Rien... rien, mon ami... Comment, ce vin de Champagne... ce souper... c'était votre propriété.

TRUFFARDIN.

Du tout, c'est la vôtre... nous sommes convenus que vous les prendriez en paiement, si toutefois vous les trouviez bons... et je m'en rapporte à ces messieurs.

ÉDOUARD.

Divin, excellent, impossible de rien manger de meilleur.

TRUFFARDIN.

J'en étais sûr... (Bas.) M. de Saint-Elme, que j'ai vu, est enchanté. (Haut.) Voici la petite note que vous examinerez à loisir.

GRIPPARVILLE, prenant le papier.

Comment... la note des mille écus... voilà une place qui m'aura coûté cher.

SCÈNE XX.

Les précédens, madame de SAINT-ELME, BETZI.

MADAME DE SAINT-ELME.

Ah, monsieur !... recevez mes complimens... charmant, délicieux... impossible de voir une plus jolie fête... j'en suis ravie... ce qui se trouve à merveille, car sans cela je serais d'une humeur effroyable ; je viens d'avoir une scène avec mon mari... et nous nous sommes brouillés à votre sujet.

GRIPPARVILLE.

A mon sujet ?

MADAME DE SAINT-ELME.

Oui, Monsieur, vous ne m'aviez pas dit que vous sollicitiez une place de receveur ; moi, j'étais enchantée de votre bal... mais mon mari en était indigné... il déclamait contre votre luxe, votre prodigalité... ce n'est pas étonnant, lui... il est si économe ; et enfin il m'a dit que quelqu'un qui était capable de dépenser six ou sept mille francs dans une soirée, n'aurait jamais de lui une place de receveur ; et je le connais, vous ne l'aurez pas... mais c'est égal, votre soirée était charmante... je le lui dirais à lui-même.

GRIPPARVILLE, regardant Truffardin.

Dieux ! quelle perfidie !... je suis ruiné et trahi de tous les côtés ; mais enfin cette place, à qui donc veut-il la donner ?

SCÈNE XXI.

Les précédens, ÉDOUARD.

ÉDOUARD.

A moi, Monsieur... il vient de me l'accorder...

BETZI.

A M. Édouard... ah! que je suis contente....

GRIPPARVILLE.

A vous, jeune homme!

ÉDOUARD.

J'ignorais que vous fussiez mon concurrent, et vous saviez très bien que j'étais le vôtre... aussi, loin de m'en vouloir... je suis certain que vous tiendrez votre parole?

GRIPPARVILLE.

Moi, Monsieur?

ÉDOUARD.

Oui, vous m'accorderez la main de votre nièce, que j'aime mieux devoir à votre consentement qu'à la décision du conseil de famille.

GRIPPARVILLE.

Le conseil de famille décidera ce qu'il voudra; mais ne comptez pas sur moi pour le repas de noce.

ÉDOUARD.

Celui-ci en a tenu lieu; et pour le nôtre...

TRUFFARDIN.

C'est moi qui m'en charge... car je fais de tout... mariages, noces et festins.

GRIPPARVILLE.

Oui, traître... des festins. (A part.) Voyons toujours à sauver de celui-ci ce que je pourrai... et, dès demain, je me retire trois mois à la campagne pour faire des économies, et tâcher de me rattrapper.

SCÈNE XXI.

VAUDEVILLE.

GRIPPARVILLE.

Air :

Économisons en tout temps ;
C'est ma méthode, elle est fort bonne :
Ce que l'on ménage au printemps,
On le retrouve dans l'automne :
Le financier fait des budgets,
La jeunesse fait des folies,
L'ambitieux fait des projets,
Le sage des économies.

ÉDOUARD.

Que d'auteurs et que de journaux,
Que de romantiques en France,
Avares d'esprit, de bons mots,
Craignent de se mettre en dépense.
Depuis vingt ans chacun paraît
Riche des mêmes niaiseries ;
Qu'il aurait d'esprit, s'il pouvait
Dépenser ses économies !

BETZI.

Je ne veux point, en fait d'amans,
Werther, ni d'autre fou semblable ;
Je préfère aux beaux sentimens,
Tendresse vraie et raisonnable :
Pour cause je me défierais
De ces amours de tragédies ;
Qui commence par des excès,
Finit par des économies.

MADAME DE SAINT-ELME.

Écoutez, messieurs les maris,
Trois secrets de grande importance :

« Voulez-vous n'être pas trahis ?
« Parlez d'amour, de confiance ;
« Voulez-vous être aimés, chéris ?
« Parlez-nous souvent de folies ;
« Mais voulez-vous être obéis ?
« Ne parlez pas d'économies. »

TRUFFARDIN.

Procureur, médecin, huissier,
Vous tous qui tourmentez les hommes,
Des exploits de votre métier
Montrez-vous toujours économes ;
Millionnaire, grand seigneur,
Dont la puissance est infinie,
Vous qui dispensez le bonheur,
Ne faites pas d'économie.

MADAME DE SAINT-ELME, au public.

Je crains bien, *entre nous soit dit*,
Qu'en examinant notre intrigue,
On lui reproche, en fait d'esprit,
De n'être pas assez prodigue :
Soyez, en blâmant nos défauts,
Plus généreux, je vous en prie ;
Et vous, messieurs, dans vos bravos
Ne mettez pas d'économie.

FIN DE L'AVARE EN GOGUETTES.

LES
ADIEUX AU COMPTOIR,

COMÉDIE-VAUDEVILLE,

Représentée pour la première fois, à Paris, sur le théâtre
du Gymnase dramatique, le 9 août 1824.

EN SOCIÉTÉ AVEC M. MÉLESVILLE.

PERSONNAGES.

M. DUBREUIL, marchand d'étoffes.
Madame DUBREUIL, sa femme.
ÉLISA, leur fille.
BERNARD, jeune tapissier.
M. COTING, tailleur.
Un Jockey, costumé à l'anglaise.
FRANÇOIS, domestique.

La scène se passe à Paris, dans la maison de M. Dubreuil.

BERNARD.

J'AI DÉJÀ EU LE PLAISIR DE RENCONTRER CES DAMES.

Les Adieux au Comptoir. Sc. X

LES
ADIEUX AU COMPTOIR.

Le théâtre représente un appartement assez élégant. Porte au fond. Deux portes latérales. A droite, sur le devant, une petite table couverte d'un tapis ; du côté opposé, une table ronde, sur laquelle on sert le déjeuner.

SCÈNE PREMIÈRE.

M. et madame DUBREUIL.

(Ils sortent ensemble de la chambre à gauche.)

M. DUBREUIL.

Mais au moins, ma femme, écoute un peu la raison.

MADAME DUBREUIL.

Non, monsieur Dubreuil, je ne veux pas que nous restions plus long-temps dans le commerce. Voilà vingt ans que je suis assise dans ce maudit comptoir, il me tarde d'en sortir.

M. DUBREUIL.

Songe donc, ma chère amie, que nous nous y sommes enrichis.

MADAME DUBREUIL.

Raison de plus pour nous retirer, pour faire les

bourgeois, pour acheter une maison à Paris, et une à la campagne.

M. DUBREUIL.

Y penses-tu?

MADAME DUBREUIL.

Air du Ménage de garçon.

Et pourquoi pas? qui vous arrête?...
Surtout, monsieur, dans un moment
Où dans Paris chacun achète
Des maisons sans avoir d'argent.

M. DUBREUIL.

Par les acheter on commence,
Et bien des gens en font métier;
Mais il s'en vendrait moins, je pense,
Si l'on commençait par payer.

MADAME DUBREUIL.

Hé bien, Monsieur, rien ne vous empêche de commencer par là. Et quand je pense à ce bal, où nous avons été hier avec ma fille. Dieu! que je voudrais me voir dans un salon de la Chaussée-d'Antin, sur un canapé, ou un divan! et recevant le beau monde; n'est-ce pas plus agréable et plus honorifique que d'être demoiselle de comptoir ou dame de boutique, aux ordres de tout le monde, astreinte à la sonnette, et attachée à la demi-aune?

M. DUBREUIL.

Et moi, qui ne suis jamais sorti de la rue Saint-Denis! qu'est-ce que je ferai dans ton beau salon de la Chaussée-d'Antin?

SCÈNE I.

Air de la Robe et les Bottes.

Pour voir des sots gonflés de leur mérite,
De jeunes fats, des docteurs de boudoir,
De gros banquiers fiers d'avoir fait faillite :
J'aime bien mieux rester dans mon comptoir.
Franchise, honneur, vertus héréditaires,
Chez ces messieurs que feriez-vous ? hélas !
Vous seriez là des plantes étrangères ;
L'air n'y vaut rien,... vous n'y prendriez pas.

MADAME DUBREUIL.

Restez donc dans votre quartier, puisque vous le voulez ; mais au moins vous ne pouvez point sacrifier vos enfans ; et puisque nous avons de la fortune, j'espère que votre intention n'est pas qu'ils soient des marchands comme nous.

M. DUBREUIL.

Si fait, parbleu ! Mon fils Didier, qui a bientôt quatorze ans, sortira dans trois ans du collége, pour entrer, non pas, comme vous le disiez, dans une école militaire, mais dans mon magasin ; il ne portera ni l'épée ni l'épaulette, il y a assez de braves sans lui ; il portera comme moi la demi-aune, et sera aide-de-camp de monsieur son père, jusqu'à ce qu'il plaise au ciel de le faire monter en grade, et de le nommer général en chef.

MADAME DUBREUIL.

Mais notre fille Élisa, qui est en âge d'être mariée ; une fille charmante, qui a été élevée par moi ?

M. DUBREUIL.

Notre fille épousera le fils de M. Bernard, mon ancien ami, un des premiers tapissiers de Paris.

MADAME DUBREUIL.

Moi! la belle-mère d'un tapissier!

M. DUBREUIL.

Où serait le mal? Savez-vous qu'un tapissier comme celui-là, qui a vingt mille livres de rentes assurées, vaut mieux qu'un notaire ou un avoué qui doit sa charge.

MADAME DUBREUIL.

A la bonne heure : mais si votre fille éprouve pour ce mariage une répugnance invincible?

M. DUBREUIL.

Une répugnance invincible! elle ne connaît pas son prétendu, puisque voilà dix ans qu'il est à Lyon à la tête de ma fabrique. Élisa ne pense rien de tout cela : et c'est vous qui lui mettez de pareilles idées dans la tête.

MADAME DUBREUIL.

Voulez-vous vous en rapporter à elle? je vous promets de rester neutre.

M. DUBREUIL.

Hé bien! j'y consens.

AIR : On dit que je suis sans malice

Entre nous deux qu'elle prononce :
Mais aussi, d'après sa réponse,
L'hymen se fera sur-le-champ.

MADAME DUBREUIL.

Hé quoi! vous voulez?...

M. DUBREUIL.

Oui, vraiment,
Je veux la forcer d'être heureuse.

SCÈNE II.

MADAME DUBREUIL.

Dieux ! quelle tyrannie affreuse !

M. DUBREUIL.

Hé bien ! tâchez, dès aujourd'hui,
De me tyranniser ainsi.

Mais taisez-vous ; car voici ma fille.

SCÈNE II.

Les précédens, ÉLISA.

MADAME DUBREUIL, *s'asseyant sur un fauteuil.*

Approchez, Élisa, approchez, nous avons à vous interroger sur une affaire importante.

M. DUBREUIL.

Oui, ma fille, et surtout réponds-nous avec franchise, car nous ne voulons que ton bonheur.

MADAME DUBREUIL.

Levez la tête, Élisa. Auriez-vous envie d'être mariée ?

ÉLISA, *vivement.*

Oui, maman. (*Se retournant vers M. Dubreuil, et lui faisant la révérence.*) Oui, mon papa.

M. DUBREUIL.

C'est bien, c'est bien, voilà un empressement qui est de bon augure.

MADAME DUBREUIL.

Et voudriez-vous épouser le fils de M. Bernard le tapissier ?

(*Lui faisant signe de la tête de dire non.*)

ÉLISA, *hésitant.*

Non... non, maman.

M. DUBREUIL.

Comment, non ?

MADAME DUBREUIL.

Ah! M. Dubreuil, permettez : vous ne devez pas l'intimider; il faut qu'elle soit libre de répondre. (A sa fille.) Comment? tu ne voudrais pas être la femme d'un tapissier? te voir depuis le matin jusqu'au soir dans une belle boutique, à mesurer des franges et à auner de la moquette?

(Lui faisant toujours signe que non.)

ÉLISA.

Non, maman, non, certainement.

MADAME DUBREUIL, à son mari,

Vous voyez que je ne lui fais pas dire... (A sa fille.) Est-ce que tu aimerais mieux, par hasard, un jeune homme comme il faut, qui n'aurait rien à faire toute la journée, qu'à mener promener sa femme au bois de Boulogne, en calèche ou en tilbury, qui lui donnerait des bijoux, des cachemires, (regardant son mari avec attention) et qui ne regarderait jamais le mémoire de la marchande de modes.

ÉLISA, vivement.

Ah! oui, maman; voilà le mari qu'il me faut ; et je n'en veux pas d'autre.

M. DUBREUIL.

Et moi, morbleu! j'entends, Mademoiselle...

MADAME DUBREUIL.

Vous le voyez, malgré nos conventions, vous allez vous emporter.

M. DUBREUIL.

Non pas ; mais qu'elle voie au moins celui que je

propose. Voici trois jours que Bernard est arrivé de Lyon; ses premiers momens ont été donnés à sa famille et à ses affaires; mais maintenant il nous appartient; et je vous préviens que tantôt nous l'avons à dîner, pour que vous fassiez connaissance.

MADAME DUBREUIL.

Hé! mon Dieu! nous le connaissons de reste, par tout le bien que vous nous en disiez.

Air des Amazones.

C'est un garçon honnête et raisonnable,
Plein de bonté, d'esprit et de vertus.

ÉLISA.

D'un caractère aussi joyeux qu'aimable.

M. DUBREUIL.

Hé bien, morbleu! que vous faut-il de plus?
Esprit, gaîté, prudence, bonté d'ame,
Que de vertus!... En voilà, Dieu merci!
C'est de quoi faire un héros... et madame
N'y trouve pas de quoi faire un mari!

MADAME DUBREUIL.

Oui, Monsieur; parce que je ne veux pas sacrifier ma fille, parce que nous ne sommes point faites pour subir continuellement l'humiliation du comptoir.

M. DUBREUIL.

L'humiliation du comptoir! Ah ça, ma chère Jeannette...

MADAME DUBREUIL.

Ah! Jeannette!...

M. DUBREUIL.

Dame! c'était votre nom, quand je vous ai épousée... *(On sonne.)* Et, tenez, tenez, vous qui n'êtes point faite...

entendez-vous la sonnette! voilà du monde qui arrive. Allons, ma fille, ma femme, à votre poste.

SCÈNE III.

Les précédens, COTING.

COTING.

Pardon d'entrer jusqu'ici, n'ayant trouvé personne au magasin.

M. DUBREUIL.

C'est nous, Monsieur, qui vous faisons nos excuses... Ma femme, une chaise à monsieur.

MADAME DUBREUIL.

Dieux! être obligée d'être honnête avec tous ces gens-là!

COTING.

Ne vous donnez pas la peine, je viens acheter quelques pièces de velours... Sans me connaître, vous avez peut-être entendu parler de moi : je suis M. Coting, un des premiers tailleurs de Paris.

Air : *Le briquet frappe la pierre.*

Mais dans le siècle où nous sommes,
Souvent les tailleurs, hélas!
Ne trouvent que des ingrats!
C'est nous qui faisons les hommes.
Un tel... n'est qu'un ignorant...
Grâce au bel habit qu'il prend,
On l'écoute en l'admirant.
A qui doit-il cette gloire?
A qui doit-il son esprit?
Il le doit à son habit.

SCÈNE III.

Et quand je vois son mémoire,
Cet habit ?... Dieux ! quelle horreur !
Il le doit à son tailleur.

Vous savez que j'ai inventé l'étoffe qui porte mon nom, et qui a eu tant de vogue l'hiver dernier ; et je viens vous consulter sur une espèce de velours que je voudrais créer, et que vous auriez la bonté de faire fabriquer. J'ai là des échantillons. (Pendant qu'il ôte ses gants.) Vous avez ici un petit local charmant.

M. DUBREUIL.

Oui, c'est notre arrière-boutique, que ma femme a voulu que je fisse arranger en salon, (montrant la porte du fond) et qui a une sortie particulière sur la rue.

COTING.

C'est fort propre ; mais si vous venez chez moi, vous verrez, c'est tout en glace. De sorte que, quand un client essaie un habit, il le voit double.

M. DUBREUIL, à part.

Et il le paie de même... (Haut.) Hé bien ! Monsieur, vos échantillons ?...

COTING, prenant plusieurs papiers.

M'y voici ; non, c'est un billet de M. le comte de Saint-Edmond !

MADAME DUBREUIL.

Saint-Edmond ?

COTING.

Vous connaissez ?...

MADAME DUBREUIL.

De réputation ; ce jeune homme si aimable, si brillant.

ÉLISA.

L'oracle du goût et de la mode.

MADAME DUBREUIL.

On nous en a beaucoup parlé dans toutes les sociétés où nous allons. (Bas à M. Dubreuil.) Voilà le gendre qu'il vous faudrait.

COTING.

Moi, je ne le connais pas, impossible de le joindre; mais je connais son papier, et j'ai là une lettre de change passée à mon ordre, pour laquelle je me suis mis en règle... (Prenant d'autres papiers.) Ah! tenez, vous voyez ces deux nuances, ce velours noir et ce velours blanc; je voudrais... cela va vous étonner, mais moi, je suis un de ces génies créateurs qui visent à l'originalité... je voudrais combiner ensemble ces deux couleurs hétérogènes, et en faire jaillir une autre.

M. DUBREUIL.

C'est déjà fait.

COTING.

Comment?

M. DUBREUIL,

Nous avons le gris, le gris de souris, le gris-perle...

COTING.

C'est dommage; mais c'est égal, gardez-moi le secret; vous pouvez toujours dire que c'est moi qui l'ai inventé.

Air : J'ai vu le Parnasse des dames.

Par l'invention, moi, je brille ;
Aussi, je ferai mon chemin.

SCÈNE IV.

DUBREUIL, lui montrant la boutique.

Par ici... ma femme et ma fille
Vont vous conduire au magasin.
J'ai plus d'une étoffe nouvelle
Dont on admire la couleur ;
Et là, vous pourrez choisir celle
Dont vous voulez être l'auteur.

COTING, sortant avec Élisa.

C'est on ne peut pas plus honnête.

MADAME DUBREUIL, à Coting

Je vous suis, Monsieur... (à M. Dubreuil) et quant à votre M. Bernard, ne nous en parlez plus ; car nous le détestons maintenant plus que jamais. (On sonne.) Allons, encore du monde. Voilà, voilà ; on y va.

SCÈNE IV.

M. DUBREUIL, SEUL.

Dieux ! qu'un père de famille a de mal ! et qu'il y a une chose difficile au monde ! c'est de faire entendre raison à sa femme ; car ma fille, cette pauvre Élisa, n'a pas de volonté, et serait, j'en suis sûr, toute disposée à m'obéir, si on ne lui montait pas l'imagination... Hein ! qui vient là ? c'est ce pauvre Bernard, mon gendre en expectative.

SCÈNE V.

M. DUBREUIL, BERNARD.

M. DUBREUIL.

Bonjour, mon garçon, qu'est-ce qui t'amène si matin ?

BERNARD.

Je n'ai pas eu la patience d'attendre jusqu'au dîner, parce que j'avais à vous raconter quelque chose de si étonnant... Mon père en a été dans l'enchantement, et vous aussi, j'en suis sûr, parce que vous êtes un si brave homme, un si honnête homme.

M. DUBREUIL.

Ce n'est pas de moi qu'il s'agit, mais de toi. Allons, vite, dis-moi ce qui t'arrive.

BERNARD.

Voyez-vous, quand j'étais à Lyon, mon père m'écrivait toutes les semaines : « Sois bon sujet, et « M. Dubreuil te donnera sa fille. » Vous-même, quand vous veniez, vous m'en disiez autant, et vous conviendrez que cela monte la tête d'un jeune commis-marchand, qui a dix-huit ans et de l'imagination, de sorte que, sans connaître mademoiselle Élisa, et sans l'avoir jamais vue, j'en étais déjà amoureux sur parole.

M. DUBREUIL.

Il n'y a pas de mal jusqu'à présent.

BERNARD.

Ah bien oui ! tout cela était bel et bon de loin;

SCÈNE V.

mais je n'ai pas été deux jours à Paris que ça n'était plus ça.

M. DUBREUIL.

Qu'est-ce à dire ?

BERNARD.

Hier au soir, j'ai été au bal chez un riche banquier, avec qui mon père a des relations d'affaires. Dieux ! quel coup d'œil !

Air de Marianne.

> Chez nous au bal on aime à rire,
> C'est là que règne la gaîté ;
> Mais à Paris, sans se rien dire,
> On s'amuse avec gravité.
> Malgré l'orchestre aux sons joyeux,
> Chacun dansait, et d'un air sérieux !
> Et les messieurs ! il faut les voir !
> Pour être gai, tout le monde est en noir ;
> En voyant un pareil négoce,
> Surtout leur sombre vêtement,
> On dirait d'un enterrement
> Qui se trouve à la noce.

Aussi, moi, qui n'y étais pas, j'allais me retirer, lorsque je vois entrer, avec sa mère, une jeune personne qui avait une physionomie si douce et si jolie, que crac, au premier coup d'œil, voilà la tête et le cœur qui sont partis.

M. DUBREUIL.

Allons, il ne manquait plus que cela, le voilà amoureux.

BERNARD.

Oh ! amoureux en plein ! Et vous sentez bien que je pensais déjà à vous et à mon père, et que je me faisais de fameux reproches, sans compter les remords qui allaient leur train, lorsqu'au moment où ces dames venaient de partir, quelqu'un les a nommées devant moi, et jugez de ma surprise! c'étaient madame Dubreuil et mademoiselle Élisa, votre femme et votre fille.

M. DUBREUIL.

Il se pourrait! Hier, en effet, elles ont été au bal.

BERNARD.

Hein! quelle rencontre! et quel bon hasard! Tomber ainsi amoureux de sa femme! car je l'aimais d'avance. Je l'adore maintenant... je l'aimerai toujours. Je n'en ai pas dormi de la nuit; j'en ai la fièvre.

M. DUBREUIL.

Air du vaudeville de la Somnambule.

Je ne sais pas s'il faut ou non te plaindre;
Mais ça va mal, mon cher, pour tes amours.

BERNARD.

Que dites-vous! quel malheur faut-il craindre?
Ai-je un rival?... parlez vite, j'y cours.
Si je n'ai pas, pour celle qui m'enchante,
Assez d'esprit pour la bien mériter;
J'aurai, du moins, si quelqu'un se présente,
Assez de cœur pour la lui disputer.

M. DUBREUIL.

Voyez-vous, quelle bonne tête!... Eh non, ce n'est pas cela, c'est ma femme et ma fille qui détestent les commerçans et le commerce, et qui ne veulent pas entendre parler de ce mariage.

BERNARD.

Qu'est-ce que vous me dites là! moi, qui ne peux

plus être heureux qu'avec mademoiselle Élisa. D'ailleurs, est-ce que vous n'êtes pas le maître chez vous ? Est-ce que vous ne pouvez pas dire : « Je le veux. »

M. DUBREUIL.

Oui, sans doute; mais qu'en arrivera-t-il ? ma femme criera à la tyrannie, au despotisme, et ma fille, qui est déjà mal disposée, t'en aimera encore moins.

BERNARD.

Vous avez raison; mais alors quel parti prendre ?

M. DUBREUIL.

Ce n'est pas facile : sans les heurter de front, trouver quelque moyen d'arriver à notre but. Il faudrait tâcher de plaire à ma femme et à ma fille. Hier, comment as-tu été accueilli ?

BERNARD.

Fort bien. Mademoiselle Élisa avait un air si aimable ! Et pour madame sa mère...

Air : Du partage de la richesse.

Elle observait mon genre et ma méthode,
Car pour ce bal mon père avait voulu
Que l'on me fît un costume à la mode :
Ainsi, jugez comme j'étais vêtu.
Dans ce salon ils étaient tous si drôles ;
Mais un surtout que de loin j'aperçoi ;
Je m'en approche en haussant les épaules,
Et le miroir m'apprend que c'était moi.

Il est vrai qu'il n'y avait pas là un cavalier qui fût plus ridicule. Aussi tout le monde m'admirait.

M. DUBREUIL.

A merveille. Voilà un commencement. Pour continuer, il faut t'en aller sur-le-champ, car ma femme aime les élégans, les gens à la mode; et tout serait perdu si elle te voyait accoutré de la sorte.

BERNARD.

Dame! c'est pour le matin, mon costume de travail.

M. DUBREUIL.

Va mettre ton bel habit, ta chaîne d'or, le lorgnon, et reviens sur-le-champ.

BERNARD.

A quoi bon?

M. DUBREUIL.

A quoi bon? Nous verrons après. Cela ne te regarde pas; et quoi qu'il arrive, aie soin de ne me contrarier en rien, de me laisser faire, et de toujours dire comme moi.

BERNARD.

C'est dit.

(Il sort.)

SCÈNE VI.

M. DUBREUIL, seul.

Diable! moi, qui n'ai jamais été bien fort, me trouver ainsi, à mon âge, et pour la première fois de ma vie, à la tête d'une intrigue! Je ne sais pas trop comment je m'en tirerai; d'autant que d'ordinaire ce ne sont pas les pères qui se mêlent de ces choses-là. Mais c'est pour le bonheur de ma fille; et puis, avec ma femme, ça m'épargne une querelle; et, en ménage, c'est une économie qu'on n'est pas fâché de

faire. Il y a tant d'autres occasions de dépenses...
Hein! qui vient là? un jockei anglais.

SCÈNE VII.

M. DUBREUIL, UN JOCKEI.

LE JOCKEI.

Est-ce ici M. Dubreuil, un marchand d'étoffes?

M. DUBREUIL.

Oui, mon ami.

LE JOCKEI.

Je viens de la part de mon maître, M. le comte de Saint-Edmond.

M. DUBREUIL.

Ah! M. de Saint-Edmond, rue de la Chaussée-d'Antin?

LE JOCKEI.

Oui, Monsieur.

M. DUBREUIL.

C'est celui dont ma femme me parlait tout à l'heure; qu'y a-t-il pour son service?

LE JOCKEI.

Il vous prie de passer demain matin chez lui; c'est pour un nouvel ameublement dans son petit salon.

M. DUBREUIL.

C'est bien; mais encore faudrait-il savoir... est-il là avec toi, dans sa voiture?

LE JOCKEI.

Non, Monsieur; mon maître déjeune en ville; je

viens de le conduire, et je ne dois aller le reprendre que dans trois heures avec la voiture.

M. DUBREUIL.

Dans trois heures... (A part.) Ah! mon Dieu, quelle idée! voilà mon plan qui m'arrive... (Haut.) Dis-moi, mon garçon, tu m'as l'air d'un garçon intelligent?

LE JOCKEI.

Dame, Monsieur, je fais mon état de jockei anglais du mieux que je peux.

M. DUBREUIL.

Et tu es bien attaché à ton maître?

LE JOCKEI.

Monsieur sait ce que c'est, un jeune homme à la mode, qui a une très grande fortune; on a toujours un attachement proportionné.

M. DUBREUIL.

C'est juste; et si, malgré ta fidélité, on te proposait de le quitter ce matin?

LE JOCKEI.

Comment, Monsieur?

M. DUBREUIL.

Pour trois heures seulement, (lui donnant de l'argent) et moyennant vingt francs par heure.

LE JOCKEI.

A ce prix-là, Monsieur, je servirais vingt maîtres à la fois; voyons, que faut-il faire?

M. DUBREUIL, le tire à l'écart et lui parle bas.

Tais-toi, c'est ma femme.

SCÈNE VIII.

Les précédens, madame DUBREUIL.

MADAME DUBREUIL.

L'ennuyeux personnage! j'ai cru qu'il ne s'en irait jamais. Et cet autre, un petit bourgeois qui me fait déployer vingt pièces d'étoffe sans rien acheter! il est bien dur, quand on a vingt-cinq mille livres de rente, d'obéir à des gens qui n'ont peut-être pas un écu dans leur poche, et qui se donnent encore les airs de marchander.

LE JOCKEI, à M. Dubreuil.

Il suffit, Monsieur, je comprends.

(Il sort.)

MADAME DUBREUIL.

Hé bien, mon mari, en finirez-vous aujourd'hui? et quand comptez-vous déjeuner?

M. DUBREUIL.

M'y voici, ma chère amie; c'est que je terminais ici un article important.

MADAME DUBREUIL.

Vraiment! quel était ce jockei?

M. DUBREUIL.

Celui de M. le comte de Saint-Edmond, dont tu me parlais tout à l'heure; il m'annonçait que son maître allait venir ce matin choisir des étoffes.

MADAME DUBREUIL.

Il se pourrait! moi, qui avais tant d'envie de le connaître!... Ah mon Dieu! dans quel état est ce salon!... (Appelant.) François! François! holà! quelqu'un. Ma fille, ma chère Élisa!...

SCÈNE IX.

Les précédens, FRANÇOIS, puis ÉLISA.

MADAME DUBREUIL.

Accours donc, ma chère amie... Tu ne sais pas une nouvelle... M. de Saint-Edmond qui va venir... Eh! vite, François, rangez ce salon.

FRANÇOIS.

Et le déjeuner qui était prêt?

MADAME DUBREUIL.

Vous le servirez tout à l'heure... nous attendons auparavant une visite.

FRANÇOIS.

C'est donc cela qu'il y a là un beau jeune homme qui vous demande.

MADAME DUBREUIL.

Et vous l'avez fait attendre... qu'il entre vite, François.. et n'oubliez pas de l'annoncer, comme cela se fait toujours.

FRANÇOIS.

Comment, Madame?

MADAME DUBREUIL.

Eh! oui... vous entrerez le premier en disant: « Monsieur de Saint-Edmond. »

SCENE X.

M. DUBREUIL, à part.

Elle fait bien d'y songer... j'avais oublié le plus essentiel.

(François sort.)

MADAME DUBREUIL.

Mais j'y pense maintenant... dans quel négligé me voilà. !

ÉLISA.

Que je suis contente !... que j'ai bien fait de mettre ce matin cette robe !...

M. DUBREUIL, à part.

C'est ça... la tête est partie... voilà toutes les girouettes en mouvement.

(Les deux dames arrangent leur toilette devant la glace.)

SCÈNE X.

Les précédens, FRANÇOIS, puis BERNARD.

FRANÇOIS, entrant et annonçant à haute voix.

M. de Saint-Edmond.

BERNARD, regardant M. Dubreuil.

Qu'est-ce qu'il dit donc ?

M. DUBREUIL, allant à lui.

Salut à M. de Saint-Edmond..

BERNARD, bas.

Il paraît que c'est mon nom.

M. DUBREUIL, de même.

Oui, sans doute. (Haut.) Je suis trop heureux de recevoir l'homme le plus à la mode de Paris... (Bas.) Tu es un élégant, entends-tu ? et tiens-toi droit...

BERNARD, de même.

Soyez tranquille... vous allez voir, rien que le salut...
(S'avançant près des dames, et les saluant, la tête entre les deux épaules.)
Belles dames, j'ai l'honneur d'être le vôtre, autant que possible.

MADAME DUBREUIL et ÉLISA, faisant la révérence.

Monsieur...

ÉLISA, levant les yeux.

Ah mon Dieu! maman... c'est ce monsieur d'hier avec qui j'ai dansé, et qui ne nous a pas quittées de tout le souper.

MADAME DUBREUIL.

Comment, il se pourrait!... il était donc au bal, incognito.

BERNARD, les lorgnant.

Il me semble, autant que le bon ton me permet d'y voir... que j'ai déjà eu le plaisir de rencontrer ces dames.

MADAME DUBREUIL.

Mais, oui, Monsieur... nous avons passé hier la soirée ensemble.

BERNARD.

Est-ce hier?... eh, oui, rue Lepelletier... un bal de banquier. Une cohue... moi, je n'y vais jamais... aussi, je n'étais pas invité... je n'y connais personne... c'est un ami qui m'y a amené.

MADAME DUBREUIL.

Il me semble cependant que le bal...

BERNARD.

Ah! laissez donc...

SCÈNE X.

Air: Sans mentir.

Oui, le luxe et l'opulence
Éblouissent tous les yeux ;
Mais chez les gens de finance,
Tous les bals sont ennuyeux.
Terpsichore craint l'approche
Des Crésus prompts à glisser,
Et dit, en voyant leur poche,
Où tant d'or vient s'entasser :
« C'est trop lourd (*bis.*) pour bien danser. »

Et puis, quelle société!... je n'y ai rencontré que deux personnes véritablement dignes de mes hommages... aussi, je ne les ai pas quittées... et j'étais loin de m'attendre aujourd'hui au plaisir de les revoir.

ÉLISA, bas à sa mère.

Qu'il est aimable et galant!

MADAME DUBREUIL.

Hé bien! monsieur Dubreuil, vous l'entendez... vous voyez que les gens comme il faut se reconnaissent partout.

BERNARD.

Du premier coup d'œil, je vous défie d'entrer dans un salon, sans être remarquée...

MADAME DUBREUIL.

Comme tout ce qu'il dit est de bon ton.

(François apporte le déjeuner.)

BERNARD.

Comment!... vous n'avez point encore déjeuné? à onze heures!... mais c'est comme moi... c'est tout-à-fait bon genre.

MADAME DUBREUIL.

Oui, Monsieur, c'est notre habitude.

M. DUBREUIL.

Excepté qu'aujourd'hui nous avons deux heure de retard... mais si vous voulez sans façon être de nôtres?

BERNARD.

Comment donc!... mais très volontiers.

MADAME DUBREUIL, bas à son mari.

Qu'est-ce que vous faites?... nous n'avons personne... François est si maladroit pour servir !

M. DUBREUIL.

Hé bien ! monsieur n'a-t-il pas ses gens ?

BERNARD.

Mes gens!.... qu'est-ce qu'il dit donc ?

M. DUBREUIL.

Tenez, justement, voici votre jockei.

SCÈNE XI.

LES PRÉCÉDENS, LE JOCKEI EN GRANDE LIVRÉE.

LE JOCKEI, s'adressant à Bernard.

Je viens savoir les ordres de monsieur.

BERNARD, bas à Dubreuil.

Dites donc.... il se trompe de maître.

M. DUBREUIL, de même.

Va toujours, c'est convenu.

BERNARD, au jockei.

Mais, mon cher, comme vous voudrez... je croi que vous pouvez attendre.

SCÈNE XI.

ÉLISA, à la fenêtre.

Dieux ! quel joli tilbury !

LE JOCKEI.

C'est la voiture de mon maître.

BERNARD, bas à Dubreuil.

Ma voiture !... c'est encore convenu ?

M. DUBREUIL.

Eh ! oui, oui... Allons, asseyez-vous.

BERNARD, après avoir pris place à la table, et cherchant un nom.

Tom... John... Villiams, mon jockei... servez-nous à table.

M. DUBREUIL.

Monsieur, nous sommes flattés de voir que vous ayez bien voulu partager le déjeuner de famille.

BERNARD.

Je suis trop heureux d'y être admis, et tout mon bonheur serait à mon tour de pouvoir vous recevoir chez moi.

MADAME DUBREUIL.

Monsieur, ma fille et moi... sommes infiniment flattées... (Bas à son mari.) Je vous le demande, Monsieur, est-il possible d'être plus honnête ?

M. DUBREUIL.

Vous le trouvez donc...

MADAME DUBREUIL.

Charmant !... (Au jockei.) Je vous demanderai une tasse.

M. DUBREUIL, souriant.

Vraiment... (A part.) Allons, allons, je suis enchanté de ma ruse ; et pour la première fois que je m'en mêle, ça ne va pas mal.

SCÈNE XII.

M. ET MADAME DUBREUIL, ÉLISA, BERNARD, AUTOUR DE LA TABLE, ET DÉJEUNANT; LE JOCKEI, DEBOUT, OCCUPÉ A LES SERVIR ; COTING, ENTRANT PAR LA PORTE DU MAGASIN.

COTING.

Je suis désolé.... de vous déranger encore... je ne vous dis qu'un mot, et je m'esquive.

(M. Dubreuil se lève de table, et va causer avec lui à l'autre bout du théâtre.)

MADAME DUBREUIL, à Bernard.

Ne faites pas attention, c'est un chaland... ça n'en vaut pas la peine.

COTING, à M. Dubreuil.

Ce velours gris-perle me paraît bien... j'en prendrai quatre pièces pour commencer... pour le surplus...

MADAME DUBREUIL, à qui Bernard a parlé bas pendant ce temps.

C'est charmant! Dieux! qu'il a d'esprit!... On avait bien raison de nous vanter M. de Saint-Edmond.

COTING.

Hein!... qu'est-ce que c'est?... quel nom ai-je entendu? Comment!... monsieur serait?...

ÉLISA.

M. de Saint-Edmond lui-même.

COTING.

En effet... je reconnais son jockei... celui qui me renvoyait toujours. (Haut à Bernard.) Plusieurs fois, Monsieur, je me suis présenté à votre hôtel, sans vous rencontrer.

BERNARD.

A mon hôtel!... (A part.) C'est encore quelque incident arrangé par le beau-père.

COTING.

Votre domestique, ici présent, m'a toujours dit que vous n'étiez pas visible.

BERNARD.

Ce gaillard-là joue bien son rôle...

LE JOCKEI, à Coting.

C'est vrai, Monsieur... mais j'avais des ordres...

COTING.

Que j'ai toujours respectés... je suis Coting... Coting, tailleur... Et puisque je vous trouve, voici une petite lettre de change, acceptée par vous, et passée à mon ordre.

M. DUBREUIL, à part.

Eh mon Dieu!... je n'avais pas pensé à celui-là... ce que c'est, quand on commence.

BERNARD, à part.

C'est bien cela... Tous les jeunes gens à la mode ont des créanciers... et le beau-père m'en a trouvé un. (Haut à Coting.) Hé bien, mon cher, qu'est-ce que cela?... une lettre de change!... est-ce que cela me regarde? est-ce que je peux me mêler de tout?... c'est moi qui les fais, c'est déjà bien assez... mais ce n'est pas moi qui les paie... Voyez mon homme d'affaires... Est-ce que vous me prenez pour un bourgeois?

COTING.

Non, Monsieur; je sais bien la différence... Les bourgeois paient eux-mêmes... mais c'est que je me suis mis en règle... Il y a contrainte par corps; et je serais désolé, pour si peu de chose, de causer du désagrément à monsieur...

M. DUBREUIL, à part.

Ah! mon Dieu!... tout va se découvrir.

COTING.

Et de le faire mettre en prison.

MADAME DUBREUIL ET ÉLISA.

En prison!...

BERNARD, aux dames.

Taisez-vous donc... ça n'est pas possible... je ne découche jamais. (A Coting.) De quoi est-il question?... de mille écus ?

COTING.

Du tout, Monsieur... d'une misère de cinq cents francs.

BERNARD, toujours à table.

Et c'est pour cela que vous me rompez la tête ?... Tenez, entendez-vous là-dessus avec M. Dubreuil, nous sommes en compte courant... et il va vous solder. (A madame Dubreuil.) Je vous demanderai un peu de crême.

M. DUBREUIL.

Comment, morbleu!... y pensez-vous... payer cinq cents francs!

MADAME DUBREUIL, versant de la crême à Bernard.

Sans doute, mon ami, vous ne pouvez refuser à M. de Saint-Edmond.

SCÈNE XII.

BERNARD.

Certainement; qu'est-ce que cela vous coûte?

M. DUBREUIL.

Ce que ça me coûte?... c'est que vous croyez plaisanter... mais je suis dans ce moment-ci dans une position..., (A part.) Mais renoncer à une ruse qui va si bien... (On entend sonner.) Allez donc vite... Et puis d'ailleurs le véritable Saint-Edmond paiera peut-être. (On sonne encore.) Mais allez donc, Madame.

MADAME DUBREUIL, se levant de table.

Excusez, Monsieur....

BERNARD.

Faites, Madame... je sais bien ce que c'est que le commerce.

MADAME DUBREUIL.

Ah! si celui-là s'avise de marchander, il sera bien venu.

(Elle sort.)

M. DUBREUIL, à Coting.

Monsieur, passons dans mon cabinet... nous allons régler cela. (A Bernard.) Je te laisse quelques minutes avec ta prétendue... profite des momens, car ils sont chers.

(Il entre avec Coting dans le cabinet à droite.)

SCÈNE XIII.

BERNARD, ÉLISA, LE JOCKEI.

ÉLISA, à part.

Et mon papa qui me laisse avec lui !... Qu'est-ce que je vais lui dire ?

BERNARD, à part.

Le beau-père a raison... c'est l'instant ou jamais de me déclarer.

ÉLISA.

Vous disiez, Monsieur, que vous étiez venu pour voir des étoffes ?... Je vais, si vous le voulez, vous conduire au magasin.

BERNARD.

Tout à l'heure.... (Au jockei.) Williams, allez à votre cheval. (A Élisa.) Dans ce moment, j'ai le temps d'attendre.

ÉLISA.

C'est que j'ai peur que vous ne vous ennuyiez avec moi... Je ne vais pas souvent dans le monde, et je ne suis pas au fait de ses usages.

BERNARD.

Tant mieux... Vous ignorez combien le grand monde est ennuyeux !... Je ne dirais pas cela devant votre mère, qui s'en est fait des idées magnifiques ; mais il n'y a pas encore bien long-temps que j'y suis.... et j'en ai déjà assez.

ÉLISA.

Il se pourrait !

SCÈNE XIII.

BERNARD.

Au premier coup d'œil, ça paraît agréable de briller, de se promener, de n'avoir rien à faire... mais si vous saviez au bout de quelque temps, comme la journée est longue !

Air : Il me faudra quitter l'empire.

Au boulevard, voyez sur une chaise,
Plus d'un confrère, hélas ! tout endormi !
Pour échapper à l'ennui qui lui pèse,
Il monte en vain sur un léger wiski,
L'ennui s'élance et galope avec lui :
Puis à la Bourse en revenant il passe,
Ou bien au jeu se livre avec ardeur.
Implorant comme une faveur
Quelque chagrin qui le délasse
De la fatigue du bonheur.

Ah ! si j'avais suivi mes premiers projets, je n'en serais pas là... j'avais de l'argent, des capitaux assez considérables, je me serais mis dans le commerce.

ÉLISA.

Vous ?.... dans le commerce !

BERNARD.

Et pourquoi pas ? moi, je me fais une idée charmante d'une vie utile et occupée ; je me vois avec ma femme, au milieu de mes vastes magasins.

ÉLISA.

Votre femme ! vous vous seriez donc marié ?

BERNARD.

Sans doute ; ne fût-ce que pour partager mon bonheur ! Dans l'état que j'aurais pris, tous les momens n'auraient pas été donnés au travail. Après une matinée utilement employée, cinq heures arrivent, la caisse et le registre sont fermés ; libre de tous soins, content de soi-même et des autres, quelle douce gaieté anime le repas! Le soir, on va chercher avec sa femme un spectacle amusant; ou bien l'on va dans quelques sociétés, chez de bons amis, qui sont enchantés de vous voir ; et, dans la belle saison, on a, près de Paris, une maison de campagne charmante, où l'on va passer les fêtes et les dimanches. On a même la demi-fortune ou le charaban qui vous transporte gaiement et en famille ; ajoutez à cela l'amour qui embellit tout, et vous verrez qu'un brave et honnête marchand qui a de la considération, une bonne femme et de la fortune, est encore, de tous les bourgeois de Paris, celui qui a l'état le plus heureux.

ÉLISA.

C'est pourtant vrai ; je n'avais jamais pensé à tout cela.

BERNARD.

Mais, pour ce beau projet, il faut d'abord une femme qu'on aime, et dont on est aimé.

Air de la Volière.

Trouver une femme que j'aime,
N'est pas difficile, je crois.

ÉLISA.

Vous avez fait un choix ?

BERNARD.

Je veux vous le dire à vous-même.

(Faisant un geste.)

Mais écoutez... n'entends-je pas
Vers nous revenir votre père ?

SCÈNE XIII.

Je crois, hélas !
Qu'il faut me taire.

ÉLISA.

Non, non, monsieur, l'on ne vient pas.

DEUXIÈME COUPLET.

BERNARD.

C'est pour vous que mon cœur soupire.

ÉLISA, parlant.

O ciel !

BERNARD.

Et je ne dois plus vous revoir.
A moins pourtant qu'un mot d'espoir...

ÉLISA, baissant les yeux.

Quoi !... faut-il donc ici vous dire...
Mais écoutez... n'entends-je pas
De ce côté venir ma mère.
Je crois, hélas !
Qu'il faut me taire.

BERNARD.

Non, non, vraiment, l'on ne vient pas.

(On entend sonner.)

M. DUBREUIL, appelant.

Élisa, Élisa...

ÉLISA.

Vous voyez bien, Monsieur.

BERNARD.

Encore un instant, je ne vous demande qu'un seul mot...

(On entend sonner.)

ÉLISA.

Impossible, puisque maman m'appelle.

(Elle sort.)

SCÈNE XIV.

BERNARD, SEUL.

Elle me quitte; mais c'est égal, je crois maintenant que mes affaires sont bien avancées.

SCÈNE XV.

BERNARD, COTING, PUIS M. DUBREUIL.

COTING, sortant du cabinet de M. Dubreuil et saluant.

C'est très bien, voilà qui est arrangé. (A Bernard.) Je suis payé, Monsieur, je vous salue et je m'esquive, car on m'attend.

(Il sort par le fond.)

BERNARD, regardant autour de lui.

Qu'est-ce qu'il dit donc, qu'il est payé? c'est inutile, puisqu'il n'y a là personne.

M. DUBREUIL, sortant du cabinet.

Hé bien! mon garçon, comment cela va-t-il?

BERNARD.

A merveille; mais il faut convenir aussi que vous vous y entendez joliment; tous les incidens ont été disposés avec un art, surtout une progression, ce jockei d'abord, puis le tilbury, et enfin ce créancier que vous avez inventé, c'était le coup de maître.

M. DUBREUIL.

Comment, que j'ai inventé? C'est charmant. Il

croit toujours que c'est pour rire. Apprenez, Monsieur, que cette invention-là m'a coûté cinq cents francs, et qu'à la rigueur je devrais rabattre sur la dot. Mais ne parlons pas de cela. Tu es donc content de ton entretien ?

BERNARD.

Je suis dans l'enchantement ; j'ai fait ma déclaration, et, à moins que l'habit que je porte ne me donne déjà de la fatuité, il me semble que je suis payé de retour.

M. DUBREUIL.

Vraiment ; hé bien ! il ne faut pas perdre de temps, et porter les derniers coups. Tu aimes ma fille, tu en es aimé, c'est très bien, je vais déranger tout cela.

BERNARD.

Comment, Monsieur ?

M. DUBREUIL.

Eh ! oui, je vais tout rompre.

BERNARD.

Mais, monsieur Dubreuil, je ne souffrirai pas...

M. DUBREUIL.

Et si tu me contraries, tu ne l'auras pas... Voici ma femme et ma fille, entre dans ce cabinet, écoute, ne dis mot, et laisse-moi faire.

(Bernard veut insister, Dubreuil le pousse dans le cabinet à droite et revient.)

SCÈNE XVI.

M. DUBREUIL, MADAME DUBREUIL, ÉLISA;
BERNARD, DANS LE CABINET.

MADAME DUBREUIL, à Élisa.

Comment, ma fille, il serait amoureux de toi! que me dis-tu là?

ÉLISA.

Oui, maman, je vous assure... (A M. Dubreuil.) Hé bien, mon papa! est-ce que M. le comte de Saint-Edmond est parti?

M. DUBREUIL.

Oui; je suis d'une colère... nous venons d'avoir une scène ensemble.

ÉLISA.

Comment?

M. DUBREUIL, à madame Dubreuil.

Vous ne vous douteriez jamais qu'il est amoureux de ma fille. (A Élisa.) Tu ne le savais pas?

ÉLISA.

Si, mon papa, puisqu'il me l'a dit.

M. DUBREUIL.

Hé bien, vois l'indignité; je lui ai offert ta main, et il l'a refusée.

ÉLISA ET MADAME DUBREUIL.

Il l'a refusée!

M. DUBREUIL.

Très positivement. Qu'est-ce que tu dis de cela?

SCÈNE XVI.

ÉLISA.

Ah! mon papa! je suis bien malheureuse; mais je vous le demande, qui s'y serait attendu! Un air si bon, si aimable; et si vous saviez ce qu'il me disait ce matin!

M. DUBREUIL.

C'est ma faute, j'aurais dû le prévoir, mais ta mère m'avait tant répété qu'elle voulait pour gendre quelqu'un qui fût hors de notre profession, qui tînt dans le monde un rang plus élevé; c'était là ce qu'il nous fallait. Mais il arrive, par un fâcheux retour, que nous voulons bien de ces personnes-là, mais qu'elles ne veulent pas de nous.

ÉLISA.

Dieux! quelle humiliation!

M. DUBREUIL.

Oh! sans doute, ça n'est pas flatteur; aussi dans le premier moment, j'en ai été indigné comme vous; mais maintenant que je réfléchis, je n'ai pas trop le courage de lui en vouloir.

Air : Le choix que fait tout le village.

Braves marchands qu'enrichit le commerce,
Pourquoi jeter les yeux plus haut que soi?
Moi qui suis fier de l'état que j'exerce,
Je vois chacun le respecter en moi.
 Mais vous qu'un fol orgueil anime,
De votre état vous cherchez à sortir;
Comment alors voulez-vous qu'on l'estime...
Lorsque vous-même avez l'air d'en rougir?

ÉLISA.

Pourquoi alors vous a-t-il dit qu'il m'aimait? Pourquoi tantôt me l'a-t-il dit à moi-même?

M. DUBREUIL.

Ça n'empêche pas... Mets-toi à sa place. Si tu étais une grande dame et qu'il fût un simple marchand, consentirais-tu à t'abaisser jusqu'à lui?

ÉLISA.

Oui, certainement. (Pleurant.) Et plût au ciel qu'au lieu d'être un jeune homme à la mode, d'être lancé dans le grande monde et dans les hautes sociétés, il fût tout simplement comme nous dans le commerce!

M. DUBREUIL.

S'il en était ainsi, tu ne le dédaignerais pas?

ÉLISA.

Ah! mon Dieu non! vous verriez plutôt...

M. DUBREUIL.

Et tu l'épouserais?

ÉLISA.

Sur-le-champ.

BERNARD, qui est sorti du cabinet, se jetant à ses pieds.

Dieux! que je suis heureux!

MADAME DUBREUIL.

Que vois-je! M. de Saint-Edmond aux genoux de ma fille! (A. M. Dubreuil.) Que nous disiez-vous donc? Et qu'est-ce que cela signifie?

M. DUBREUIL.

Que mes vœux sont exaucés, et que tu vois, non M. de Saint-Edmond, mais le fils de mon ami Bernard, qui est plus amoureux à lui seul que toute la Chaussée-d'Antin.

SCÈNE XVI.

MADAME DUBREUIL.

M. Bernard ! il serait possible ! Je serais jouée à ce point, et vous voudriez me faire consentir...

M. DUBREUIL.

Moi ! ce n'est pas là mon intention ; je ne veux contraindre personne. Comme tu le disais ce matin, ma chère amie, qu'elle parle, je ne prétends l'influencer en rien. Voyons, Élisa, (s'asseyant sur le fauteuil où était madame Dubreuil à la deuxième scène) veux-tu te marier pour avoir le plaisir d'avoir une corbeille de noce, et d'aller en tilbury ou en calèche ?

ÉLISA.

Non, mon papa.

MADAME DUBREUIL.

Comment, ma fille ! vous pourriez...

M. DUBREUIL.

Permettez, Madame, vous devez rester neutre. (à Élisa.) Est-ce que par hasard tu préférerais à un élégant de la Chaussée-d'Antin, le fils de mon ancien ami Bernard ?

ÉLISA.

Oui, mon père.

M. DUBREUIL.

Vous le voyez, je ne lui fais pas dire, et vous êtes trop bonne mère, ma chère amie, pour vouloir contraindre les inclinations de votre fille.

MADAME DUBREUIL.

Alors, tant pis pour elle, faites comme vous voudrez.

M. DUBREUIL.

Voilà ce que je demandais, et grâce à ce mariage, nous restons tous au comptoir.

FINAL.

M. DUBREUIL.

Air : des Rendez-vous bourgeois.

De crainte de disgrâce,
Sachons borner nos vœux ;
Restons à notre place,
Et tout en ira mieux.

TOUS EN CHOEUR.

De crainte de disgrâce, etc.

M. DUBREUIL.

Air du vaudeville de la Somnambule.

Le Gymnase doublant de zèle,
En deux moitiés voit partager son camp ;
A ses foyers l'une reste fidèle,
L'autre voyage au bord de l'Océan...
Qu'ici, du moins, nous reste l'indulgence ;
A nos bureaux, où l'on aime à vous voir,
Venez toujours ; et pendant cette absence,
Ne faites pas vos adieux au comptoir.

Ce couplet final fut chanté aux premières représentations, pendant qu'une partie des artistes du Gymnase étaient à Dieppe. A leur retour, on y substitua le couplet suivant, qui a toujours été chanté depuis.

M. DUBREUIL.

Dans cette maison de commerce,
Je suis au nombre des commis ;
Mais il me faut, dans l'état que j'exerce,
Et des cliens, et des amis.

SCÈNE XVI.

Pour vous, messieurs, nous doublerons de zèle :
A nos bureaux, où l'on aime à vous voir,
Venez toujours... et, pratique fidèle,
Ne faites pas vos adieux au comptoir.

FIN DES ADIEUX AU COMPTOIR.

LA CHARGE A PAYER,

ou

LA MÈRE INTRIGANTE,

COMÉDIE-VAUDEVILLE.

Représentée, pour la première fois, à Paris, sur le théâtre du Gymnase dramatique, le 13 avril 1825.

EN SOCIÉTÉ AVEC M. VARNER.

PERSONNAGES.

Madame LOCARD.
Mᵉ Alexandre LOCARD, son fils, notaire.
M. DURAND, manufacturier de Saint-Quentin.
M. PLACIDE.
Madame DE BEAUMONT, veuve d'un procureur.
AUGUSTE, troisième clerc chez Mᵉ Locard.
Deux Domestiques de madame Locard.

La scène se passe à Paris, dans la maison de madame Locard.

AUGUSTE.

AH MON DIEU! C'EST UNE DISTRACTION.

La Charge à Payer. Sc. II.

LA CHARGE A PAYER.

Le théâtre représente un grand salon ; porte au fond. A la droite de l'acteur, une cheminée, et la porte d'un appartement. A gauche, sur le second plan, une porte qui conduit au cabinet de M. Alexandre Locard. Sur le troisième plan, une autre porte qui est censée conduire dans l'intérieur de la maison ; une table et des papiers sur le devant, à gauche.

SCÈNE PREMIÈRE.

Madame LOCARD, ALEXANDRE.

MADAME LOCARD.

Il me semble que vous devez vous en rapporter à moi, après tout ce que j'ai fait pour vous.

ALEXANDRE.

Mon, Dieu, ma mère, je sais ce que je vous dois. Mon frère et moi n'avions qu'un modique héritage ; vous avez juré que nous ferions fortune, vous avez su inspirer de la confiance à nos parens, à nos amis, même à ceux qui ne l'étaient pas. Voilà, grâce à vous, mon frère agent de change, à crédit, il est vrai ; car il n'a pas encore donné un sou ; mais enfin, il exerce, et il a voiture. Moi, qui vais à pied, je suis un peu plus avancé, je suis notaire, à moitié; je ne dois plus que deux cent mille francs; mais je les dois, et comment les payer?

MADAME LOCARD.

Par un mariage, par un beau mariage; c'est la règle à présent, voyez tous vos confrères.

Air: De sommeiller encor, ma chère.

Souvent il est fort difficile
De payer mille écus comptant;
Mais lorsque l'on en doit cent mille,
Cela devient tout différent:
Les affaires sont bientôt faites.
On trouve un beau-père obligeant
A qui l'on apporte ses dettes,
Et qui vous donne son argent.

ALEXANDRE.

Tenez, ma mère, s'il m'était permis de ne pas avoir d'ambition, et de penser à ma manière, j'épouserais Amélie, votre filleule, avec qui j'ai été élevé.

MADAME LOCARD.

Y pensez-vous?

ALEXANDRE.

Je sais bien qu'elle est orpheline, qu'elle n'a rien pour le moment, et qu'elle n'en aura pas davantage par la suite.

MADAME LOCARD.

Et votre charge à payer?

ALEXANDRE.

Sans doute, mais ça n'empêche pas de remarquer deux beaux yeux, d'éprouver une émotion involontaire, d'avoir des idées de bonheur!...

MADAME LOCARD.
Et votre charge à payer?
ALEXANDRE.
Ah ça, je n'ai donc pas le droit d'exiger que ma future me convienne?
MADAME LOCARD.
Non, Monsieur, ça n'est pas pour vous que vous vous mariez.
ALEXANDRE.
C'est juste, c'est pour mon prédécesseur, celui qui m'a cédé son étude.
MADAME LOCARD.
Un homme dur, inexorable, qui n'a que des chiffres dans le cœur; et tout à l'heure, je faisais mes comptes, c'est dans trois mois qu'est l'échéance; et s'il y a le moindre retard, la moindre poursuite, c'en est fait de votre considération, et par conséquent de votre fortune; car le notariat est un état de confiance, dès qu'on y fait faillite une fois, on est ruiné pour toujours : ce n'est pas comme dans la banque ou les finances...
ALEXANDRE.
Vous avez raison. Hé bien! voyons, ma mère, que faut-il faire?
MADAME LOCARD.
J'ai mis en campagne toutes mes connaissances, et l'on nous propose déjà plusieurs partis : ce qu'on a trouvé de mieux jusqu'à présent, c'est une demoiselle de deux cent mille francs.
ALEXANDRE.
C'est bien peu...

MADAME LOCARD.

Oui, mais on aura la dot sur-le-champ, et pour nous c'est le principal ! C'est la nièce d'un manufacturier.

ALEXANDRE.

Je n'aime pas beaucoup ces gens-là.

MADAME LOCARD.

Ni moi non plus, mais ils paient comptant.

ALEXANDRE.

Air: Un homme pour faire un tableau.

J'aurais désiré, je le sens,
Connaître un peu plus ma future...

MADAME LOCARD.

On vous dit : deux cent mille francs.

ALEXANDRE.

Oui, c'est la dot qu'elle m'assure ;
Mais ses traits ?

MADAME LOCARD.

Je n'en ai rien su.

ALEXANDRE.

Mais son humeur, son caractère ?

MADAME LOCARD.

J'ai négligé le superflu
Pour m'occuper du nécessaire.

Qui vient là ? c'est Auguste, votre troisième clerc.

(Elle va s'asseoir auprès de la table, à gauche.)

SCÈNE II.

Les précédens, AUGUSTE.

AUGUSTE, à la cantonade.

Dites donc, Messieurs, attendez un instant, ne déjeunez pas sans moi; c'est qu'à l'étude, quand ils s'y mettent, la bouteille de vin et le pain sec vont joliment vite; le premier clerc surtout, c'est un fameux gastronome!

Air des Dehors trompeurs.

Aussi, son appétit extrême
Souvent tient le nôtre en échec;
Car on fait des cabales, même
Pour l'eau claire et pour le pain sec :
Du pouvoir dont il est la source
Abusant, pour mieux s'en donner,
Tous les jours il m'envoie en course,
Quand vient l'instant du déjeuner.

Tenez, mon patron, voilà ce contrat de vente que vous m'avez donné à copier.

ALEXANDRE.

Il n'y a pas de fautes?

AUGUSTE.

Eh non, Monsieur! voyez plutôt. Cette fois-ci, je me suis joliment appliqué.

ALEXANDRE, lisant.

C'est bien... « Par-devant Alexandre Locard et son « confrère, à Paris, sont comparus... L'amour que « j'ai pour vous me rend d'autant plus malheureux,

« que je n'ose en parler à personne. » Hein ! Qu'est-ce que c'est que ça ?

AUGUSTE.

Ah mon Dieu ! C'est une distraction. Je pensais à autre chose.

ALEXANDRE.

Et une distraction sur papier timbré encore ! Envoyez donc des actes comme ceux-là à l'enregistrement !

AUGUSTE.

Ne vous fâchez pas, mon patron. C'est que, voyez-vous, je suis amoureux.

ALEXANDRE.

Qu'est-ce que ça signifie ? J'avais défendu que dans mon étude... et puis je vous le demande, être amoureux à seize ans ! un troisième clerc !

AUGUSTE.

Et pourquoi pas ? Comme s'il fallait pour cela être de la chambre des notaires ?

Air : Voulant par ses œuvres complètes.

A l'amour les clercs sont fidèles,
Chacun d'eux doit être léger ;
Le dieu d'amour porte des ailes,
Dit la chanson pour voltiger :
Si, de cette ancienne coutume
L'amour ne s'écarte jamais,
Où trouvera-t-il des sujets ?...
Si ce n'est chez les gens de plume.

Je n'ai rien, je le sais ; mais je travaillerai. Je peux parvenir ; et, dans quatre ou cinq ans, jugez de mon bonheur, si je puis lui offrir ma main, si je peux l'épouser. Il doit être si doux d'épouser celle qu'on aime, n'est-ce pas, mon patron? n'est-ce pas, madame?

MADAME LOCARD, qui était assise auprès de la table, se levant et allant à Auguste.

Il suffit, Monsieur; et, au lieu de venir causer au salon, vous feriez mieux d'aller à l'étude.

AUGUSTE.

Vous avez raison, je retourne au travail; mais c'est que, voyez-vous, quand je parle d'elle, ça me fait tout oublier... Justement, Madame, une lettre pour vous qui vient d'arriver. Adieu, mon patron, vous effacerez deux phrases, douze mots rayés, nuls. Je vais achever mon déjeuner.

SCÈNE III.

Madame LOCARD, ALEXANDRE.

ALEXANDRE.

Est-on heureux d'être troisième clerc! Je ne sais pas comment font ces petits gaillards-là. Ils sont toujours gais; moi, je n'ai jamais le temps.

MADAME LOCARD, ouvrant la lettre.

Mon ami, c'est un autre parti qu'on nous propose, une fille unique; la fille de madame de Beaumont, que vous connaissez. Vous l'avez vue l'autre semaine dans un concert.

ALEXANDRE.

Ah, oui! cette demoiselle qui chantait faux.

MADAME LOCARD.

Qu'importe! on ne se marie pas pour chanter.

ALEXANDRE.

Vous avez raison; et j'aimerais mieux celle-là.

MADAME LOCARD, lisant.

Écoutez, écoutez. « Madame de Beaumont, qui est « la veuve d'un procureur, ne peut pas souffrir les « avoués; et comme elle a de l'ambition, elle ne veut « pour gendre qu'un notaire. Elle donne deux cent « cinquante mille francs. »

ALEXANDRE.

Il n'y a pas à hésiter; cinquante mille francs de plus.

MADAME LOCARD.

Et puis une musicienne!... (Continuant à lire.) « Elle « donne deux cent cinquante mille francs, mais « payables dans six mois. Il lui est impossible de « compter la dot avant ce terme. » Ah mon Dieu! voilà qui dérange tout.

ALEXANDRE.

Il serait possible!

MADAME LOCARD.

Eh oui, sans doute! puisqu'il vous faut votre argent dans trois mois; puisque, pour payer votre charge, nous n'avons devant nous qu'un trimestre.

ALEXANDRE.

Si ça n'est pas désolant! une femme qui me convenait sous tous les rapports, une femme de deux cent cinquante mille francs, à laquelle il faut renoncer, et tout cela parce qu'on est pressé.

SCÈNE III.

MADAME LOCARD.

Ah mon Dieu, oui! Il faut revenir à l'autre, qui, du reste, offre aussi de grands avantages. Comme je vous le disais, l'oncle est un riche manufacturier que vous connaissez de nom, M. Durand de Saint-Quentin.

ALEXANDRE.

Eh mon Dieu, oui! et l'on me parlait, l'autre jour, de mademoiselle Élisa, sa nièce, une demoiselle charmante.

MADAME LOCARD.

Vous voyez bien.

ALEXANDRE.

Mais c'est qu'on disait qu'elle avait une inclination.

MADAME LOCARD.

Propos en l'air! Voulez-vous, oui ou non, vous en rapporter à moi?

ALEXANDRE.

Hé! oui, ma chère maman! Je sais bien que vous m'aimez, que vous m'adorez, que vous ne voulez que mon bonheur; aussi je me laisse guider par vous, qui, du reste, avez bien plus de tête que moi.

MADAME LOCARD.

Hé bien, M. Durand doit venir aujourd'hui dîner, et pour le décider...

ALEXANDRE.

Est-ce qu'il ne l'est pas encore?

MADAME LOCARD.

Eh mon Dieu, non! et c'est pour cela que je l'ai ainsi que sa nièce, votre prétendue... Mais us êtes fait! Mettez-vous donc à la mode.

Voilà une cravate comme on n'en porte plus, et vous êtes en arrière de trois mois.

ALEXANDRE.

Ne faudrait-il pas mettre un pantalon à la *Jocko*, et un chapeau à la *Robinson* ?

MADAME LOCARD.

Hé bien, oui! Mais allez donc; j'attends M. Durand, qui peut arriver d'un moment à l'autre.

ALEXANDRE, en s'en allant.

C'est joli, un notaire à la *Jocko*.

MADAME LOCARD, seule.

Air du vaudeville de la Somnambule.

Quelques gens qu'un faux zèle excite,
Toujours prompts à moraliser,
Pourront critiquer ma conduite,
Et d'égoïsme m'accuser :
Mais dans mes desseins je persiste :
Jamais, quel que soit leur avis,
Une mère n'est égoïste,
Car son bonheur est celui de son fils.

SCÈNE IV.

MADAME LOCARD, M. DURAND, UN DOMESTIQUE.

LE DOMESTIQUE, annonçant.

M. Durand!

MADAME LOCARD, allant au-devant de M. Durand, qui entre par le fond.

Quoi! Monsieur, c'est vous qui nous faites la première visite? C'est trop d'honneur; et c'était à nous, au contraire, à aller faire la demande.

SCÈNE IV.

DURAND.

Ça se peut bien ; mais, voyez-vous, Madame, moi, je suis sans façon, je ne tiens pas aux cérémonies, et surtout je suis rond en affaires.

<small>Air du Petit Courrier.</small>

> Je suis marchand, fort étranger
> Aux lois de la cérémonie ;
> Que m'importe la broderie ?
> C'est l'étoffe qu'il faut juger.
> L'apparence souvent déguise
> Plus d'un défaut, et je sais bien
> Qu'en fait d'honneur, de marchandise,
> L'étiquette ne prouve rien.

(D'un ton brusque.)

Je vous dirai donc qu'il me convenait d'abord de donner ma nièce à un notaire ; mais j'ai été aux informations, et c'est là-dessus que je veux avoir avec vous une explication.

MADAME LOCARD.

Eh mon Dieu, très volontiers ! ce que j'aime, avant tout, c'est la franchise. C'est, selon moi, une preuve d'amitié ; et je vous remercie, Monsieur, de nous traiter déjà en amis.

DURAND, à part.

Cette femme-là a une manière d'entamer la conversation qui fait qu'on n'ose plus être en colère... (Haut.) Hé bien, Madame, on prétend qu'à Paris, maintenant, tout le monde se mêle de commerce et de spéculation ; que sans rien avoir, tout le monde achète ou revend des charges d'avoué, de notaire, d'agent de change ; le tout à crédit, *à prime*, ou *fin courant*, comme un coupon de rente. On prétend que, pour s'acquitter, on court les dots, les mariages; que plus une charge est chère, c'est-à-dire plus on a de dettes, et plus on a de prétentions; et qu'enfin, pour ces messieurs, une femme est toujours assez belle, quand elle est assez riche. Voilà, Madame, ce qu'on dit; et je vous demande à vous-même ce que vous en pensez.

MADAME LOCARD.

Cela peut être vrai en général; mais, quant à nous, Monsieur, pour vous prouver que nous tenons moins à l'argent qu'aux convenances de famille et de caractère, (lui présentant la lettre qu'elle a lue à Alexandre) voici une lettre dans laquelle on nous offre mademoiselle de Beaumont, et cinquante mille francs de plus que n'en a votre nièce. (Durand prend la lettre et la lit.) Vous voyez, Monsieur, que nous pourrions accepter; et cependant nous refusons.

DURAND.

Il se pourrait! un pareil procédé... Ah! Madame, je suis confus; il n'est pas besoin d'autres explications; je vous donne ma parole, et je suis prêt à conclure, quand vous voudrez; le plus tôt vaudra le mieux; car lorsqu'on a une manufacture, et six cents ouvriers sur les bras, on n'a pas de temps à perdre. On vous a dit que je donnais à ma nièce deux cent mille francs de dot?

MADAME LOCARD.

Comptant?

DURAND.

Oui, Madame, en signant le contrat.

SCÈNE IV.

MADAME LOCARD.

C'est très bien, c'est superbe, c'est tout ce que nous demandons ; et le reste après vous.

DURAND.

Du tout, et c'est là-dessus que je veux vous prévenir. Il se peut que je laisse quelque chose ; mais je ne m'engage à rien. Si d'ici là, je rencontre de braves gens sur mon chemin, je veux être libre de leur faire du bien ; je donne, je ne promets pas.

MADAME LOCARD.

Et vous avez raison. Je ne puis pas souffrir qu'on attriste un contrat de mariage par des idées de succession, que l'on fasse entrer en ligne de compte toutes les infirmités d'une famille, et toutes les probabilités de décès, que l'on paraisse désirer ce qu'on doit craindre ; cela flétrit la pensée, cela révolte l'ame ; un parent qui nous aime est le plus précieux des trésors.

DURAND, à part.

Voilà une femme aimable, et qui raisonne bien. (Haut.) Oui, Madame, vous avez raison ; la véritable richesse, c'est le travail, la bonne conduite et le bon caractère.

MADAME LOCARD.

Sous ce rapport, mon fils est des plus riches. Laborieux, docile, aimant, il sera aux petits soins pour sa femme, et si j'ai à lui reprocher quelque chose, c'est l'abus d'une qualité, l'excès de sa douceur.

(On entend un grand bruit, et la voix d'Alexandre qui s'écrie :)

Je suis capable de tout.

DURAND.

Qu'est-ce que j'entends?

MADAME LOCARD, embarrassée.

Rien; c'est un de mes gens qui est très emporté, que je serai obligée de congédier.

SCÈNE V.

Les précédens, AUGUSTE.

AUGUSTE.

Hé mon Dieu! d'où vient donc ce tapage qu'on entend dans l'étude?

MADAME LOCARD.

Ce n'est rien.

AUGUSTE.

Si vraiment, et j'ai bien reconnu la voix de mon patron.

MADAME LOCARD.

Vous vous êtes trompé, mon fils est sorti depuis plus d'une heure, et vous ne devriez pas venir, comme un étourdi, nous troubler, quand on est en affaires.

AUGUSTE.

Pardon, Madame, si j'avais su...

(Il va pour entrer.)

DURAND, le considérant attentivement.

Hé mais! c'est mon ami Auguste. Tu ne viens pas m'embrasser?

AUGUSTE, courant à lui.

Vous ici, Monsieur! Quel plaisir de vous revoir!

SCÈNE V.

MADAME LOCARD.

Comment! vous vous connaissez?

DURAND.

Oui, Madame; c'est mon jeune compatriote; son père était un de mes chefs d'atelier.

AUGUSTE.

Et ce que Monsieur ne vous dit pas, c'est qu'il m'a placé dans un collége, m'a élevé à ses frais, et que ma reconnaissance...

DURAND.

Tais-toi, tais-toi, tu m'avais bien écrit que tu étais entré à Paris chez un notaire, mais j'avais oublié le nom de ton patron. Es-tu content, mon garçon?

AUGUSTE.

Ce que j'ai me suffit.

DURAND.

Et tu travailles?

AUGUSTE.

De toutes mes forces.

DURAND.

A la bonne heure, avec ça l'on ne manque jamais, et quelquefois on s'enrichit.

AUGUSTE.

Je suis déjà monté en grade; l'année dernière, j'étais le coureur de l'étude, et maintenant, me voilà troisième clerc.

DURAND.

Diable! c'est de l'avancement gagné à la course et à la sueur de ton front.

Air: Connaissez-vous le grand Eugène.

Comme moi, travaille sans cesse ;
Et tu parviendras, mon enfant.

AUGUSTE.

Parvenir à votre richesse,
Moi... je ne conçois pas comment...

DURAND.

Pour être riche, il faut être économe.

AUGUSTE.

Vous imiter est le vœu de mon cœur.

DURAND.

Pour être heureux, il faut être honnête homme.

AUGUSTE.

Ah ! je comprends alors votre bonheur. (*bis.*)

DURAND, à madame Locard.

Sans adieu, Madame, à tantôt. (A Auguste.) Ah! t
es clerc chez M. Alexandre Locard. J'aurai plusieur
choses à te demander.

(Il sort.)

MADAME LOCARD, à part.

Ah! mon Dieu!

SCÈNE VI.

Madame LOCARD, AUGUSTE.

MADAME LOCARD.

Il paraît que vous connaissez beaucoup ce mo
sieur; j'en suis charmée; car vous n'ignorez pa
l'amitié, l'attachement que mon fils a pour vous ; so
intention est de vous garder avec lui... Silence, le voic

SCÈNE VII.

Les précédens, ALEXANDRE.

ALEXANDRE, à Auguste.

Vous voilà encore ici, Monsieur ! vous pouvez sortir ; dès ce moment vous ne faites plus partie de mon étude.

MADAME LOCARD, à part.

Ah mon Dieu ! Qu'est-ce qu'il fait donc ?

AUGUSTE.

Vous me renvoyez, et pourquoi ?

ALEXANDRE.

Pourquoi ? c'est affreux ! c'est abominable ! heureusement, j'ai retenu ma colère...

MADAME LOCARD.

C'est donc cela que nous avons si bien entendu.

ALEXANDRE.

Il n'y avait peut-être pas de quoi. Apprenez que, dans le contrat de vente qu'il m'a remis tout à l'heure, j'ai trouvé un brouillon de lettre ; et cette lettre était adressée à Amélie, votre filleule.

MADAME LOCARD.

Il se pourrait !

AUGUSTE.

Je suis perdu !

ALEXANDRE.

Ce n'est rien encore ; apprenez que mademoiselle Amélie n'est point insensible.

AUGUSTE.

O ciel! elle vous aurait dit...

ALEXANDRE.

Oui, Monsieur, elle me l'a dit à moi, par-devant notaire.

AUGUSTE.

Ah! que je suis heureux, que je vous remercie, mon patron! vous pouvez me renvoyer si vous voulez, ça m'est égal.

ALEXANDRE.

Oui, Monsieur, vous sortirez à l'instant même.

MADAME LOCARD.

Y pensez-vous? il faut encore le ménager; je vous dirai pourquoi. (Prenant Auguste à part.) Venez ici, M. Auguste; vous êtes un étourdi, un imprudent. Heureusement, j'ai parlé en votre faveur; vous resterez avec nous. Conduisez-vous bien, et nous verrons par la suite...

(Alexandre va s'asseoir auprès de la cheminée.)

AUGUSTE.

Quoi! Madame, il se pourrait!

MADAME LOCARD.

J'y mets une condition qui va stimuler votre zèle; le mariage de mon fils doit précéder le vôtre.

AUGUSTE.

Dieux! quel espoir! Avant huit jours, mon notaire sera marié. Je vais le proposer à tout le monde. Je vais le vanter dans toutes les sociétés.

Air: L'amour qu'Edmond a su me taire.

Dans les salons, dans les bals de familles,
Prônant mon notaire à l'envi,

J'inviterai veuves et jeunes filles,
Je parlerai de lui, rien que de lui ;
Et de leurs cœurs préparant la conquête,
Valsant avec intention,
Je leur ferai tourner la tête
Pour le compte de mon patron.

Mais voici un client. Je me sauve.

SCÈNE VIII.

ALEXANDRE, madame LOCARD, M. PLACIDE.

MADAME LOCARD, allant à Alexandre, qui, pendant toute la fin de la scène précédente, est resté près de la cheminée, la tête appuyée dans ses mains.

Mon fils, prenez donc garde, c'est un client.

(Alexandre se lève et salue M. Placide.)

PLACIDE.

C'est un ami de collége qui m'envoie à vous, M. Martin.

MADAME LOCARD.

Ah ! oui... (Bas à Alexandre.) Ce gros imbécile, qui vous a prêté des fonds.

ALEXANDRE.

Soyez le bien-venu, Monsieur.

PLACIDE.

On m'a dit que je pouvais m'adresser ici en toute confiance. Je suis M. Placide. J'habite Fontainebleau, où j'ai fait une succession.

ALEXANDRE, vivement.

Une succession !

PLACIDE.

Oui, Monsieur; j'ai perdu un arrière-cousin; j'ai cru que j'en mourrais...

MADAME LOCARD.

De chagrin?

PLACIDE.

Non, de fatigue. Qu'une succession est une chose terrible à recueillir! que de peines! que de soins! pour moi surtout qui n'aime pas à me déranger. Enfin, j'y ai résisté; j'ai pris mon parti et mon argent; et je me trouve avec cent mille écus dont je ne sais que faire.

MADAME LOCARD.

Cent mille écus!

PLACIDE.

Ils sont là, et ça me pèse terriblement, quoique ce soit en reconnaissances sur la banque de France. Je voudrais donc trouver quelque bon emploi de mes capitaux; car ils ne peuvent pas toujours rester placés dans ma poche.

ALEXANDRE.

Prenez du tiers consolidé à 101 fr. 50 c.

PLACIDE.

C'est trop cher; et puis d'ailleurs toute ma fortune est déjà en rentes sur l'État. Dieux! que les pauvres capitalistes sont à plaindre! Depuis ce matin, ma tête travaille. Je suis sûr que j'ai un commencement de fièvre cérébrale.

MADAME LOCARD.

Allons, allons, cessez de vous tourmenter. J'ai une

De peur qu'hélas ! un voleur ne le prenne,

(A part.)

Ou qu'un ami ne vienne l'emprunter.

ENSEMBLE.

PLACIDE, ALEXANDRE, MADAME LOCARD.

PLACIDE.

Vraiment j'accepte avec reconnaissance.
De vous, je crois, je serai satisfait ;
Pour vous prouver quelle est ma confiance,
Passons, monsieur, dans votre cabinet.

ALEXANDRE, MADAME LOCARD.

Monsieur accepte avec reconnaissance
De nous je crois qu'il sera satisfait, etc., etc.

(Alexandre et Placide entrent dans le cabinet à gauche.)

SCÈNE IX.

Madame LOCARD, seule.

Ceci change la thèse, puisque l'on prête à mon fils cent mille écus pour trois ans. Nous avons à présent du temps devant nous, et je ne vois pas pourquoi nous ne reviendrions pas à mademoiselle de Beaumont, pourquoi elle serait sacrifiée. On ne trouve pas tous les jours à gagner cinquante mille francs, surtout un notaire qui commence. Je sais bien que M. Durand m'a donné sa parole, tandis que du côté de madame de Beaumont, il n'y a encore rien de certain; mais on peut toujours essayer. Écrivons à madame de Beaumont de venir dîner avec sa fille; ce sera, selon l'évènement, ou une entrevue, ou une simple politesse.

(Elle se met à la table à gauche, et écrit.)

SCÈNE X.

Madame LOCARD, AUGUSTE.

AUGUSTE, à part, en entrant.

Dieux ! il paraît que le dîner sera soigné, toute la cuisine est en feu. Je viens de donner douze feuilles de papier à minutes pour les côtelettes en papillotes. On a requis mon bureau pour y préparer le dessert, et le saute-ruisseau est en course chez le pâtissier.

MADAME LOCARD.

Ah ! c'est vous, M. Auguste ! il faut absolument me rendre un service.

AUGUSTE.

Qu'est-ce que c'est, Madame ?

MADAME LOCARD.

Ce serait de porter cette lettre chez madame de Beaumont, que j'ai oublié d'inviter. J'abuse peut-être ; mais je sais combien vous êtes complaisant.

AUGUSTE.

Comment donc, Madame ?... (A part.) Dans tout autre moment, je ferais joliment valoir la dignité de troisième clerc, qui me défend de porter des lettres ; mais aujourd'hui, je ne tiens pas au *decorum*; et puis, en rapportant la réponse, je pourrai peut-être voir Amélie.

MADAME LOCARD.

Tantôt, M. Auguste, je compte sur vous pour m'aider à faire les honneurs.

AUGUSTE.

Soyez tranquille, Madame ; moi et mes camarades, nous serons là. Donner la main aux dames, faire la partie des jeunes personnes, et des attentions pour tout le monde, c'est la consigne des clercs.

Air : Du partage de la richesse.

Doublant de petits soins, de zèle ,
Nous allons tous nous surpasser ;
Il est plus d'une demoiselle
Que cela peut influencer.
Mainte beauté, j'en ai la certitude,
Pourra fixer son choix sur votre fils,
En apprenant qu'il a l'étude
La plus aimable de Paris.

(Il sort.)

SCÈNE XI.

Madame LOCARD, PLACIDE.

MADAME LOCARD, à part.

Maintenant tout est réparé, et je puis compter sur madame de Beaumont.

PLACIDE.

Nous venons de terminer, et je n'ai pas voulu partir sans vous présenter mes hommages.

MADAME LOCARD.

Êtes-vous content ?

PLACIDE.

Enchanté ! impossible de trouver un notaire plus

habile! L'acte que j'ai signé est parfait; tout y est prévu et garanti; nous pouvons mourir l'un après l'autre ou simultanément, sans que cela fasse la moindre des choses; c'est un chef-d'œuvre de rédaction tranquillisante.

MADAME LOCARD.

Ainsi, vous n'avez aucune crainte pour votre argent.

PLACIDE.

Oh mon Dieu! je vous le laisserai jusqu'à ce qu'il se présente un établissement pour ma fille.

MADAME LOCARD.

Vous avez donc une fille?

PLACIDE.

Oui, une demoiselle nubile, qui ne demanderait pas mieux que de se marier. C'est sa dot que je viens de déposer entre vos mains. Quant au reste, je ne m'en mêle pas; le mari viendra quand il voudra. Je n'ai pas envie de me mettre en course pour le chercher : on a bien assez de ses affaires.

MADAME LOCARD.

C'est une plaisanterie, vous ne devez pas manquer de prétendans.

PLACIDE.

Je n'en ai pas encore vu un seul; il est vrai que je ne reçois jamais personne; nous vivons, ma fille et moi, comme le solitaire du Mont-Sauvage, pas la plus petite visite.

Air : Le choix que fait tout le village.

Depuis trente ans, dans la même demeure.
Aux mêmes soins constamment attaché,

Je suis levé toujours à la même heure ;
A la même heure aussi je suis couché...
Ce sont toujours les mêmes plats que j'aime,
Je bois toujours même vin... excepté
Que la bouteille, hélas ! n'est pas la même !
Mais c'est toujours la même volupté.
Oui... la bouteille, hélas ! n'est pas la même;
Mais c'est toujours la même volupté.

MADAME LOCARD.

Mais enfin, vous désirez marier votre fille ?

PLACIDE.

Sans doute ; mais je voudrais que cela fût fait ; ou au moins n'avoir plus qu'à signer le contrat, et à donner ma bénédiction. Je crains d'être obligé de jouer un rôle actif, de périr de fatigue dans le cours des visites, ou de suffocation au milieu des embrassemens.

MADAME LOCARD.

Je me mets à votre place, et je conçois vos inquiétudes ; mais il est peut-être un moyen de les faire cesser ; j'ai en tête certain projet... Vous avez vu mon fils ; je ne vous en dis pas davantage ; faites-nous l'amitié de nous amener ce soir votre aimable fille. Venez, sans façon, nous n'aurons pas beaucoup de monde. A quelle heure dînez-vous ordinairement ?

PLACIDE.

A midi, et je soupe à sept heures.

MADAME LOCARD.

Hé bien, nous retarderons le dîner d'une heure ; ce sera comme si vous soupiez, et ça ne dérangera rien à vos habitudes.

SCÈNE XII.

PLACIDE, à part.

En vérité, cette femme-là est charmante... (Haut.) Certainement, Madame, on peut toujours accepter un bon dîner, ça n'engage à rien; et puis d'ailleurs, je suis bon père, et si je peux, sans me déranger, faire le bonheur de ma fille...

<small>Air du Vaudeville des Amazones.</small>

Je suis par goût tranquille et sédentaire :
C'est mon système, et je m'en trouve heureux.
Combien de gens, dans leur ardeur légère,
Vont poursuivant la fortune en tous lieux !...
Quand après elle ils courent de la sorte,
En l'attendant, je fais bien mieux, je croi ;
Si le bonheur souvent frappe à ma porte,
C'est qu'il est sûr de me trouver chez moi.

SCÈNE XII.

MADAME LOCARD, SEULE.

C'est à merveille; cela vaut mieux; voilà le beau-père qu'il nous faut : cent mille écus comptant ! Mais avec un homme de ce caractère, rien n'est encore terminé; il faut donc, en le ménageant, ne pas perdre de vue mademoiselle de Beaumont, et pour plus de sûreté, tenir toujours M. Durand en réserve; alors on verra à choisir; car moi, je ne favorise personne... Qui vient là ?

UN DOMESTIQUE, annonçant.

M. Durand.

MADAME LOCARD.

Comment ! déjà ! à quatre heures ! ces provinciaux n'en font jamais d'autre.

LE DOMESTIQUE.

Il venait annoncer qu'il ne pouvait pas dîner avec vous.

MADAME LOCARD, à part.

Tant mieux.

LE DOMESTIQUE.

Mais il aurait voulu vous parler.

MADAME LOCARD.

J'ai quelques ordres à donner, faites attendre.

(Elle rentre dans l'appartement à droite.)

SCÈNE XIII.

M. DURAND, LE DOMESTIQUE.

DURAND, à la cantonnade.

Ma chère Élisa, reste au salon, je te reprendrai dans l'instant.

LE DOMESTIQUE.

Monsieur, madame vous prie de vouloir bien patienter un moment.

(Il sort.)

DURAND.

Tant qu'elle voudra, je suis si désolé de mon impolitesse; une invitation antérieure que j'avais oubliée, et c'est bien le moins que je vienne m'excuser moi-même.

SCÈNE XIV.

DURAND, MADAME DE BEAUMONT, LE DOMESTIQUE.

LE DOMESTIQUE, annonçant.

Madame de Beaumont.

DURAND.

Madame de Beaumont! c'est probablement cette dame dont on me parlait tout à l'heure, et dont on a refusé l'alliance. (Ils se saluent.) Cette pauvre dame a un air triste et contrarié.

MADAME DE BEAUMONT, à part.

Comment! il y a déjà du monde; comme c'est désagréable! j'espérais arriver d'assez bonne heure pour pouvoir causer avec madame Locard; car ce projet de mariage me sourit beaucoup.

DURAND.

Madame, je vous en prie, (lui montrant le coin du feu) daignez donc vous asseoir... (A part.) Je ne puis pas lui faire trop de politesse, moi qui suis cause du désagrément qu'elle éprouve. (Haut.) La maîtresse de la maison est sans doute à sa toilette.

MADAME DE BEAUMONT, s'asseyant.

J'attendrai ici qu'elle sorte, afin de lui dire quelques mots sur une affaire très importante.

DURAND, à part.

Je le crois bien.

MADAME DE BEAUMONT.

C'est pour cela que j'ai laissé ma fille dans l'autre salon.

DURAND, à part.

Sa fille, c'est bien cela.

MADAME DE BEAUMONT.

Elle y a trouvé une jeune personne charmante.

DURAND.

C'est ma nièce, Madame.

MADAME DE BEAUMONT.

Je vous en fais mon compliment; ces demoiselles sont à peu près du même âge; deux jeunes personnes à marier.

DURAND.

Oui, Madame; mais c'est maintenant si difficile! on a tant de peine à trouver un établissement convenable!

MADAME DE BEAUMONT, soupirant.

Vous avez bien raison.

DURAND.

Mais on aurait tort de se décourager; parce qu'enfin, un mariage est manqué, un autre se présente.

MADAME DE BEAUMONT.

C'est justement ce qui m'arrive.

DURAND.

Quoi! vous auriez rencontré un autre parti? ah! tant mieux; j'en suis enchanté.

MADAME DE BEAUMONT.

Ce monsieur est bien bon.

SCÈNE XV.

Les précédens, PLACIDE.

PLACIDE, entrant par le fond, et parlant à la cantonade.

Laissez donc, je n'ai pas besoin qu'on m'annonce. Élodie, ma fille, reste là avec ces demoiselles, je te rejoins à l'instant. (Madame de Beaumont et Durand se lèvent pour le saluer.) Ne vous dérangez donc pas, de grâce, ce serait plutôt à moi à faire les honneurs.

MADAME DE BEAUMONT ET DURAND.

Monsieur est trop honnête.

PLACIDE.

Non, Madame, c'est de droit dans ma position. Vous êtes, je le crois, des amis de la maison ; et je suis enchanté de faire connaissance... Où est madame Locard ? où est le jeune homme ?

MADAME DE BEAUMONT, à part à Durand.

Il est sans façon... (A Placide.) Monsieur est un parent de madame Locard ?

PLACIDE.

Non, Madame ; mais je vais être parent de son fils, parent de très près ; vous comprenez ?

DURAND.

Que voulez-vous dire ?

PLACIDE.

Il n'y a pas deux heures que c'est arrangé ; et j'en parle à tout le monde ; parce que cela me convient tellement, un mariage impromptu qui ne donne pas de peine, et qui va tout seul.

MADAME DE BEAUMONT.

Qu'est-ce que cela signifie?

PLACIDE.

Que ma fille Élodie, qui est venue avec moi; est enfin pourvue; elle épouse le fils de madame Locard.

DURAND.

Il se pourrait!

PLACIDE.

C'est convenu; et depuis ce moment, il me semble que j'ai un poids de moins sur l'estomac; ça dégage mon existence.

DURAND, souriant.

J'en suis désolé pour vous; mais vous êtes sans doute dans l'erreur.

MADAME DE BEAUMONT.

Oui, Monsieur.

DURAND.

Car le fils de madame Locard épouse ma nièce Élisa, qui est là au salon.

MADAME DE BEAUMONT.

Comment, Messieurs; il est bien singulier...

Air: Je reconnais ce militaire.

C'est moi, messieurs, que l'on préfère.

PLACIDE.

C'est à moi que l'on a promis.

DURAND.

J'ai la parole de la mère.

TOUS TROIS.

Ma nièce }
Ma fille } épousera son fils.

SCÈNE XVI.

DURAND.

Quelle que soit, pour l'hyménée,
Sa bonne volonté... je crois
Qu'il ne peut dans cette journée
En épouser trois à la fois.

ENSEMBLE

Mais quel peut être ce mystère ?
C'est à moi que l'on a promis ;
J'ai la parole de la mère.
Ma nièce }
Ma fille } épousera son fils.

MADAME DE BEAUMONT.

Voici justement M. Alexandre qui va terminer la discussion.

PLACIDE, à part.

Là ! voilà ce que je craignais, des imbroglio, des embarras. D'abord, s'il y a de la concurrence, je n'en suis plus.

SCÈNE XVI.

Les précédens, ALEXANDRE.

ALEXANDRE.

Comment, Madame et Messieurs ! vous restez ici, lorsque tout le monde vous attend au salon. (A Durand.) C'est à M. Durand que j'ai l'honneur de parler ?

DURAND.

Oui, Monsieur ; mais un mot d'explication. Voici madame de Beaumont, à qui madame votre mère a donné parole pour votre mariage.

ALEXANDRE, à part.

Ma mère y serait revenue; ah! tant mieux!

DURAND.

Voici...

PLACIDE.

M. Placide de Fontainebleau.

DURAND.

Qui prétend aussi avoir une promesse.

ALEXANDRE, à part.

Dieux! le client de cent mille écus!

DURAND.

Nous voulons savoir quel est celui de nous dont on se joue. Êtes-vous mon neveu?

MADAME DE BEAUMONT.

Êtes-vous mon gendre?

PLACIDE.

Êtes-vous mon beau-fils? oui ou non.

TOUS TROIS ENSEMBLE, le pressant vivement.

Allons, Monsieur, expliquez-vous.

ALEXANDRE, à part,

Et ma mère qui ne me prévient pas! (Haut.) Certainement, Madame, certainement, Messieurs, c'est trop de bonheur; je dis trop de bonheur à la fois; car vous devez bien penser qu'individuellement... Mais ma position me commande des ménagemens que vous saurez apprécier. Je suis certain qu'à ma place, vous ne répondriez pas autrement que moi à l'honneur que vous voulez me faire.

DURAND.

Quel amphigouri!

SCÈNE XVII.

MADAME DE BEAUMONT.

On ne vous demande pas de faire ici des phrases et de l'esprit.

PLACIDE.

Donnez-nous tout bonnement du style de notaire, oui ou non.

ALEXANDRE, à part.

J'en ferai une maladie... Heureusement, voici ma mère qui vient à mon secours. (Allant à elle.) Arrivez, Madame. (A part) Tout est perdu.

SCÈNE XVII.

LES PRÉCÉDENS, MADAME LOCARD.

MADAME LOCARD.

Mille pardons, Messieurs, de vous avoir fait attendre... (A madame de Beaumont.) C'est bien aimable à vous d'être venue; je n'osais y compter. Vous avez reçu mes deux lettres.

MADAME DE BEAUMONT.

Je n'en ai reçu qu'une.

MADAME LOCARD.

Celle qui vous invite à dîner? c'est le principal, puisque cela me procure le plaisir de vous voir; mais, dans l'autre, qui était de deux ou trois pages, et que probablement vous recevrez ce soir, j'entrais dans des explications et des arrangemens qui nous sont particuliers, et qui ennuieraient beaucoup ces messieurs. D'ailleurs, Madame, tout à l'heure au salon, nous en causerons, et deux mots nous mettront bientôt d'accord.

DURAND.

A la bonne heure ; mais nous aussi, nous aurions encore quelques renseignemens à vous demander.

PLACIDE.

Oui, Madame, des instructions et documens.

MADAME LOCARD.

Vraiment; vous me dites cela d'un air bien sérieux. Tant mieux ; j'aime beaucoup les graves conférences, et quand vous voudrez... (A son fils) Mais que faites-vous donc là, Alexandre ? y pensez-vous ! Donnez la main à madame, et conduisez-la au salon, où je la rejoins dans l'instant.

ALEXANDRE.

Oui, ma mère. (A part.) Il paraît décidément que c'est celle-là qu'on préfère.

(Il sort avec madame de Beaumont.)

SCÈNE XVIII.

PLACIDE, madame LOCARD, DURAND.

MADAME LOCARD.

J'étais là dans une position très fausse et très désagréable. (A Durand.) C'est cette dame dont je vous parlais ce matin. Forcée de refuser son alliance, je lui ai écrit la lettre la plus aimable, la plus polie, la suppliant de ne pas m'en vouloir ; et pour me le prouver, de venir aujourd'hui, sans façon et en amie, dîner avec nous ; elle n'a pas encore reçu ma lettre.

SCÈNE XVIII.

Nous avons des domestiques et des clercs si négligens... de sorte que, tout à l'heure, il faudra lui dire de vive voix... Mais voyons, Messieurs, ce que vous avez à me demander.

DURAND.

Voici madame de Beaumont hors de cause. C'est très bien.

PLACIDE.

Mais ça ne suffit pas.

MADAME LOCARD, d'un air étonné.

Qu'est-ce que cela veut dire ?

DURAND.

Ne m'avez-vous pas proposé pour ma nièce la main de votre fils ?

MADAME LOCARD.

C'est vrai.

PLACIDE.

Ne m'avez-vous pas donné votre parole pour ma fille ?

MADAME LOCARD.

J'en conviens.

DURAND.

Hé bien, Madame, comment arrangez-vous cela, s'il vous plaît ?

MADAME LOCARD.

De la manière la plus simple, et un mot va vous répondre. J'ai deux fils ; l'un est notaire, et l'autre, agent de change.

DURAND ET PLACIDE.

Que dites-vous ?

MADAME LOCARD.

Il m'est permis, je pense, de m'occuper en même temps de leur avenir et de leur établissement. (A Durand.) Vous savez quelles sont nos conventions? (A Placide.) Quels sont nos arrangemens? Tout est convenu avec chacun de vous; ainsi, je vous en prie, que ce soir il ne soit plus question d'affaires. (Montrant Durand.) Monsieur nous quitte à l'instant même, et malheureusement il ne peut dîner avec nous; mais demain, de grand matin, nous en causerons. (A Placide) Si Monsieur veut me faire le plaisir de passer chez moi à dix heures, (à Durand) et Monsieur à midi, nous terminerons tout.

DURAND ET PLACIDE.

A la bonne heure.

MADAME LOCARD.

Aujourd'hui ne pensons qu'à notre dîner et à notre soirée. J'espère que vous ne m'en voulez pas. Vous n'êtes plus ennemis.

PLACIDE.

Comment donc? puisque nos enfans vont entrer dans la même famille.

DURAND.

Puisque nous allons être alliés.

PLACIDE.

Je vous demande votre amitié.

DURAND.

Moi, la vôtre.

PLACIDE.

De tout mon cœur.

(Ils se donnent une poignée de main.)

SCÈNE XIX.

DURAND.

Adieu, Madame; je m'en vais faire avancer une voiture, et reprendre ma nièce au salon.

(Durand sort par la porte à gauche, et Placide va s'asseoir auprès de la cheminée.)

SCÈNE XIX.

Madame LOCARD; PLACIDE, assis auprès de la cheminée; AUGUSTE, entrant par le fond.

AUGUSTE, accourant, bas à madame Locard.

Eh! venez donc, Madame; votre fils m'envoie vous chercher, car il perd la tête.

MADAME LOCARD.

Qu'y a-t-il donc?

AUGUSTE.

Il est au milieu de quatre ou cinq demoiselles dont il ignore le nom; et comme vous ne lui avez rien dit, il ne sait pas encore définitivement...

MADAME LOCARD.

Air du Piége.

N'est-il pas aimable et galant?

AUGUSTE.

Il s'en fait vraiment une étude.

MADAME LOCARD.

Alors, d'où provient son tourment?

AUGUSTE.

Il flotte dans l'incertitude.
Son cœur, plein de vagues désirs,
Ne sait où fixer sa tendresse;

Et dans l'envoi de ses soupirs,
Il craint de se tromper d'adresse.

MADAME LOCARD, à part.

Allons veiller sur lui... (Haut.) Auguste, voulez-vous avoir la bonté d'écrire les cartes pour le dîner?

AUGUSTE, allant s'asseoir auprès de la table.

C'est juste, ça rentre dans les fonctions de troisième clerc; c'est comme pour découper à table.

MADAME LOCARD.

Grâce au ciel, tout est réparé, je puis maintenant choisir. (A Auguste.) Vous mettrez à table M. Placide à côté de moi. (Regardant Placide.) Demain, à dix heures, tout sera signé; et je pourrai alors rompre avec M. Durand. (A Placide, qui est toujours auprès de la cheminée.) Vous venez, n'est-il pas vrai?

PLACIDE.

Oui, Madame, je vous suis; je vais seulement me chauffer les pieds, parce que, dans le salon, à cause des dames, on ne peut pas approcher de la cheminée.

(Madame Locard sort par le fond.)

SCÈNE XX.

PLACIDE, A DROITE AUPRÈS DE LA CHEMINÉE, SE CHAUFFANT LES PIEDS; AUGUSTE, A GAUCHE A LA TABLE, ÉCRIVANT; DURAND, SORTANT DE LA PORTE A GAUCHE, QUI EST CELLE DE L'ÉTUDE.

DURAND.

Est-il gentil, ce petit clerc! leste, ingambe; il s'est empressé d'aller me chercher une voiture. Je crois

SCÈNE XX.

bien, comme il disait, qu'il n'aura pas de peine à l'attraper à la course.

AUGUSTE.

C'est vous, M. Durand? est-ce que vous ne dînez pas ici? j'avais déjà écrit votre nom.

DURAND.

Non, je vais prendre ma nièce au salon pour partir avec elle. La voiture m'attend.

AUGUSTE.

Tant pis; j'aurais bien voulu vous parler d'une affaire d'où dépend mon bonheur.

DURAND.

Ton bonheur! Parle, mon ami; ma nièce attendra, et le dîner aussi.

AUGUSTE.

Vous êtes mon bienfaiteur, je puis tout vous dire. Apprenez que j'étais amoureux; oh! mais amoureux à en perdre le boire et le manger; et, pour un clerc, ce sont les symptômes les plus forts; de plus, j'étais sans espérance; mais à présent c'est changé.

DURAND.

Vraiment! ce pauvre garçon!

AUGUSTE.

Ça va dépendre du mariage de M. Alexandre, mon notaire. S'il s'établit, le mien est certain.

DURAND.

N'est-ce que cela? réjouis-toi, j'ai de bonnes nouvelles à t'apprendre.

PLACIDE, quittant la cheminée et s'approchant.

Oui, sans doute, mon petit garçon.

DURAND.

Apprends qu'il épouse Élisa, ma nièce.

AUGUSTE.

Comment, il se pourrait!

PLACIDE.

Eh non! il épouse ma fille Élodie.

DURAND.

Non, Monsieur; vous confondez; Alexandre est le notaire; c'est mon neveu; votre gendre, c'est l'agent de change.

PLACIDE.

Moi! avoir pour gendre un agent de change! Eh bien oui! je ne suis pas assez brave pour cela.

DURAND.

Est-ce que vous n'êtes pas convenu avec madame Locard?...

PLACIDE.

Non pas; c'est vous.

DURAND.

C'est vous-même... Je suis commerçant, et je crains les jeux de bourse.

PLACIDE.

Moi, Monsieur, je suis capitaliste, et je crains tout.

DURAND.

Il y a donc quelque erreur.

AUGUSTE.

N'importe; ce que je vois de certain, c'est que votre nièce doit épouser un des fils de madame Locard; et vous a-t-on prévenu?...

SCÈNE XX.

DURAND.

Que dis-tu? est-ce que tu saurais quelque chose?

AUGUSTE, se reprenant.

Eh mon Dieu! qu'est-ce que je dis! et mon mariage qui en dépend.

DURAND.

Parle; je veux tout savoir; j'exige de toi la vérité.

AUGUSTE.

Oui, oui; vous avez raison : je ne dois pas souffrir que mon bienfaiteur...

PLACIDE.

Oui, jeune homme, rendez ce service à deux pères de famille.

AUGUSTE.

Air : Amis, voici la riante semaine.

Qui? moi! monsieur, je n'ai rien à vous dire.

PLACIDE, à part.

Son air contraint m'inspire un juste effroi.

AUGUSTE, à Durand.

Venez, monsieur, je m'en vais vous instruire;
L'honneur le veut, tout est fini pour moi.
De mon hymen j'avais la certitude;
Je vois qu'il faut y renoncer, hélas!
Et je m'en vais, quel malheur pour l'étude!
Du même coup déchirer deux contrats. (*bis.*)

ENSEMBLE.

AUGUSTE, DURAND, PLACIDE.

AUGUSTE.

Et je m'en vais, quel malheur pour l'étude!
Du même coup déchirer deux contrats! (*bis.*)

DURAND.

De tout prévoir j'eus toujours l'habitude :
Soyons prudent, et ne nous pressons pas. (*bis.*)

PLACIDE.

Moi, de trembler j'eus toujours l'habitude :
Fuyons l'abîme entr'ouvert sous mes pas. (*bis.*)

(*Durand et Auguste sortent.*)

SCÈNE XXI.

PLACIDE, seul.

Qu'est-ce que cela signifie ? il emmène ce monsieur, et il ne veut rien me dire. Parbleu, c'est clair, cela dit tout : le notaire n'a point de bonnes affaires, et l'agent de change en a de mauvaises ; dans quel guêpier je m'étais fourré ! Moi, l'homme du repos et de la retraite ; compromettre mes capitaux, ma fille, et ma tranquillité ! Il faut à tout prix sortir de cette position téméraire.

SCÈNE XXII.

PLACIDE, madame LOCARD.

MADAME LOCARD, à part.

Pour ne rien risquer, j'ai agi franchement, et je viens de rompre avec madame de Beaumont, c'est plus sûr. (Haut.) Eh bien, M. Placide, vous ne venez pas ? votre fille, votre aimable Élodie est inquiète de vous.

SCÈNE XXII.

PLACIDE.

Ah! elle est inquiète! elle n'est pas la seule! Apprenez, Madame, que tantôt il y a eu ici amphibologie, et que je n'ai jamais entendu que ma fille épousât un agent de change.

MADAME LOCARD.

Mais c'est d'accord, c'est arrêté entre nous; vous aurez, pour gendre, mon fils le notaire; j'ai votre parole, vous avez la mienne; et demain matin à dix heures, tout sera terminé.

PLACIDE.

Terminé; non pas; c'est impossible : à présent, j'ai des motifs.

MADAME LOCARD.

Et lesquels?

PLACIDE.

Lesquels? c'est-à-dire, pour des motifs, je n'en ai pas; mais j'ai appris...

MADAME LOCARD, à part.

Il se pourrait! (Haut.) Parlez, Monsieur, que vous a-t-on appris?

PLACIDE.

On m'a appris... c'est-à-dire, Madame... on ne m'a rien appris, et voilà ce qui me détermine...

MADAME LOCARD.

Je vous comprends. Mais on n'en vient point à une rupture pareille, sans des raisons majeures, et vous parlerez... vous m'expliquerez...

PLACIDE.

Du tout; je ne parlerai pas, je ne dirai rien, et je n'ajouterai pas un mot de plus. C'est une affaire de confiance; je suis le maître de ne plus en avoir, si ça m'arrange.

MADAME LOCARD.

Il suffit, Monsieur; qu'il n'en soit plus question. On ne prétend pas vous contraindre, et vous pouvez rentrer au salon.

PLACIDE, à part, en s'en allant.

Je perds un gendre, c'est vrai ; mais je sauve mes capitaux.

(Il sort par le fond.)

SCÈNE XXIII.

Madame LOCARD, puis DURAND et AUGUSTE.

MADAME LOCARD.

Je le disais bien, qu'avec un homme de ce caractère, on ne pouvait compter sur rien, et j'ai bien fait de ménager M. Durand... (L'apercevant au moment où il sort de l'étude.) Quoi! Monsieur, vous voilà? vous n'êtes pas encore parti?

DURAND.

Non, Madame; je venais prendre congé de vous, et vous prier de ne pas m'attendre demain à midi.

MADAME LOCARD.

Et pour quelles raisons?

DURAND.

C'est que je suis forcé de retirer ma parole; non pas que votre fils ne soit un excellent sujet; et que

SCÈNE XXIII.

son étude ne soit très bonne; mais enfin, il en doit une partie.

MADAME LOCARD.

Je ne vous l'avais point laissé ignorer; d'ailleurs, mon fils est cautionné par son frère l'agent de change.

DURAND.

D'accord; mais on prétend que l'agent de change est également cautionné par son frère le notaire; et c'est cette double sûreté qui m'inspire, pour la dot de ma nièce, des craintes, sans doute mal fondées.

MADAME LOCARD.

C'en est assez, Monsieur, et je devine de qui vous tenez ces renseignemens.

AUGUSTE.

C'est de moi, Madame.

Air d'Aristippe.

Avec tout autre il eût fallu, je pense,
Me taire ici... mais près d'un bienfaiteur,
J'étais forcé de rompre le silence;
Par là je perds tout espoir de bonheur.
Je me souviens des lois que l'on m'a faites;
Un tel espoir était, je le sens bien,
Mon seul trésor... et, pour payer mes dettes,
Sans hésiter, j'ai donné tout mon bien.

DURAND, à Auguste.

Non, mon ami, il n'en sera pas ainsi; Madame est trop juste pour te punir d'une confidence que tu me devais. Je ne lui ferai point observer que, voulant établir son fils, il est peut-être de son intérêt de ne point laisser ébruiter cette affaire. Ce serait un moyen indigne de nous; mais elle comprendra sans peine qu'un jeune notaire ne doit éloigner aucune clientelle, que la mienne et celle de mes amis peuvent être utiles à M. Alexandre.

Air: A soixante ans.

> Oui, votre fils parviendra, je parie,
> S'il veut goûter mes conseils, et s'il croit
> Que le travail, le temps, l'économie
> Sont, pour payer les charges que l'on doit,
> Le vrai moyen, le plus sûr, le plus droit ;
> Mais, par un hymen mercenaire,
> En se vendant, quand on croit acquitter
> Un riche emploi, trop cher à supporter,
> On perd l'estime, à mes yeux bien plus chère,
> Car on ne peut jamais la racheter.

MADAME LOCARD.

Vous ne pouvez pas douter, Monsieur, du prix que nous attachons à votre amitié, et si, pour la conserver, il ne faut que consentir au mariage de ma filleule...

AUGUSTE.

Il se pourrait !...

MADAME LOCARD.

Aussi bien, tant que cette petite fille sera ici, mon fils ne voudra jamais se prêter à mes projets ; mais je vous préviens qu'elle n'a point de fortune.

DURAND.

Qu'à cela ne tienne, je les emmène avec moi ; et je donne à Auguste une place de quatre mille francs dans mon commerce. (A Auguste.) Acceptes-tu ?

AUGUSTE.

Que je suis heureux !

MADAME LOCARD.

Quoi ! vous renoncez à votre état ? vous qui pouviez un jour devenir notaire.

SCÈNE XXIV.

AUGUSTE.

Oui, comme tant d'autres, notaire à crédit, pour me marier par spéculation, et acheter ma charge aux dépens de mon bonheur! non, non; j'aime mieux donner ma démission de troisième clerc.

SCÈNE XXIV.

Les précédens, madame de BEAUMONT, PLACIDE, trois jeunes demoiselles, le reste de la société, deux domestiques.

CHOEUR.

<small>Air de la contredanse du Bal champêtre.</small>

En fidèle convié,
Chez vous j'accours au plus vite,
Surtout lorsque nous invite
Le plaisir ou l'amitié.

ALEXANDRE.

Hé bien, ma mère, est-ce qu'on ne se met pas à table?

MADAME LOCARD.

Si vraiment... nous n'attendons plus personne.

ALEXANDRE.

Est-ce toujours à la demoiselle en bleu que je dois donner la main?

MADAME LOCARD.

Eh! non...

ALEXANDRE.

C'est donc à la petite en rose?

MADAME LOCARD.

Encore moins.

ALEXANDRE.

Alors, je comprends... c'est à la troisième.

MADAME LOCARD.

A aucune.

ALEXANDRE.

Comment ça se fait-il ?... je n'épouse plus personne?

MADAME. LOCARD.

Non, pour le moment... à cause de votre insouciance, à cause de votre amour pour Amélie... mais j'y ai mis bon ordre... (A un domestique.) Faites servir, car tout le monde nous reste... (A Placide et à madame de Beaumont.) Tous les jours on ne se marie pas, et l'on dîne ensemble.

PLACIDE.

Je suis forcé de vous quitter... car on vient de me faire demander en bas... M. Badoulard, un de mes compatriotes.

MADAME LOCARD.

Quoi! M. Badoulard de Fontainebleau...! je le connais beaucoup... un petit bossu...

PLACIDE.

Qui n'est pas malheureux; car sa fille Aspasie, qui est tout son portrait, vient d'hériter de quatre cent mille francs.

MADAME LOCARD.

Et c'est pour lui que vous nous quittez !... Non pas, je vous garde, ainsi que votre ami... (A l'autre domestique.) Dites à M. Badoulard que nous l'attendons... que son couvert est mis, et qu'il faut qu'il dîne avec

SCÈNE XXIV.

nous... (A Alexandre.) Changez les cartes, et mettez M. Badoulard à côté de moi.

ALEXANDRE.

Quoi! ma mère, vous auriez des idées?...

MADAME LOCARD.

Taisez-vous.

ALEXANDRE.

Me faire épouser une bossue!

MADAME LOCARD.

Et votre charge à payer?

LE DOMESTIQUE.

Madame est servie...

CHOEUR.

En fidèle convié
Chez vous j'accours au plus vite,
Surtout lorsque nous invite
Le plaisir ou l'amitié.

AUGUSTE, au public.

Air de Thémire.

D'un notaire de confiance,
Si quelqu'un n'était pas pourvu,
Voici le nôtre... il a, je pense,
Grand besoin d'être soutenu :
En attendant que quelque belle
Veuille avec lui se marier,
Donnez-lui votre clientelle,
Car il a sa charge à payer.

TOUS.

Sa charge est encore à payer.

FIN DE LA CHARGE A PAYER.

PERSONNAGES.

M. DE BRUCHSAL, conseiller aulique.
ALPHONSE DE BRUCHSAL, son neveu.
Madame DE LINSBOURG.
MATHILDE, sa nièce.
OLIVIER, cousin de Mathilde.
VICTOR (livrée de chasseur).
MICHEL, vieux domestique de M. de Bruchsal.
Un chef d'Office.
Un Domestique.
Deux Femmes-de-Chambre.
Un Bijoutier.
Lingères.
Modistes.
Fournisseurs.
Valets.

La scène se passe, au premier acte, à Dusseldorf, et, au second acte, dans une terre à six lieues de la ville.

MATHILDE.

AH! MONSIEUR, C'EST MOI QUI VOUS LE DEMANDE...

Le vieux Mari, Acte III, Sc. XIII.

LE VIEUX MARI.

ACTE PREMIER.

Le théâtre représente un salon richement meublé. A gauche de l'acteur, une fenêtre donnant sur la rue. A droite, la porte d'un appartement : plus bas, une table avec tout ce qu'il faut pour écrire.

SCÈNE PREMIÈRE.

Madame de LINSBOURG, OLIVIER.

OLIVIER.

Quoi, ma tante, vous voilà à Dusseldorf. Vous avez pu vous décider à quitter votre terre ?

MADAME DE LINSBOURG.

Ce n'est pas sans peine, mon cher Olivier... Voyager dans cette saison, et à mon âge, il a fallu toute ma tendresse pour ma chère Mathilde.

OLIVIER.

Elle vous a donc écrit ?...

MADAME DE LINSBOURG.

Oui, la lettre la plus singulière, à laquelle je n'ai rien pu comprendre. Ces petites filles ne s'expliquent jamais qu'à moitié... je m'en souviens.

OLIVIER.

Que trop... il a une terre superbe à six lieues de Dusseldorf, qu'il avait fait acheter, ainsi que cet hôtel, quand on le nomma intendant des finances de cette province.

MADAME DE LINSBOURG.

Air du vaudeville de Partie et Revanche.

Avant d'arriver il commence
Par acquérir cet hôtel élégant ;
Puis une maison de plaisance...

OLIVIER.

Un fonctionnaire prudent,
N'eût-il pas même un sou vaillant,
Si dans la finance, par grâce,
Il obtient un poste important,
Peut acheter, sitôt qu'il entre en place,
Bien sûr de payer en sortant.

Depuis un an il n'était pas encore venu à Dusseldorf, et la première fois qu'il y fait un voyage, c'est pour m'enlever ma cousine.

MADAME DE LINSBOURG.

Et tu l'as souffert! toi qui es si mauvaise tête?

OLIVIER.

Parbleu! si ce n'était son âge...

MADAME DE LINSBOURG.

Son âge! comment, c'est un vieillard?

OLIVIER.

Eh! sans doute, voilà une heure que je vous le dis... plus de soixante ans.

MADAME DE LINSBOURG.

Soixante ans! quelle horreur! moi qui me suis

ACTE I, SCÈNE II.

toujours figuré son mari un beau jeune homme, les yeux noirs, l'air sentimental... Soixante ans! je ne la laisserai pas sacrifier ainsi.

OLIVIER, se frottant les mains.

C'est cela, ma tante, parlez pour moi.

MADAME DE LINSBOURG.

Laisse-moi faire... Eh! justement la voici, cette chère enfant.

SCÈNE II.

MATHILDE, EN TOILETTE DE MARIÉE, MADAME DE LINSBOURG, OLIVIER.

MATHILDE, courant à madame de Linsbourg.

C'est vous, ma bonne tante!

MADAME DE LINSBOURG.

Elle est encore embellie. Viens donc que je t'embrasse. Il y a si long-temps...

(Elle l'embrasse à plusieurs reprises.)

MATHILDE.

Ah! je vous attendais avec une impatience...

MADAME DE LINSBOURG.

Chère petite! tu étais bien sûre que je quitterais tout pour toi; et si j'en avais le temps, je commencerais par te gronder.

MATHILDE.

Moi, ma tante! et pourquoi?

MADAME DE LINSBOURG.

Tu me le demandes? Ce cher Olivier m'a tout

raconté. Tu sens bien que lui-même y a tant d'intérêt... Mais, grâce au ciel, on peut encore te sauver, et je m'en charge.

MATHILDE.

Comment ?

MADAME DE LINSBOURG.

Dis-moi d'abord tes petits secrets; voyons, tu aimes quelqu'un ?

MATHILDE, troublée.

Que dites-vous ?

MADAME DE LINSBOURG.

C'est tout naturel, à ton âge ; d'ailleurs, ta lettre le faisait entendre.

OLIVIER, se rapprochant.

Il serait possible !

MADAME DE LINSBOURG.

Oui, oui; j'ai vu cela.

MATHILDE, voulant l'empêcher de parler.

Mais, ma tante...

MADAME DE LINSBOURG.

C'est justement parce que je suis ta tante que cela me regarde ; il faut que je le connaisse ; c'est un jeune homme, n'est-ce pas? cela va sans dire ; (elle regarde Olivier) et son nom ? (Mathilde ne répond rien et paraît embarrassée de la présence d'Olivier.) (Après un silence.) Je comprends.

(Bas à Olivier.)

Air polonais.

Tu le vois bien, c'est pour toi fort heureux,
Dans ces lieux
Elle craint ta présence ;

Oui, tu le vois, ton aspect en ces lieux
De ses feux
Empêche les aveux.

OLIVIER.

Me promettez-vous
De lui parler de ma constance?
Me promettez-vous...

MADAME DE LINSBOURG.

Je promets tout... mais laisse-nous;
Si tu veux par moi
Être mari... tâche d'avance
D'en remplir l'emploi,
Ainsi donc, va-t'en et tais-toi.

ENSEMBLE.

Tu le vois bien, c'est pour toi } fort heureux.
Oui je le vois, c'est pour moi }
Dans ces lieux
Elle craint ta } présence.
Elle craint ma }
Tu le vois bien, ta } présence
Je le vois bien, ma }
En ces lieux,
De ses feux,
Empêche les aveux.

(Olivier sort.)

SCÈNE III.

MATHILDE, MADAME DE LINSBOURG.

MADAME DE LINSBOURG, à Mathilde.

Maintenant tu peux tout m'avouer; j'ai bien deviné à ton embarras que c'était lui.

MATHILDE.

Qui donc?

MADAME DE LINSBOURG.

Ton cousin, que tu aimes.

MATHILDE.

Olivier! mais non, je vous assure.

MADAME DE LINSBOURG.

Comment, Mademoiselle, ce n'est pas ce pauvre garçon?

MATHILDE.

Et pourquoi voulez-vous que ce soit lui?

MADAME DE LINSBOURG.

Parce que, des cousins, c'est tout naturel, c'est l'usage; du moins, de mon temps, c'était ainsi; mais maintenant qu'on a tout changé... Enfin, vous aimez quelqu'un, et je veux savoir...

MATHILDE, lui prenant la main.

Eh bien! ma tante, c'est vrai, ou du moins j'ai cru un moment... mais ne me demandez pas son nom, je ne puis vous le dire; je ne le reverrai sans doute jamais.

MADAME DE LINSBOURG.

Et tu y penseras toujours?

MATHILDE.

Non; j'espère l'oublier tout-à-fait. J'ai déjà commencé; car cette union était impossible, en supposant qu'il se fût occupé de moi; vous savez que mon tuteur n'aurait jamais consenti à me marier à un jeune homme; il me l'avait déclaré. (En confidence.) Il a les jeunes gens en horreur.

ACTE I, SCÈNE III.

MADAME DE LINSBOURG.

C'est ce que je disais tout à l'heure, la maison la plus ennuyeuse...

MATHILDE.

Et pour être plus sûr de son fait, tous ceux qu'il recevait avaient au moins soixante et dix ans.

MADAME DE LINSBOURG.

Miséricorde! des Lovelaces du temps de Frédéric-Guillaume; et c'est parmi ces antiquités que tu as choisi un mari?

MATHILDE, soupirant.

Que voulez-vous? il a bien fallu... j'ai choisi le plus jeune; M. de Bruchsal n'a que soixante ans.

MADAME DE LINSBOURG, ironiquement.

Que soixante ans! oh! je conçois qu'il a dû te paraître un petit étourdi!

MATHILDE, souriant.

Pas tout-à-fait; mais il est si bon, si aimable...

Air: Ils sont les mieux placés. (de l'Artiste.)

Jamais il ne se fâche,
Et toujours il sourit ;
Lorsqu'à plaire il s'attache,
Que de grâce et d'esprit !...
En parlant il fait même
Oublier qu'il est vieux...
Et je crois que je l'aime
Quand je ferme les yeux.

Dès le premier jour il avait deviné ma situation ; ses regards me suivaient avec un intérêt si tendre ; que vous dirai-je? la maison de mon tuteur m'était devenue insupportable ; je savais que le mariage seul pouvait m'affranchir de cet esclavage, et lorsque M. de Bruchsal se proposa, je l'acceptai avec reconnaissance.

MADAME DE LINSBOURG.

C'est cela, je m'en doutais, un mariage de désespoir.

MATHILDE.

Mais du tout, ma tante; je vous jure que je serai très heureuse.

MADAME DE LINSBOURG.

Très heureuse; c'est que tu ne sais pas... c'est que tu ne peux pas savoir...

MATHILDE.

Quoi donc, ma tante?

MADAME DE LINSBOURG, à part.

Pauvre petite! à son âge, j'aurais dit comme elle. (Haut.) Songe donc, mon enfant, un mari de soixante ans! et qui a la goutte peut-être par-dessus le marché.

MATHILDE.

Mais...

MADAME DE LINSBOURG.

C'est clair; ils l'ont tous.

MATHILDE.

Il ne me l'a pas dit.

MADAME DE LINSBOURG.

Est-ce qu'on dit ces choses-là? comme ça serait gracieux pour moi! au lieu d'un neveu leste et vif qui me donne la main, c'est moi qui serais obligée de lui donner le bras.

ACTE I, SCÈNE III.

Air: Amis, voici la riante semaine.

A cet hymen, ma nièce, je m'oppose,
Et la vertu te le défend aussi ;
Tu ne sais pas à quel risque on s'expose,
Lorsque l'on prend un vieillard pour mari :
Que de périls menacent une belle !
Que de faux pas, quand on n'a, mon enfant,
Pour soutenir la vertu qui chancelle,
Qu'un vieil époux qui peut en faire autant.

Ainsi, n'y pensons plus.

MATHILDE.

Ma tante !...

MADAME DE LINSBOURG.

Plus tard nous causerons de tes amours et du bel inconnu ; l'important maintenant est de rompre ce mariage ridicule.

MATHILDE.

Le rompre ! ô ciel ! ma tante, que dites-vous ? quand tout est signé, que tout est prêt pour la cérémonie.

MADAME DE LINSBOURG.

Peu importe !

MATHILDE.

L'affliger, le désespérer, lui qui est si bon !

MADAME DE LINSBOURG.

Je l'exige, ma nièce, où je ne vous revois de ma vie.

Air: Non, non, je ne partirai pas. (de LA BATELIÈRE.)

Il faut rompre de pareils nœuds,
Ou je quitte à l'instant ces lieux !...

MATHILDE.

Calmez votre colère...

MADAME DE LINSBOURG.

Non... je renonce à vous,
Et je pars pour ma terre
S'il devient votre époux,
Lui !... votre époux. (*bis*.)

ENSEMBLE.

MATHILDE.

O ciel ! rompre de pareils nœuds,
Je ne puis me rendre à vos vœux.
Ne quittez pas ces lieux,
Non, non, non, non, ne quittez pas ces lieux.

MADAME DE LINSBOURG.

Il faut rompre de pareils nœuds ;
Pour toujours je quitte ces lieux,
Recevez mes adieux...
Non, non, non, non, recevez mes adieux.

(Elle sort sans écouter Mathilde)

MATHILDE, seule.

Ma tante ; mon Dieu ! comment la retenir ? ah ! voici M. de Bruchsal ; il pourra peut-être lui faire entendre raison.

SCÈNE IV.

ALPHONSE, vêtu en vieux : il sort de l'appartement a droite en grande toilette ; MATHILDE.

MATHILDE.

Ah! Monsieur, venez vite, je vous en prie.

ALPHONSE, souriant.

Vite, c'est un peu difficile pour moi, ma chère Mathilde ; pardon, je vous ai fait attendre ; vous,

ACTE I, SCÈNE IV.

vous êtes jolie tout de suite; mais à un vieillard, il lui faut du temps...

« Pour réparer des ans l'irréparable outrage ; »

Enfin, me voilà en costume de marié, tout comme un autre... qu'avez-vous ? vous paraissez agitée ?

MATHILDE.

C'est vrai, j'ai bien du chagrin.

ALPHONSE, avec bonté.

Contez-moi cela tout de suite, ma chère amie, pour que j'en aie aussi.

MATHILDE.

Cette bonne tante, dont je vous ai si souvent parlé...

ALPHONSE.

Madame de Linsbourg? elle est arrivée, m'a-t-on dit.

MATHILDE.

Oui ; et elle vient de repartir sur-le-champ.

ALPHONSE.

Comment ?

MATHILDE, avec embarras.

Elle s'est fâchée, je ne sais pourquoi elle a des préventions contre ce mariage, elle n'aime que les jeunes gens.

ALPHONSE.

Je comprends; cela veut dire qu'elle n'aime pas les vieillards.

MATHILDE.

Oui, Monsieur.

ALPHONSE.

Et vous qui avez été élevée par elle, partagez-vous ses sentimens sur la vieillesse?

MATHILDE.

Non, Monsieur.

Air : Vos maris en Palestine.

Je la respecte et l'honore,
Et je pense, en vérité,
Qu'on lui doit bien plus encore
Quand chez elle esprit, bonté,
Changent l'hiver en été.

ALPHONSE.

Savoir vieillir sans trop déplaire
Est difficile, je le sens.

MATHILDE.

Ah! pour moi, quand viendra ce temps...
Je sais ce qu'il faudra faire :
Je vous regarde... et j'apprends.

Et quand ma tante vous connaîtra mieux, elle sera comme moi; mais pour cela, il faut qu'elle vous voie, et si elle s'en va...

ALPHONSE.

Soyez tranquille, je me charge de la calmer; nous irons tous deux lui faire visite.

MATHILDE.

Oh! que vous êtes bon, Monsieur! C'est que, dans deux heures, elle aura quitté Dusseldorf.

ALPHONSE.

J'irais bien tout de suite; mais c'est que tout est disposé pour notre mariage; on nous attend, et quand on vieillit on devient un peu égoïste, et surtout très pressé.

Air : Muse des bois.

Prêt à former cet heureux mariage,
Je craindrais trop de perdre un seul moment ;
Car le bonheur est, hélas ! à mon âge,
Un vieil ami qu'on voit si rarement !
De sa visite alors qu'il nous honore,
Vite ouvrons-lui... dès qu'il vient d'arriver...

MATHILDE.

Le lendemain il peut venir encore.

ALPHONSE.

Oui... mais il peut ne plus nous retrouver.

Ainsi permettez que d'abord je m'assure du titre de votre époux. Après la cérémonie, je vous conduirai chez votre tante, et je suis bien sûr qu'elle consentira à venir vivre avec nous.

MATHILDE.

Il serait possible !

ALPHONSE.

Cet arrangement vous plaît-il ?

MATHILDE, souriant.

Eh mais, il faut bien que je m'essaie à vous obéir, Monsieur.

ALPHONSE, lui baisant la main.

Non, non, jamais, chère Mathilde. C'est moi qui veux suivre vos ordres, deviner vos désirs, et... Qui vient là ?

MATHILDE.

Victor, qui paraît avoir à vous parler.

SCÈNE V.

Les précédens, VICTOR.

ALPHONSE, à Victor.

Qu'est-ce que c'est ?

VICTOR, lui faisant des signes.

Pardon, je voulais dire à Monsieur... les marchands qui ont fait les fournitures pour la noce se sont présentés avec leurs mémoires.

ALPHONSE, vivement.

Déjà ! morbleu, c'était bien la peine de nous interrompre ; qu'ils aillent au diable !

MATHILDE.

Eh ! mon Dieu, vous vous emportez comme un jeune homme.

ALPHONSE.

Non ; c'est que ces imbéciles choisissent si mal leur moment ; venir parler d'argent, quand il est question de bonheur !

(Il baise la main de Mathilde.)

VICTOR, continuant ses signes.

C'est ce que j'ai pensé ; je leur ai dit de revenir après la cérémonie.

ALPHONSE.

C'est bien.

VICTOR.

J'avais aussi à dire à Monsieur... (A Alphonse et le tirant par son habit.) Il faut que je vous parle en particulier.

ACTE I, SCÈNE VI.

ALPHONSE, *surpris.*

Hein! (A Mathilde.) Pardon, ma chère amie, quelques commissions importantes; je vous suis dans le salon.

MATHILDE.

Ne vous faites pas attendre, (bas) et puis, pour ma tante; vous savez...

Air : Et les sermens, ma chère.

Ah! de grâce, aimez-la!
Ce que, dans votre zèle,
Vous aurez fait pour elle,
Mon cœur vous le paiera.

ALPHONSE.

D'après cette promesse,
Pour la tante, je vais
Ce soir me mettre en frais
De soins et de tendresse...

(Lui baisant la main.)

Et vous ne m'en rendrez
Que ce que vous pourrez.

(Mathilde sort. Alphonse la conduit jusqu'à la porte.)

SCÈNE VI.

VICTOR, ALPHONSE.

ALPHONSE, à Victor, avec inquiétude.

Qu'y a-t-il donc?

VICTOR.

Tout est perdu.

ALPHONSE, *vivement.*

Ah! mon Dieu!

LE VIEUX MARI.

VICTOR.

Eh bien, Monsieur, ne sautez donc pas comme cela : à votre âge c'est dangereux. Vous n'aviez pas pensé au contrat; on va signer.

ALPHONSE.

Eh bien ?

VICTOR.

J'ai pensé que vous ne pourriez pas signer le nom de votre oncle.

ALPHONSE.

Je signerai le mien, Alphonse de Bruchsal; je supprimerai le prénom.

VICTOR.

Monsieur, cela finira mal pour nous.

ALPHONSE.

C'est possible ; mais quand on est amoureux, quand on en perd la tête, quand on a affaire à un tuteur qui n'aime que les vieillards...

VICTOR.

M. Rudmann, passe encore; mais votre oncle, que dira-t-il, lui qui ne peut souffrir le mariage ni pour lui ni pour les autres? il est capable de vous déshériter.

ALPHONSE.

Mon oncle! mon oncle, qui jamais n'est venu ici, que personne n'y connaît! et quel tort puis-je lui faire dans cette circonstance ?

Air : De sommeiller encor, ma chère.

Contre sa tournure caduque,
J'ai changé mes vingt-cinq printemps ;
J'ai pris ses rides, sa perruque,

Et jusqu'à ses pas chancelans...
J'ai pris ses soixante ans, sa goutte,
Et bien loin de s'en offenser,
Mon cher oncle voudrait sans doute
Pouvoir toujours me les laisser.

En attendant, je vais signer le contrat en son nom ; de là à l'église ; et hâtons-nous, car jusqu'à ce moment je n'existerai pas. Surveille surtout ce M. Olivier, ce petit cousin, qui me déplaît souverainement.

VICTOR.

Comment, Monsieur, vous en êtes jaloux ?

ALPHONSE.

Quand on a soixante ans, on est jaloux de tout le monde. Si tu savais combien mon rôle est terrible ! tandis que je fais le piquet ou le whisk des grand'mamans, je vois Mathilde folâtrer et danser avec son cousin, le seul jeune homme qui, à cause de la parenté, ait accès dans la maison ; et quand on est seul, on a tant de mérite ! A chaque instant il regarde Mathilde ; il lui prend la main devant moi, sans se gêner ; je suis censé avoir la vue basse ; il lui parle à l'oreille, pour se moquer de moi, pour me tourner en ridicule, et je ne peux pas me fâcher ; car, auprès du tuteur, je me suis vanté d'être un peu sourd. Mais, patience, je lui revaudrai cela ; et aujourd'hui, aussitôt le mariage célébré, je me brouille avec toute la famille.

VICTOR.

Et sous quel prétexte ?

ALPHONSE.

Est-ce que j'en ai besoin ? est-ce qu'à mon âge, on

n'est pas humoriste, quinteux, bizarre? la vieillesse a ses priviléges, et j'en profite. Mais juge donc quel triomphe, si malgré tout cela, je pouvais me faire aimer de Mathilde.

VICTOR.

Quoi! Monsieur, elle ne se doute pas un peu?...

ALPHONSE.

Comment lui faire un pareil aveu? Une jeune personne aussi modeste que timide pourrait-elle se prêter à une ruse semblable? Non, elle ne connaîtra la vérité que quand elle sera à moi, quand elle m'appartiendra : le lendemain de notre mariage.

UN DOMESTIQUE.

Une lettre pour monsieur le baron.

ALPHONSE.

« Le baron de Bruchsal. » C'est bien cela.

(Le domestique sort.)

(Alphonse lit.)

« Monsieur et très honoré maître. » Qui m'écrit ainsi? ce n'est pas toi?

VICTOR.

Non, Monsieur.

ALPHONSE, continuant.

« Vous avez bien raison, et moi aussi, de détester
« le mariage, il ne peut que porter malheur. C'était
« pour assister à celui de ma nièce, que vous m'aviez
« permis d'aller passer quinze jours au pays; mais ces
« repas de noce sont si longs, que la première quin-
« zaine je suis resté à table, et la seconde, dans mon
« lit, sauf votre respect... »

(S'interrompant.)

D'où diable me vient une pareille confidence ? (Regardant la signature.) « Michel Goinffer. »

VICTOR.

N'est-ce pas le nom du vieux valet de chambre de votre oncle ? Comment lui écrit-il à Dusseldorf ?

ALPHONSE.

Voyons. (Continuant de lire) « Je vous prie donc, mon « très honoré maître, de ne pas vous mettre en co-« lère, comme c'est votre habitude, si vous ne trou-« vez rien de prêt à l'hôtel, parce qu'il m'a été im-« possible d'arriver avant vous à Dusseldorf, comme « vous me l'aviez ordonné ; mais je sais que vous « devez y être le 20. »

(Parlé.)

O ciel ! c'est aujourd'hui !

(Lisant.)

« Et je ferai mon possible pour m'y trouver le « même jour ; vous promettant bien que j'ai assez de « noce comme ça.

« MICHEL GOINFFER. »

Me voici bien dans un autre embarras ; mon oncle qui va arriver chez lui, dans son hôtel ; quel parti prendre ?

VICTOR.

Je vous le demande ?

ALPHONSE, après un moment de réflexion et d'incertitude.

Ma foi, le plus simple est de me marier sur-le-champ.

VICTOR.

Mais votre oncle, en arrivant, va descendre ici.

ALPHONSE.

Il ne m'y trouvera plus.

VICTOR.

Comment?

ALPHONSE.

La cérémonie terminée, je pars avec ma femme.

VICTOR.

Partir! et où irez-vous?

ALPHONSE.

Au château de Ronsberg, à la terre de mon oncle; je serai toujours chez moi. Tu m'y joindras.

VICTOR.

Oui, Monsieur.

ALPHONSE.

Guette le vieux Michel.

VICTOR.

Soyez tranquille.

ALPHONSE.

Air du quatuor de LA REINE DE SEIZE ANS.

De la disgrâce
Qui nous menace,
Un trait d'audace
Peut nous sauver.

SCÈNE VII.

Les précédens, OLIVIER entre, et voyant Alphonse et Victor, il s'arrête au fond pour les écouter.

ALPHONSE, à Victor.

Mais sentinelle
Sûre et fidèle,
Sache avec zèle
Tout observer.
Pour couronner notre entreprise,
A mon cocher donnant le mot,
Je veux, au sortir de l'église,
Enlever ma femme aussitôt.

OLIVIER, à part.

Qu'entends-je, ô ciel ! et quel complot !

ALPHONSE.

Dans leur château, monsieur, madame,
Tous les deux iront se cacher...

OLIVIER.

Vouloir nous enlever sa femme !...
Je saurai bien l'en empêcher.

ENSEMBLE.

ALPHONSE, VICTOR.

De la disgrâce
Qui nous menace,
Ce trait d'audace
Peut nous sauver ;
Valet fidèle,
Fais sentinelle,
Sache avec zèle
Tout observer.

OLIVIER.

De la disgrâce
Qui nous menace.
Un trait d'audace
Peut nous sauver :
Cousin fidèle,
Fais sentinelle,
Sache avec zèle
Tout observer.

(Alphonse et Victor entrent dans l'appartement à droite)

SCÈNE VIII.

OLIVIER, seul.

Enlever ma cousine ! l'emmener au château de Ronsberg ! nous saurons bien les y retrouver ; et je vais d'abord, de la part du mari, y inviter toute la famille, et même ma tante, qui, par bonheur, n'est pas encore partie. Puisqu'ils veulent être seuls, ce sera un bon tour à leur jouer.

(Il s'assied à la table, et écrit.)

SCÈNE IX.

OLIVIER, A LA TABLE, MICHEL, EN VESTE DE VOYAGE, ET UNE VALISE SOUS LE BRAS.

MICHEL, le nez en l'air.

Pas mal, pas mal, notre nouvel hôtel est assez bien ! je suis content du rez-de-chaussée et du grand escalier ; mais il faudra voir les chambres de domestiques, c'est l'essentiel. Par exemple je n'ai pas encore

ACTE I, SCÈNE IX.

aperçu une figure de connaissance, ce qui me fait espérer que monsieur ni ses gens ne sont pas encore arrivés. (Apercevant Olivier.) Qu'est-ce que je vois là? un étranger... (ôtant son chapeau) quelqu'un sans doute qui venait pour mon maître, et qui s'écrit en son absence.

OLIVIER, appelant sans se déranger.

Holà! quelqu'un des gens de M. de Bruchsal.

MICHEL, s'avançant.

Voilà, Monsieur.

OLIVIER.

Je n'avais pas encore vu celui-là.

MICHEL.

J'arrive à l'instant; depuis trente ans j'ai l'honneur d'être le valet de chambre de M. le baron, et l'avantage d'être son intendant! Oserais-je demander ce qu'il y a pour le service de Monsieur?

OLIVIER.

Des commissions à faire de la part de ton maître.

MICHEL, surpris.

De mon maître; il est donc ici?

OLIVIER.

Et où veux-tu qu'il soit?

MICHEL.

Il est donc arrivé aujourd'hui, de bien bonne heure?

OLIVIER.

Aujourd'hui! voilà plus de trois semaines.

MICHEL.

Est-il possible! et depuis quand monsieur s'avise-t-il d'avoir comme ça des idées, de lui-même et sans m'en prévenir? il me dit : « Je ne serai à Dusseldorf « que le 20, je n'y serai pas avant. » Et moi qui me fiais là-dessus, et qui étais tranquillement à être malade.

OLIVIER.

Est-ce qu'il te doit des comptes? est-ce qu'il ne peut pas changer?

MICHEL.

Non, Monsieur; c'est toujours, chez nous, arrêté et réglé d'avance! depuis trente ans, monsieur se lève et se couche à la même heure.

Air du Ménage de garçon.

Son costume est toujours le même :
Habit brun, cheveux à frimas !..
Il a toujours même système,
Mêmes amis, mêmes repas...
Quel bon maître ! il ne change pas !...
Enfin, lorsque la destinée
L' met en colèr' le jour de l'an...
Il s'y maintient toute l'année,
Tant il a peur du changement.

Et m'exposer à être en retard ! ne pas me prévenir !

OLIVIER, se levant.

Il avait bien autre chose à penser, surtout au moment de son mariage!

MICHEL, stupéfait.

Son mariage ! qu'est-ce que cela signifie?

OLIVIER.

Que ton maître se marie !

MICHEL.

Mon maître, le vieux conseiller, le baron Bruchsal?

ACTE I, SCÈNE IX.

OLIVIER.

Lui-même.

MICHEL, avec colère.

Monsieur, vous l'insultez, et je ne souffrirai pas...

OLIVIER.

Ah! ça, à qui en a-t-il donc? je te dis de porter à l'instant toutes ces lettres à la famille de sa femme.

MICHEL.

De sa femme; est-ce que ce serait vrai?

(On entend dans la coulisse la ritournelle du chœur suivant.)

OLIVIER, à Michel.

Tiens! tiens! entends-tu? on m'appelle.

CHŒUR EN DEHORS.

Air du Maçon.

ENSEMBLE.

Quel bonheur! quelle ivresse!
Quel beau jour! quel plaisir!
Allons, que l'on s'empresse,
Il est temps de partir.

OLIVIER.

Quels accens d'allégresse
Viennent de retentir?
On m'appelle, on s'empresse;
La noce va partir.
Quel beau jour! quelle ivresse!

MICHEL.

Je n'en puis revenir.

OLIVIER.

On m'appelle, on s'empresse,
La noce va partir.

MICHEL.

De douleur, de tristesse,
Ah! je me sens mourir.

LE CHOEUR, en dehors.

La noce va partir.

(Olivier sort en courant.)

(On entend en dehors :)

La porte! la voiture de la mariée! rangez-vous!

SCÈNE X.

MICHEL, ensuite VICTOR, qui entre au moment où Michel regarde par la fenêtre.

MICHEL, seul.

C'est donc pour cela qu'il m'a trompé, qu'il m'a éloigné; il craignait ma vue et mes reproches. (Regardant par la fenêtre.) Ah! mon Dieu, oui! ce tapage, ce monde qui se presse, ces pauvres qui encombrent la rue; et sur toutes les physionomies, cet air triste et lugubre; c'est bien une noce; ah! mon Dieu, le voilà, le voilà qui monte en carrosse, je ne vois que son dos; mais c'est bien lui, rien qu'à son habit brun et sa perruque, je le reconnaîtrais entre mille! il n'y a plus à en douter!

VICTOR, à part, après avoir regardé par la fenêtre.

Bon! les voilà partis; nous sommes sauvés!

MICHEL.

Je ne sais pas si c'est l'idée; il me semble déjà maigri et rapetissé.

VICTOR, le saluant.

N'est-ce pas à M. Michel que j'ai l'honneur de parler?

ACTE I, SCÈNE X.

MICHEL.

Lui-même. Que me veut encore celui-là ?

VICTOR.

C'est moi qui, en votre absence, occupais, par *interim*, la place de valet de chambre.

MICHEL.

Un nouveau domestique ! et un jeune homme encore ! je vous dis que, quand je ne suis pas là, il ne fait que des étourderies, et je n'aurais jamais dû le quitter, surtout depuis sa dernière maladie ; car, il a beau dire, sa tête n'est plus la même ; et on aura profité de sa faiblesse, de son inexpérience, pour le sacrifier.

VICTOR.

Y pensez-vous ? une femme charmante !

MICHEL.

Raison de plus ! mon pauvre maître, un si brave homme ! un si honnête homme ! quelle perte j'ai faite là !

VICTOR.

Un instant, il n'est pas encore défunt.

MICHEL.

C'est tout comme... il n'en vaut guère mieux ; et je ne pourrai jamais me faire à le voir marié ; c'est plus fort que moi ; lui qui me répétait, il n'y a pas encore dix ans : « Tiens, mon vieux Michel, ne nous « marions jamais, nous en serons plus heureux, nous « vieillirons ensemble. » Et après trente ans de service, voir arriver une femme ! comme ça va tout changer, tout bouleverser ; il ne m'obéira plus, d'abord, c'est sûr. (S'essuyant les yeux.) Enfin, puisque c'est sans remède, je vais toujours me rendre à la cérémonie, pour assister...

VICTOR, à part.

Ah! diable! (Haut.) Y pensez-vous? dans ce costume? quand tous ses gens ont des livrées neuves, vous allez faire scandale.

MICHEL.

C'est juste, c'est juste, l'étiquette avant tout; quelle que soit la conduite de monsieur envers moi, il faut encore lui faire honneur; je vais mettre mes plus beaux habits. (Sanglotant et reprenant sa valise.) Je vais aussi préparer mon bouquet et mon compliment; mon pauvre maître! (A Victor.) Où sont les chambres de domestiques, Monsieur?

VICTOR, le poussant et lui montrant la porte à droite.

Au quatrième, de ce côté; allez vite, car la cérémonie doit être avancée.

MICHEL, sortant.

Ah! c'est un coup dont je ne me relèverai pas! ni monsieur non plus!

(Il sort.)

(On entend le bruit d'une voiture qui entre dans la cour.)

VICTOR, seul.

Dieu merci, nous en voilà débarrassés; il était temps... j'ai entendu une voiture entrer dans la cour et je tremblais (Il regarde par la fenêtre.) Et mais, ce n'est pas de la noce! un landau de voyage! des chevaux de poste... ah! mon Dieu! quoique je ne l'aie jamais vu, rien qu'au costume, c'est notre oncle, j'en suis sûr; le voilà qui monte; ma foi; laissons-le s'en tirer comme il pourra, et courons rejoindre mon maître.

(Il sort de côté.)

SCÈNE XI.

M. DE BRUCHSAL, arrivant par le fond.

Michel! Michel! comment, morbleu! personne! toutes les portes ouvertes, cela fait une maison joliment tenue, et une belle manière de prendre possession... (Il regarde autour de lui.) Mais où diable s'est donc fourré ce maudit concierge? et ce paresseux de Michel! il devrait être ici depuis long-temps; il m'a fait sans doute préparer un appartement, un bon feu; mais je ne sais où; je ne connais pas mon hôtel, je suis harassé, et pour m'achever, attendre une heure dans la rue; un embarras, une queue de voitures qu'il a fallu laisser défiler devant moi. (Se jettant dans un fauteuil.) On m'a dit que c'était une noce. (Haussant les épaules.) Hum encore un imbécile qui était fatigué d'être heureux! Je vous demande à quoi ça sert de se marier? à se rendre l'esclave d'une coquette ou d'une prude, ou d'une folle, et avoir toujours l'argent à la main; car c'est là tout le rôle d'un mari, des complimens à recevoir et des mémoires à payer. Ce pauvre benêt, que je viens de rencontrer, va-t-il en avoir, la corbeille, le repas, le... Quelle est cette figure?

SCÈNE XII.

M. DE BRUCHSAL, un chef d'office.

M. DE BRUCHSAL.

Que voulez-vous, mon ami?

LE CHEF D'OFFICE.

Pardon, Monsieur, je désirerais parler à madame ou à M. de Bruchsal.

M. DE BRUCHSAL, avec humeur.

Madame! M. de Bruchsal, c'est moi.

LE CHEF D'OFFICE.

Vous, Monsieur! eh bien, je m'en doutais presque; parce qu'à la tournure, quoique je n'eusse pas encore eu l'honneur de voir Monsieur... (D'un air satisfait.) Monsieur a-t-il été content du déjeuner?

M. DE BRUCHSAL, le regardant.

Du déjeuner?

LE CHEF D'OFFICE.

Celui que m'a commandé votre valet de chambre.

M. DE BRUCHSAL, à part.

Voyez-vous, ce gourmand de Michel.

LE CHEF D'OFFICE.

Ce n'était qu'un ambigu, comme Monsieur l'avait désiré; mais le dîner de noce sera beaucoup mieux.

M. DE BRUCHSAL.

Le dîner de noce; et quelle noce?

LE CHEF D'OFFICE.

La vôtre.

ACTE I, SCÈNE XIII.

M. DE BRUCHSAL.

La mienne !

LE CHEF D'OFFICE.

Je pense du moins que la cérémonie est terminée, puisque vous voilà de retour.

M. DE BRUCHSAL.

Je suis marié ! moi ?

LE CHEF D'OFFICE.

De ce matin; c'est un mariage qui fait assez de bruit, la file des voitures tenait toute la rue.

M. DE BRUCHSAL, se levant.

Toute la rue ! est-ce que par hasard ce serait ma noce que j'ai vu passer ?

LE CHEF D'OFFICE.

Eh ! oui, Monsieur ; toute la ville vous le dira.

M. DE BRUCHSAL, s'emportant.

Eh ! morbleu, toute la ville a perdu la tête, et vous aussi ; je suis garçon, grâce au ciel, et si vous en doutez encore, tenez, voilà mon domestique qui vous le certifiera. Arrive donc.

SCÈNE XIII.

LES PRÉCÉDENS, MICHEL, EN TOILETTE ET LE BOUQUET A LA MAIN ; IL SORT DE L'APPARTEMENT A DROITE.

MICHEL, d'un air composé.

Permettez, Monsieur, que je joigne mes félicitations...

M. DE BRUCHSAL.

Te voilà; c'est bien heureux!

MICHEL, cherchant à retenir ses larmes.

Oui, Monsieur, oui; je suis peut-être en retard, ça n'est pas de ma faute... (Sanglotant.) Ah! Monsieur... ah, notre maître! qui m'aurait dit cela de vous!

M. DE BRUCHSAL.

Hein! qu'est-ce que c'est?

MICHEL.

Pardon; j'ai tort de vous en parler; car, enfin, la sottise est faite, et puisque c'est fini, je souhaite que votre femme vous rende aussi heureux que vous le méritez.

M. DE BRUCHSAL.

Ma femme!

LE CHEF D'OFFICE.

Vous l'entendez.

M. DE BRUCHSAL.

Et toi aussi! tu oses me soutenir que je suis marié?

MICHEL.

Hélas, Monsieur, j'étais comme vous; je ne voulais pas le croire! il a fallu que je le visse de mes propres yeux; oui, notre maître, je vous ai vu tout à l'heure monter dans la voiture de la mariée.

M. DE BRUCHSAL, hors de lui.

Tout à l'heure!

MICHEL.

Oui, Monsieur.

M. DE BRUCHSAL.

Écoute, Michel: si c'était un autre que toi, je

l'aurais déjà fait sauter par la fenêtre ; mais je ne puis croire qu'un vieux et fidèle serviteur ose se jouer à ce point ; je ne me suis pas marié, cependant, sans m'en apercevoir... que diable, je suis bien éveillé je suis dans mon bon sens, j'ai bien ma tête à moi...

MICHEL.

Vous le croyez, Monsieur ; c'est ce qui vous trompe ; je vous ai toujours dit que depuis votre dernière maladie...

M. DE BRUCHSAL, le repoussant.

Va-t'en au diable.

SCÈNE XIV.

Les précédens, un bijoutier, lingères, modistes, fournisseurs, des mémoires a la main.

CHOEUR.

Air : Au lever de la mariée. (du Maçon.)

Nous venons tous rendre hommage
   A monsieur le marié...

(Présentant tous leur mémoire à M. de Bruchsal.)

Le bonheur d'un bon ménage
Ne peut être trop payé ;
Nous venons tous rendre hommage
   A monsieur le marié.

M. DE BRUCHSAL, étourdi.

Non, je ne sais si je veille !

(Aux fournisseurs.)

Qu'est-ce donc ?... et que voulez-vous ?...

LE BIJOUTIER.

Les mémoires... pour la corbeille...

UNE MODISTE, *présentant le sien.*

Frais de noce, trousseau, bijoux.

LE BIJOUTIER, *de même.*

Dix mille florins !... c'est pour rien !

MICHEL.

Là, monsieur... je le disais bien !

M. DE BRUCHSAL.

Comment, morbleu !

REPRISE DU CHOEUR.

Nous venons tous rendre hommage, etc.

M. DE BRUCHSAL.

Un instant, un instant. (Aux fournisseurs.) Qui vous a dit de m'apporter ces mémoires ?

LE BIJOUTIER.

C'est votre valet de chambre, Monsieur.

M. DE BRUCHSAL, *courant à Michel.*

Comment, drôle, c'est toi ?

MICHEL, *se débattant.*

Eh ! Monsieur, prenez donc garde ; ce doit être l'autre, votre nouveau.

M. DE BRUCHSAL.

Mon nouveau !

MICHEL.

Vous voyez, Monsieur : pour un instant que je vous laisse seul, vous avez de jeunes domestiques, vous avez fait des dettes, vous avez fait un mariage, vous aurez bientôt cinq ou six enfans.

M. DE BRUCHSAL.

Des enfans !

MICHEL.

Oui, Monsieur ; maintenant vous êtes capable de tout.

M. DE BRUCHSAL.

Je deviendrai fou ! Et sur quelles preuves oses-tu me soutenir...

MICHEL.

Des preuves ! encore une que j'oubliais, et que j'ai là dans ma poche, des lettres d'invitation que vous envoyez à votre nouvelle famille.

(Il lui montre plusieurs lettres.)

M. DE BRUCHSAL.

Des lettres. (En lisant quelques-unes.) Eh ! oui, je les invite à venir à mon château de Ronsberg, où je me rends avec ma femme. Ah ! quel que soit l'imposteur, je le tiens maintenant. (A Michel.) Vite, mes chevaux, ma voiture !

(Il va pour sortir.)

FINAL.

Air du final du premier acte du PLUS BEAU JOUR DE LA VIE.

LES FOURNISSEURS, s'opposant à sa sortie.

Eh quoi ! partir... sans solder ma facture !
Non, non, monsieur... c'est une horreur !

M. DE BRUCHSAL.

Je ne dois rien... allez-vous-en au diable.

LES FOURNISSEURS, lui barrant le passage.

Comme mari... vous êtes responsable,
Et vous paierez...

M. DE BRUCHSAL, furieux.

Quel complot effroyable !

MICHEL.

Quel embarras !

TOUS.

Vous ne partirez pas.

MICHEL, le calmant.

Monsieur... monsieur...

M. DE BRUCHSAL.

Redoutez ma colère !

MICHEL, à part.

Dieux ! il va se faire
Une mauvaise affaire !

LE CHOEUR.

Songez-y, monsieur, la justice est sévère ;
Payez-nous, ou bien nous arrêtons vos pas.

M. DE BRUCHSAL.

Craignez ma colère !

TOUS.

Non, non, point d'affaire !

MICHEL, à son maître.

Payez-les... sinon nous resterons en gage.

M. DE BRUCHSAL, tirant son portefeuille.

Morbleu ! c'est bien dur, et de bon cœur j'enrage.

TOUS.

Je vois que monsieur va se montrer plus sage !...

M. DE BRUCHSAL, leur donnant des billets.

Tenez... votre argent... le voici !
Quel ennui !

ENSEMBLE.

M. DE BRUCHSAL.

Dix mille florins ! quel tour abominable !...
Le mari
Morbleu ! me paiera tout ceci !

ACTE I, SCÈNE XIV.

MICHEL, le regardant.

Quel joli moment !... comme c'est agréable
  De jouer ainsi
 Le rôle de mari.

TOUS, recevant de l'argent.

Je l'avais bien dit, il devient raisonnable ;
  C'est toujours ainsi
 Que finit un mari.

TOUS, l'entourant et le saluant.

Ah ! monsieur, pardon... recevez notre hommage ;
L'amour vous sourit, le plaisir vous attend...
Combien il est doux l'instant du mariage ;
Pour un tendre époux quel moment enivrant !...
Nous bénissons tous un si beau mariage ;
Recevez nos vœux et notre compliment.

ENSEMBLE.

TOUS.

 Adieu, bon voyage !
 Ah ! pour vous quel moment !

M. DE BRUCHSAL ET MICHEL.

De bon cœur j'enrage ?...
Sans perdre un instant mettons-nous en voyage ;
  Cet hymen vraiment
  Aura fait mon tourment !
  Partons sur-le-champ.

(Ils sortent tous, en entourant M. de Bruchsal et Michel.)

FIN DU PREMIER ACTE.

ACTE DEUXIÈME.

Le théâtre représente un salon de campagne ouvrant sur des jardins ; porte au fond ; portes latérales ; deux croisées au fond. A droite, la porte de l'appartement de Mathilde ; à gauche, un guéridon chargé de viandes froides, de fruits, etc., avec deux couverts.

SCÈNE PREMIÈRE.

MATHILDE, ALPHONSE, deux femmes de chambre qui portent des cartons ; ensuite **VICTOR**.

(Ils entrent par le fond ; Mathilde donne à une de ses femmes son schall et son chapeau ; Alphonse jette de côté son manteau de voyage.)

ALPHONSE, donnant la main à Mathilde.

N'êtes-vous pas trop fatiguée, ma chère amie ?

MATHILDE, s'asseyant.

Un peu ; les chevaux allaient si vite ; je me sens encore toute étourdie ; mais ce ne sera rien.

ALPHONSE.

Je vous demande pardon de ce brusque départ ; j'ai voulu vous épargner les curieux, les visites ; on m'en avait annoncé qui ne nous auraient pas été agréables.

MATHILDE.

Vous avez très bien fait, Monsieur.

ALPHONSE.

Et puis, dans ces premiers momens, on n'est pas fâché d'être seuls, et chez soi. Dans cette terre du moins, nous ne craindrons pas les importuns. (Regardant la table.) Je vois avec plaisir que Victor a fait exécuter mes ordres. Vous avez besoin de prendre quelque chose, n'est-ce pas? un fruit, une tasse de thé; justement j'en ai demandé en descendant de voiture... Eh! tenez, le voilà.

(VICTOR, sortant du cabinet à gauche, apporte un plateau qu'il pose sur le guéridon, et, s'approchant d'Alphonse, il lui dit à voix basse:)

A mon départ l'ennemi était maître de la place.

ALPHONSE, bas à Victor.

Il était temps de se sauver. (Haut.) C'est bien, laissez-nous. (Aux femmes de chambre, en leur montrant la porte à droite.) Voici l'appartement de votre maîtresse; vous pouvez le préparer, et vous retirer par le petit vestibule. Nous n'aurons plus besoin de vous.

(Les femmes entrent dans l'appartement, et Victor sort par le fond.)

SCÈNE II.

MATHILDE, ALPHONSE.

MATHILDE, à part, un peu inquiète.

Ah! mon Dieu, on nous laisse seuls.

DUO.

Air: Di Piacere mi balza il cor.

ALPHONSE, à part.

Près de ma femme.
Me voici donc... pour mon cœur doux instans!...

Ah ! qu'à ma flamme
Il tarde, hélas ! de n'avoir déjà plus soixante ans.

MATHILDE, à part.

Mon trouble augmente.

ALPHONSE.

Qu'avez-vous donc ?... quel effroi
Près de moi ?...

MATHILDE.

Non !... mais ma tante...
Je la croyais en ces lieux.

ALPHONSE.

J'exaucerai vos vœux.

ENSEMBLE.

MATHILDE.

Non, plus d'effroi !
Et, près de moi,
Que mon mari
Soit mon meilleur ami.

ALPHONSE.

Oui, sans effroi
Regardez-moi :
Votre mari
N'est-il pas votre ami ?

(Alphonse conduit Mathilde à la table, la fait asseoir, et s'assied auprès d'elle à sa gauche.)

ALPHONSE.

Permettez que je vous serve. (Il verse le thé, et lui offre des fruits.) Ces petits soins ont tant de charmes : c'est un si grand bonheur d'être là, dans son ménage, de pouvoir s'occuper uniquement de celle qu'on aime, et qui vous appartient pour toujours. (Mathilde soupire involontairement.) (A part.) Ah ! mon Dieu ! ce mot la fait soupirer. (Haut et inquiet.) Qu'est-ce que c'est, chère amie? quelle inquiétude, quel chagrin vous tourmente?

MATHILDE.

Moi, Monsieur?

ALPHONSE.

Auriez-vous déjà des regrets? ou peut-être quelque autre souvenir?

MATHILDE,

Quoi, vous pourriez penser?...

ALPHONSE.

Quand ce serait vrai, il n'y aurait rien d'étonnant! et je pardonne d'avance.

MATHILDE,

Bien vrai! cela ne vous fâchera pas?

ALPHONSE, à part.

Ah! mon Dieu! (Haut avec trouble.) Il y a donc quelque chose?

MATHILDE, timidement.

Je conviens que je m'étais fais d'avance du mariage, et surtout de mon mari, une idée, un portrait...

ALPHONSE.

Qui me ressemble?

MATHILDE, de même.

Très peu! Je me figurais quelqu'un qui aurait à peu près vos traits, vos manières, toutes les bonnes qualités que j'aime en vous; mais toutes ces qualités-là j'aurais voulu...

ALPHONSE.

Eh bien?

MATHILDE.

Qu'il les eût depuis moins long-temps.

(Ils quittent la table, et viennent sur le devant de la scène. Mathilde se trouve à droite du spectateur.)

ALPHONSE.

Je comprends, qu'il fût plus jeune.

MATHILDE, vivement.

Oui, qu'il eût mon âge! et des yeux si expressifs, une voix si tendre...

ALPHONSE, souriant.

Enfin, un portrait de fantaisie, qui ne ressemblât à rien.

MATHILDE.

Si; je crois que cela ressemblait à quelqu'un.

ALPHONSE, à part.

O ciel!

MATHILDE.

Quelqu'un que j'ai rencontré, avant mon mariage.

ALPHONSE, vivement.

Et vous osez!...

MATHILDE, effrayée.

Non, Monsieur, non, je n'ose pas! c'est parce que vous m'avez dit que cela vous ferait plaisir; car, sans cela...

ALPHONSE.

En effet, vous avez raison. (A part.) Maudite curiosité! (Haut.) Achevez, je vous en prie! Vous disiez que ce jeune homme...

MATHILDE.

Ai-je dit un jeune homme? je n'en sais rien, car

ACTE II, SCÈNE II.

je l'ai si peu vu ; trois ou quatre fois, à un bal que donnait un de nos voisins, un banquier de Dusseldorf.

ALPHONSE, avec joie.

Qu'entends-je! et son nom?

MATHILDE.

Ah! mon Dieu, Monsieur, vous devez le connaître ; car, d'après quelques mots qui lui sont échappés, j'ai toujours pensé depuis qu'il devait être un de vos parens, et sans doute votre neveu.

ALPHONSE.

Ah! que je suis heureux!

MATHILDE.

Et de quoi donc?

ALPHONSE.

Air : A soixante ans.

Je peux trembler qu'un autre ne vous aime ;
Mais un neveu !... je le vois sans chagrin ;
Car mon neveu, c'est un autre moi-même,
Ce qui me plaît, il le trouve divin,
Et ce que j'aime, il l'adore soudain !...
Aussi, mes biens et mes trésors, ma chère,
Tout ce que j'ai de mieux en ce moment,
Tout, après moi, lui revient... il le prend ;
Et je vois sans trop de colère
Qu'il commence de mon vivant.

MATHILDE.

Vraiment! si je l'avais su! moi qui craignais de vous en parler.

ALPHONSE.

Au contraire, ne me laissez rien ignorer. Racontez-moi tous les détails; dites-moi ce que vous pensez de lui.

MATHILDE.

Beaucoup de bien; d'abord, il vous ressemble beaucoup; et un jour que nous causions en dansant, car on danse pour causer, il me dit qu'il s'appelait Alphonse de Bruchsal, qu'il habitait ordinairement Berlin, mais qu'il serait heureux de se fixer à Dusseldorf, de m'y revoir...

ALPHONSE.

Voilà tout?

MATHILDE.

Oui, Monsieur.

ALPHONSE, lentement et la regardant.

C'est singulier; je croyais qu'il vous avait pris la main et qu'il l'avait serrée.

MATHILDE, troublée.

Comment? c'est vrai, Monsieur, je l'avais oublié. (A part.) Ah! mon Dieu, comme il faut prendre garde avec les maris. (Haut.) Qui donc a pu vous apprendre?...

ALPHONSE.

Voyez, Mathilde, comme il faut toujours dire la vérité à son époux. Tout ce que vous venez de me raconter, je le savais d'avance et de mon neveu lui-même.

MATHILDE.

Ah! c'est bien mal à lui, c'est bien indiscret; je ne l'aurais pas cru, et je n'avais pas besoin de cela pour l'oublier; car, je vous l'ai dit, Monsieur, j'y pensais si peu, si peu, que cela ne valait pas la peine d'en parler; seulement, et d'après ce qu'il m'avait dit de lui, de sa famille, il me semblait que cela annonçait des intentions, et j'attendais toujours qu'il se fît présenter chez nous; lorsqu'un soir on annonce M. de Bruchsal. Ce nom fit battre mon cœur; je levai la tête, mais ce n'était point lui. (Baissant les yeux.) C'était vous, Monsieur; l'accueil que je vous fis d'abord, vous ne le dûtes, j'en conviens, qu'à mes souvenirs, à cette ressemblance; mais plus tard, vos bontés seules ont appelé ma confiance, mon affection; vous savez le reste. (Vivement.) Voilà la vérité, Monsieur; vous connaissez le fond de ma pensée, et je vous jure désormais de n'en plus avoir une seule qui ne soit pour vous.

ALPHONSE.

Ah! ma chère Mathilde!

Air de Délia.

A ton bonheur je consacre ma vie.

MATHILDE.

De ses bontés que mon cœur est ému!

ALPHONSE.

Par tes attraits mon ame est rajeunie.

MATHILDE.

D'où vient ce trouble à mes sens inconnu?

ALPHONSE.

Et toi, Mathilde? et toi, m'aimeras-tu?

MATHILDE.

Oui, je crois que je vous aime
Comme... un mari...

ALPHONSE.

C'est bien peu!

MATHILDE.

Prenez garde ? je vais même
Vous aimer comme un neveu.

ALPHONSE, à ses genoux.

Ah! je n'y résiste plus, Mathilde; ma bien aimée, apprends donc...

SCÈNE III.

OLIVIER, ALPHONSE, MATHILDE.

OLIVIER.

A merveille!

MATHILDE.

Mon cousin Olivier!

ALPHONSE, toujours à genoux.

Au diable la famille!

OLIVIER, lui donnant la main.

Faut-il vous aider à vous relever? les amis sont toujours là.

ALPHONSE.

Quoi, Monsieur, c'est vous!

OLIVIER.

Moi-même; j'ai bien pensé que vous vous ennuieriez ici tous seuls; l'hymen est un tête-à-tête qui dure si long-temps; j'ai couru chez ma tante, et je l'ai décidée à m'accompagner.

MATHILDE.

Ma tante! elle serait ici?

OLIVIER.

Sans doute ; vos femmes l'ont fait entrer dans la chambre de la mariée ; elle vous attend.

MATHILDE.

J'y cours. (S'arrêtant devant Alphonse.) Vous permettez, Monsieur ?

OLIVIER.

Est-ce qu'il y a besoin de permission ?

ALPHONSE.

Allez, ma chère Mathilde, disposez-la à me recevoir ; je vous rejoins bientôt ; (bas) nous reprendrons notre entretien.

OLIVIER, donnant la main à Mathilde et la conduisant à son appartement.

Eh bien ! vous ne me remerciez pas, ma cousine ?

MATHILDE, lui tendant la main qu'il baise.

Oh ! si fait, vous êtes charmant.

(Elle entre dans son appartement, Olivier se dispose à la suivre.)

SCÈNE IV.

ALPHONSE, OLIVIER.

ALPHONSE, à part.

Décidément, je ne pourrai jamais m'habituer au système des cousins.

(Au moment où Olivier va entrer dans l'appartement de Mathilde, Alphonse accourt, et l'arrête en lui disant.)

Où allez-vous donc, cousin ?

OLIVIER.

Mais je... (A part.) Il est vexé, tant mieux, je lui apprendrai à me jouer de ces tours-là! (Haut.) J'espère, cousin, que vous êtes content de nous voir.

ALPHONSE, brusquement.

Du tout.

OLIVIER.

Il a une franchise originale.

ALPHONSE.

Qui vous a prié d'amener madame de Linsbourg?

OLIVIER.

Le sentiment des convenances; ma cousine n'ayant plus de mère, la présence de sa tante était indispensable; c'est de droit, c'est l'usage.

ALPHONSE.

Eh! Monsieur, on se passera d'elle et de vous.

OLIVIER.

Vous vous vantez, et vous serez peut-être bien aise de nous avoir. Vous ne vous étiez occupé ni du bal, ni du souper; mais moi qui pense à tout, j'ai pris sur moi...

ALPHONSE.

De quoi faire?

OLIVIER.

D'amener des convives et des violons; deux cents personnes qui vont arriver.

ALPHONSE.

J'en suis fâché, Monsieur. Ils passeront la nuit à la belle étoile; car ils n'entreront pas. Mais je ne vous empêche pas d'aller les rejoindre.

OLIVIER.

Hein! qu'est-ce que c'est? (A part.) Le petit vieillard devient aussi trop brutal. (A Alphonse.) Savez-vous,

ACTE II, SCÈNE IV.

cousin, que cette phrase aurait l'air de me mettre à la porte ?

ALPHONSE.

Vraiment !

OLIVIER.

Et que, quoique parent, je serais obligé de...

ALPHONSE, vivement.

Il serait possible !... comme vous voudrez, Monsieur, je suis à vous.

OLIVIER.

Qu'est-ce qu'il dit ? je crois qu'il accepte.

ALPHONSE.

Ici même, et sur-le-champ.

OLIVIER.

Ah ! çà, qu'est-ce qu'il lui prend donc ? il paraît qu'il est encore vert.

Air de Turenne.

Je ne pourrais le souffrir de tout autre ;
Mais votre titre ici retient mon bras...
De ma famille, en ce moment la vôtre,
L'honneur m'est cher... et dans le monde, hélas !
De ce duel que ne dirait-on pas ?
Je suis galant, ma cousine est gentille,
Et me tuer, c'est vous donner à vous
Un ridicule...

ALPHONSE, avec ironie.

Eh ! non, c'est, entre nous,
En ôter un à la famille.

OLIVIER.

Monsieur, je pardonne tout, excepté une épigramme... et je suis à vous.

ALPHONSE.

Air de Cendrillon.

Cela suffit... dans l'instant au jardin...

OLIVIER.

Que ce rendez-vous a de charmes !

ALPHONSE.

Vous choisirez et l'endroit, et les armes.

OLIVIER.

C'est un gaillard que monsieur mon cousin ;
Est-il pressé !... malgré ses cheveux blancs
    Vouloir, morbleu ! sans rien entendre,
Se faire ainsi tuer à soixante ans :
    Ne pouvait-il donc pas attendre ?

ENSEMBLE.

C'est convenu ; ce soir, dans ces jardins,
    A ce rendez-vous plein de charmes,
Nous nous rendrons chacun avec nos armes ;
Nous nous battrons en amis, en cousins.

(*Olivier sort par le fond.*)

SCÈNE V.

ALPHONSE, SEUL.

Oui, morbleu, je suis enchanté ! j'avais besoin de trouver quelqu'un sur qui ma colère pût tomber, et j'aime mieux donner la préférence au cousin ; après cela du moins je serai tranquille dans mon ménage.

SCÈNE VI.

ALPHONSE, VICTOR.

VICTOR, accourant.

Alerte! alerte! Monsieur...

ALPHONSE.

Qu'est-ce donc?

VICTOR.

Nous sommes débusqués, l'oncle nous suit à la piste !

ALPHONSE.

Mon oncle !

VICTOR.

Sa voiture est au bas du perron.

ALPHONSE, troublé.

Dieux ! serait-il instruit !...

VICTOR.

Je l'ignore ; mais ne perdez pas une minute ; sauvez-vous.

ALPHONSE.

Eh! où cela?... ah! chez ma femme ; arrivera ce qui pourra.

(Il va pour ouvrir la porte de Mathilde qui est fermée.)

MADAME DE LINSBOURG, en dedans.

On n'entre pas.

ALPHONSE.

C'est la tante ; que le diable l'emporte ! Il faut pourtant que je voie Mathilde... Eh! mais la fenêtre qui donne sur la terrasse... je pourrai, quand la tante se sera retirée...

VICTOR, aux aguets.

Voici votre oncle, dépêchons-nous !

ALPHONSE, sautant par la fenêtre.

Eh! vite.

(Il disparaît par la fenêtre à droite et Victor sort par la gauche; tandis que M. de Bruchsal et Michel entrent par le fond.)

SCÈNE VII.

M. DE BRUCHSAL, MICHEL.

(Ils arrivent comme des gens harassés.)

M. DE BRUCHSAL.

Allons, Michel, arrive donc !

MICHEL, d'un ton piteux.

Voilà, Monsieur. (Soupirant.) Quel métier, six lieues de poste ventre à terre, et par des chemins affreux !

M. DE BRUCHSAL, s'asseyant.

C'est vrai, je suis brisé.

MICHEL.

Et moi donc! Quand je vous disais, Monsieur, que le mariage ne vous valait rien !

M. DE BRUCHSAL.

Tu vas encore recommencer ?

MICHEL.

Non, non ; j'ai tort ; vous m'avez donné votre parole d'honneur que vous n'étiez pas marié, je dois vous croire jusqu'à preuve contraire !... mais, au nom de Dieu, prenez un peu de repos ; car, avec ce train de vie là, vous ne pouvez pas aller loin. (Il lui montre la table.) Justement, tenez, voilà une table qui vient d'être servie, et un poulet qui a une mine!...

M. DE BRUCHSAL.

Ah! ah! je ne pense pas que ce soit pour nous... mais ma foi je suis chez moi, et ça ne pouvait pas venir plus à propos.

MICHEL.

Oui, Monsieur, croyez-moi, mangez, prenez des forces, vous en avez besoin; on ne sait pas ce qui peut arriver.

(M. de Bruchsal se met à table; Michel le sert.)

M. DE BRUCHSAL, déployant sa serviette.

Il paraît que mon *Sosie* ne se laisse manquer de rien.

MICHEL, regardant avec envie.

Dame! quand on se trouve dans une bonne maison!... Au moins ces petites promenades coup sur coup ont l'avantage de vous faire connaître vos propriétés.

M. DE BRUCHSAL.

Air : Un homme pour faire un tableau.

Tout vient confondre ma raison,
Tant l'aventure est peu commune ;
Est-ce un rêve ? une illusion ?...

MICHEL, le servant.

Non... ce repas n'en est pas une !
Ne l'épargnez pas, croyez-moi,
Et qu'ici rien ne vous dérange ;
Car, de tous les biens, je le voi,
Le plus sûr est celui qu'on mange.

M. DE BRUCHSAL, mangeant.

C'est singulier que nous n'ayons encore vu personne? Je n'ai qu'une crainte, c'est qu'ils ne soient déjà repartis.

MICHEL.

Non, non, rassurez-vous; j'ai demandé en bas si madame était ici, on m'a dit qu'oui.

M. DE BRUCHSAL.

Madame!... ah! çà, veux-tu bien te taire.

MICHEL.

Pardon, Monsieur, c'est un reste de soupçon... Voulez-vous me permettre de vous servir à boire?

M. DE BRUCHSAL.

A ta santé, mon garçon.

MICHEL.

A la vôtre, Monsieur; c'est plus urgent. Encore...
(Il lui verse.)
(Pendant que M. de Bruchsal mange et boit, entre madame de Linsbourg.)

SCÈNE VIII.

LES PRÉCÉDENS, MADAME DE LINSBOURG, PARAISSANT SUR LE SEUIL DE LA PORTE DE L'APPARTEMENT DE MATHILDE.

MADAME DE LINSBOURG, à part.

Pauvre enfant! elle est toute tremblante; moi, je suis indignée, et c'est dans ce moment-là qu'il faut que je fasse connaissance avec son mari, avec mon neveu; me voilà bien disposée pour une première entrevue!... (Haut.) Monsieur de Bruchsal!

ACTE II, SCÈNE VIII.

M. DE BRUCHSAL, toujours à table.

Qui m'appelle ? qui vient là ?

MICHEL, apercevant madame de Linsbourg.

C'est peut-être votre épouse. (A part.) Si c'est elle, ça me rassure un peu.

MADAME DE LINSBOURG.

Monsieur, vous pouvez venir, on vous attend !

M. DE BRUCHSAL.

On m'attend ? et qui donc ?

MADAME DE LINSBOURG.

Eh ! mais, votre femme.

M. DE BRUCHSAL.

Ma femme !...

MICHEL, triomphant.

Là, Monsieur !...

M. DE BRUCHSAL, se hâtant de manger.

Voilà, parbleu ! qui est trop fort. (Haut.) Je vous demande pardon, Madame, je suis à vous dans l'instant.

MICHEL.

Oui, Monsieur, il ne faut pas que ça vous empêche de souper.

MADAME DE LINSBOURG, le regardant, et à part.

Eh bien ! il ne se dérange pas ; il reste tranquillement à table, quand je viens l'avertir.... (Haut.) Vous ne m'avez donc pas entendue, Monsieur ? j'ai eu l'honneur de vous dire...

M. DE BRUCHSAL, jetant sa serviette et se levant.

Que la mariée m'attendait... si vraiment ; mais

oserai-je, avant tout, vous demander, Madame, à qui j'ai l'honneur de parler?

MADAME DE LINSBOURG.

Je sais, Monsieur, que nous ne nous sommes pas encore vus, puisque ce matin je n'ai pas voulu assister à votre noce.

MICHEL, bas.

Quand je vous le disais...

M. DE BRUCHSAL.

Te tairas-tu?

MADAME DE LINSBOURG.

Mais je suis la tante de votre femme, la présidente de Linsbourg.

M. DE BRUCHSAL.

De Linsbourg, la veuve du vieux président?

MADAME DE LINSBOURG.

Oui, Monsieur.

M. DE BRUCHSAL.

Qui avait, dit-on, épousé une femme si sévère, si prude, je veux dire si respectable... et c'est vous, Madame, c'est vous qui venez aujourd'hui..... (A Michel, lui montrant la table.) Emporte tout cela, et va m'attendre dans la chambre à côté.

MICHEL, hésitant.

Monsieur, c'est que je voudrais...

M. DE BRUCHSAL, brusquement.

Obéis, te dis-je...

MICHEL.

Comme le mariage lui change déjà le caractère!

(Il sort en emportant le couvert.)

SCÈNE IX.

Madame de LINSBOURG, M. de BRUCHSAL.

MADAME DE LINSBOURG.

Je sens, Monsieur, que ma présence en ces lieux a droit de vous étonner, et je vous dois l'explication de ma conduite.

M. DE BRUCHSAL.

A merveille! j'allais vous la demander...

MADAME DE LINSBOURG.

J'ai d'abord été si opposée à ce mariage, que je n'ai pas même voulu y assister; mais je viens de voir Mathilde...

M. DE BRUCHSAL.

On la nomme Mathilde?

MADAME DE LINSBOURG, étonnée.

Oui, Monsieur.

M. DE BRUCHSAL.

C'est un joli nom.

MADAME DE LINSBOURG.

Je croyais ne la trouver que résignée à son sort; mais point du tout; elle m'a semblé heureuse et satisfaite, et, malgré vos soixante ans, je croirais presque que vous avez su lui plaire.

M. DE BRUCHSAL.

Moi!... (A part.) Décidément, si c'est une plaisanterie, elle n'a rien d'effrayant, et nous verrons bien... (A madame de Linsbourg.) Ma chère tante, vous avez peut-être l'habitude de vous retirer de bonne heure, et je crains qu'il ne soit déjà bien tard....

MADAME DE LINSBOURG.

Je comprends, Monsieur. Je vous laisse.

M. DE BRUCHSAL, lui offrant la main pour la reconduire.

Voulez-vous me permettre, ma chère tante?

MADAME DE LINSBOURG.

Volontiers, mon cher neveu.

(Elle sort; M. de Bruchsal la conduit jusqu'à la porte du fond.)

SCÈNE X.

M. DE BRUCHSAL, SEUL.

(Il ferme la porte, pousse les verroux.)

Là, fermons bien! Si j'y comprends un mot, je veux mourir; mais c'est égal, voilà assez long-temps qu'ils se moquent de moi; je vais prendre ma revanche : puisqu'ils m'ont marié à une jeune personne charmante, à ce qu'il paraît, ma foi, (se frottant les mains) allons trouver ma femme.

(Il s'avance à pas de loup vers la porte de la chambre de Mathilde; au même moment, Michel entre du côté opposé et l'arrête par la main.)

SCÈNE XI.

M. DE BRUCHSAL, MICHEL.

MICHEL, tout effaré.

Ah! Monsieur, où allez-vous?

M. DE BRUCHSAL.

Cela ne te regarde pas!

ACTE II, SCÈNE XI.

MICHEL, *l'arrêtant.*

Si, Monsieur; vous n'irez pas.

M. DE BRUCHSAL.

Comment?

MICHEL.

Je ne vous quitte pas, je m'attache à vous; je sais que vous allez vous battre!

M. DE BRUCHSAL.

Moi!...

MICHEL.

N'essayez pas de le nier, je viens de rencontrer votre adversaire, qui vous attend avec deux épées sous le bras, pour vous chercher querelle.

M. DE BRUCHSAL.

Mon adversaire!... une querelle!... et à quel propos, imbécile?

MICHEL.

A cause de votre femme dont vous êtes jaloux, et à qui il fait la cour.

M. DE BRUCHSAL.

On fait la cour à ma femme!...

MICHEL.

Ça vous étonne! une jeune femme! car elle est jeune, elle...

M. DE BRUCHSAL, *hors de lui.*

Ah! je crois, Dieu me pardonne, que l'enfer s'est déchaîné contre moi; mais cela ne m'arrêtera pas. (*Voulant entrer dans la chambre de Mathilde.*) Va-t'en, j'ai besoin d'être seul.

MICHEL, *l'arrêtant toujours.*

Pour aller vous faire tuer, n'est-ce pas?

M. DE BRUCHSAL.

Eh! non...

MICHEL.

Vous en mourez d'envie, je le vois!...

M. DE BRUCHSAL.

Du tout; au contraire...

MICHEL, suppliant.

Monsieur, Monsieur, je vous le demande à genoux.

M. DE BRUCHSAL.

Tais-toi donc, bourreau!... Voici quelqu'un... Dieu! serait-ce ma femme?...

(Mathilde entre.)

SCÈNE XII.

Les précédens, MATHILDE, sortant de sa chambre; elle est en toilette du soir, robe blanche croisée, sans garniture, coiffure très simple en cheveux, petit fichu de gaze.

(A l'entrée de Mathilde, M. de Bruchsal s'éloigne, et va s'asseoir sur un fauteuil, auprès de la porte du cabinet à gauche.)

MATHILDE, à part, regardant M. de Bruchsal.

Le voici! ah! mon Dieu! je n'aurai jamais le courage... cependant, après ce que je viens d'apprendre, il le faut bien; car il n'y a que moi qui puisse obtenir la grâce d'Alphonse; et puis, ce qui me rassure, c'est que mon mari est là.

M. DE BRUCHSAL, à part, et un peu embarrassé.

Je ne sais trop comment débuter, ni comment entrer en ménage; commençons par me fâcher, ça me servira de contenance. (Haut et s'approchant.) Hum! hum!

MATHILDE, à part.

Comme il a l'air méchant!

M. DE BRUCHSAL, la regardant de près, et à part.

Ah! diable! c'est qu'elle est fort jolie!

MICHEL, à part.

Comme il la regarde!

M. DE BRUCHSAL, à Michel, qui est à sa gauche.

N'est-ce pas, Michel, qu'elle est fort bien?

MICHEL, de mauvaise humeur.

Qu'est-ce que ça fait? il s'agit bien de cela; je vous demande de quoi Monsieur va s'occuper dans un pareil moment?

M. DE BRUCHSAL, à Mathilde.

C'est moi que vous cherchiez, Madame?

MATHILDE, tremblant.

Oui, Monsieur.

MICHEL.

Voilà le coup de grâce.

M. DE BRUCHSAL, à part.

Au moins, je ne puis pas me plaindre, ils m'ont choisi une petite femme charmante... (A Michel.) Va te coucher, mon ami.

MICHEL, bas.

Monsieur, je n'ose pas; vous irez vous battre avec l'autre.

LE VIEUX MARI.

M. DE BRUCHSAL.

Est-ce que j'y pense? (regardant Mathilde.) et maintenant moins que jamais; laisse-nous.

MICHEL, à part.

Je ne peux pas m'y décider.

Air : La voilà, de frayeur. (de Léonide.)

ENSEMBLE.

MATHILDE.

Quel moment ! quel effroi !
Son regard m'inquiète ;
Quelle frayeur secrète
Vient s'emparer de moi ?

M. DE BRUCHSAL.

Bonne nuit, laisse-moi...

(Regardant Mathilde)

Quelle grâce parfaite !...
Et quelle ardeur secrète
M'agite malgré moi ?

MICHEL.

Bonne nuit... quel effroi
Me trouble, m'inquiète ?
Quelle frayeur secrète !,..
Je tremble, non pour moi.

MICHEL.

Faut-il encor que je demeure ?...
Monsieur n'a plus besoin de moi ?...

M. DE BRUCHSAL.

Non, demain... pas de trop bonne heure...

MICHEL, à part.

De chagrin j'en mourrai, je crois ;
Qui, moi, son fidèle acolyte ,
Sans frémir je n'y puis songer ,

ACTE II, SCÈNE XIII.

C'est dans le moment du danger
Qu'il faut, hélas! que je le quitte.

ENSEMBLE.

MATHILDE.

Quel moment! quel effroi! etc.

M. DE BRUCHSAL.

Bonne nuit, laisse-moi... etc.

MICHEL.

Bonne nuit... quel effroi, etc.

(Michel entre dans l'appartement à gauche.)

SCÈNE XIII.

MATHILDE, M. DE BRUCHSAL.

M. DE BRUCHSAL.

Ne trouvez-vous pas, Madame, que c'est une situation assez singulière que la nôtre? et quand je vois cet air de candeur et de modestie... peut-être vous a-t-on mariée, comme moi, sans que vous le sachiez, sans que vous vous en doutiez; cela peut arriver; j'en ai la preuve...

MATHILDE.

En vérité, Monsieur, vos doutes commencent à m'embarrasser beaucoup; ce mariage a été si bizarre, si précipité... je n'ai vu mon mari que fort peu. Et si je me suis trompée, jugez-en vous-même. Un vieillard se présente chez mon tuteur, il se nommait M. de Bruchsal, aimable, plein d'esprit... tout le monde était séduit par ses manières douces et prévenantes; on m'ordonne de l'épouser, je m'y résignai sans peine. Voilà tout ce que je puis vous dire.

M. DE BRUCHSAL.

Et ce vieillard, c'était moi?

MATHILDE.

C'était la même bonté dans les regards, la même indulgence, la même douceur...

M. DE BRUCHSAL, s'emportant.

Corbleu!...

MATHILDE, effrayée.

Ah! par exemple, il ne se fâchait jamais, Monsieur; et maintenant, à la manière dont vous me regardez, il me semble que ce n'est plus lui.

M. DE BRUCHSAL, s'arrêtant.

Diable! n'allons pas détruire la bonne opinion que l'on a de moi; car je commence à trouver l'aventure charmante. (Haut.) Je ne me fâche pas non plus; au contraire, je suis enchanté d'avoir pu vous plaire ainsi à mon insu. Mais je cherche comment j'ai pu y parvenir; j'avoue que ça m'étonne; et pour qu'une jeune personne se résigne à passer sa vie près de moi...

MATHILDE, s'oubliant.

Ah! c'est mon plus cher désir.

M. DE BRUCHSAL, l'observant.

Même à présent?

MATHILDE.

Plus que jamais!

Air: Pour le trouver, j'arrive en Allemagne (d'Yelva).

J'y vois pour moi tant d'avantage...
Des conseils d'un ami prudent

ACTE II, SCÈNE XIII.

On a grand besoin à mon âge...
Le monde est, dit-on, si méchant...
Pour marcher seule en ce monde perfide,
Je suis si jeune...

M. DE BRUCHSAL.

Et moi si vieux...

MATHILDE.

Eh bien !
Désormais vous serez mon guide,
Moi, je serai votre soutien !

M. DE BRUCHSAL.

Il est sûr que le mariage envisagé ainsi, comme un point d'appui, aurait bien son côté agréable. Et moi, qui avais des préventions contre lui...

MATHILDE.

Et pourquoi donc ?

M. DE BRUCHSAL.

Vous le dirai-je ? tout m'effrayait ; les embarras du ménage, cet esclavage continuel, jusqu'à ce titre de mari et de femme.

MATHILDE.

Eh ! bien, ne m'appelez pas votre femme, appelez-moi votre fille, votre pupille, votre nièce, ce que vous voudrez, pourvu que ce titre me rapproche de vous, et me permette de vous aimer.

M. DE BRUCHSAL.

Que dit-elle ?

MATHILDE.

Ainsi, du moins, je vivrai près de vous, je serai à la tête de votre maison ; ces embarras du ménage, ces soins qui vous effraient, je vous les épargnerai.

Pour que le temps vous paraisse moins long, le soir, je vous ferai des lectures, de la musique; le matin, je vous entourerai de tous ceux qui vous respectent et vous chérissent; vos vieux amis seront les miens et ils viendront souvent; car ils seront bien reçus. Heureux vous-même, vous voudrez qu'on le soit autour de vous, et, de temps en temps, nous accueillerons la jeunesse, dont les riantes idées égaieront les vôtres, et vous rappelleront vos jeunes souvenirs.

M. DE BRUCHSAL, s'animant.

Cela commence, rien qu'en vous écoutant... oui, ma chère femme...

MATHILDE.

Nous sommes convenus que vous ne me donneriez plus ce nom-là.

M. DE BRUCHSAL.

C'est que maintenant il me plaît beaucoup. Oui, vous serez maîtresse absolue; vous n'aurez qu'à commander pour être obéie.

MATHILDE, émue, et regardant du côté de son appartement.

Est-il vrai?

M. DE BRUCHSAL.

Je le jure.

MATHILDE.

Quoi! vous ne me refuserez jamais rien?

M. DE BRUCHSAL.

Jamais.

MATHILDE.

Quelle que soit la grâce que je vous demande?...

M. DE BRUCHSAL.

N'importe.

MATHILDE.

Eh, bien, il en est une que j'implore.

M. DE BRUCHSAL.

Je l'accorde d'avance ; et puisque cette jolie main est à moi... (voulant y porter les lèvres.) ne me permettrez-vous pas ?...

MATHILDE, lui prenant à lui-même la main qu'elle embrasse, et tombant à ses genoux.

Ah! Monsieur, c'est moi qui vous le demande...

M. DE BRUCHSAL, attendri.

Quoi !... que faites-vous ?... eh ! bien, me voilà tout ému. Mon enfant, ma chère enfant, relevez-vous.

(On frappe.)

SCÈNE XIV.

Les précédens, MICHEL.

MICHEL, accourant de côté, sans voir son maître.

Courez tous... dépêchez...

M. DE BRUCHSAL.

Qu'est-ce donc ?

MICHEL, le voyant.

Ah! mon Dieu !

M. DE BRUCHSAL.

Michel ! Qu'as-tu donc ? d'où vient ta frayeur ?

MICHEL.

Il n'y a pas de quoi, peut-être ?... Comment, Monsieur, vous voilà ici ? et, dans le moment où je vous parle, vous vous battez dans le jardin.

MATHILDE.

Comment?

M. DE BRUCHSAL.

Ah! tu vas recommencer!...

MICHEL.

Oui, Monsieur, vous êtes là bas, vous êtes ici, vous êtes partout : il n'y a pas de jeune homme qui ait votre activité. J'étais à la fenêtre de ma chambre, parce que je ne pouvais pas dormir; je prenais le frais en songeant aux inquiétudes que vous me donnez; voilà que tout à coup j'entends du bruit au-dessous de moi; je regarde, vous sortiez de l'appartement de madame par la terrasse...

M. DE BRUCHSAL.

Moi!...

MICHEL.

Oui, Monsieur, vous avez sauté par-dessus le balcon; le cousin est venu vous joindre, et, un moment après, l'épée à la main dans le taillis...

MATHILDE, troublée, courant à Michel.

O ciel! mon mari! il faut courir; où est-il?

MICHEL.

Eh! le voilà, devant vous.

MATHILDE.

S'il était blessé!...

MICHEL.

Vous voyez bien que non... mais j'ai eu une peur!...

MADAME DE LINSBOURG, frappant à la porte du fond.

Ouvrez, ouvrez vite!

ACTE II, SCÈNE XV.

MICHEL, effrayé.

Ah! c'est mon dernier jour!

M. DE BRUCHSAL.

Encore un évènement!

MADAME DE LINSBOURG, en dehors.

Mathilde!... mon neveu!...

MATHILDE, courant ouvrir.

C'est ma tante.

SCÈNE XV.

Les précédens, madame de LINSBOURG.

MATHILDE.

Eh bien! ma tante?

MADAME DE LINSBOURG, courant à M. de Bruchsal.

Ah! le voilà, ce cher neveu! Que je l'embrasse!
J'avais des préventions contre vous, mon cher ami;
je le confesse; mais votre conduite, votre générosité,
dans ce malheureux duel...

M. DE BRUCHSAL.

Ma générosité!...

MADAME DE LINSBOURG, à sa nièce, en s'essuyant les yeux.

Air : Ces postillons sont d'une maladresse.

C'est Olivier qui vient de m'en instruire;
Car tous les deux sont amis désormais :
Après l'avoir désarmé...

MATHILDE.

Je respire!

MADAME DE LINSBOURG.

Le vainqueur même a proposé la paix !

MICHEL, montrant son maître.

A ce trait-là, moi, je le reconnais.

MADAME DE LINSBOURG.

Mais à votre âge !... un duel !... quelle folie !... Risquer ses jours !...

M. DE BRUCHSAL.

J'étais en sûreté !
J'aurais pu même ainsi perdre la vie
Sans nuire à ma santé.

MADAME DE LINSBOURG.

Que voulez-vous dire ?

M. DE BRUCHSAL.

Vous allez le savoir. (A Mathilde.) Dites-moi, je vous prie, croyez-vous que ce soit moi qui me suis battu tout à l'heure ?

MATHILDE, hésitant.

Je ne sais.

M. DE BRUCHSAL, montrant la porte à droite.

Qui ai sauté par la fenêtre de votre chambre ?

MATHILDE, baissant les yeux.

Je ne crois pas.

MADAME DE LINSBOURG, vivement.

Qu'est-ce que j'apprends-là ? Comment ! ma nièce... Quel est l'audacieux ?

M. DE BRUCHSAL, à madame de Linsbourg.

Ah ! ne la grondez pas ! c'est ma femme, c'est moi seul que cela regarde. (A Mathilde.) Mathilde, à moi,

ACTE II, SCÈNE XV.

votre ami, ne me direz-vous pas qui était là ? dans votre appartement ?

MATHILDE, troublée.

Qui ?...

M. DE BRUCHSAL.

Vous hésitez ; manqueriez-vous déjà à votre promesse de tout à l'heure ?

MATHILDE.

Non, je les tiendrai toutes ; mais vous, Monsieur, n'oubliez pas les vôtres. Cette grâce que j'implorais, et que vous m'avez accordée d'avance, je la réclame en ce moment ; (d'un ton tout caressant) car cette personne qui vous a offensé, en usurpant votre nom, vos droits...

M. DE BRUCHSAL.

Eh bien !...

MATHILDE, tendrement.

Elle vous aime, elle vous révère, autant que moi.

M. DE BRUCHSAL.

Il y paraît !...

MATHILDE.

Elle voudrait votre bonheur...

M. DE BRUCHSAL.

Joliment !

MATHILDE.

Elle n'aspire, ainsi que moi, qu'à passer sa vie auprès de vous.

M. DE BRUCHSAL, frappé d'une idée.

Comment !... est-ce que ce serait ?... Non, non, pas possible !... Mais, achevez, je vous en prie ; son nom ?...

MATHILDE.

Vous lui pardonnerez?

M. DE BRUCHSAL, avec impatience.

Son nom?

MATHILDE, saisissant sa main.

Vous lui pardonnez, n'est-ce pas?

M. DE BRUCHSAL.

Eh bien, oui! ne fût-ce que par curiosité. Mais quel est-il enfin?

MATHILDE, voyant venir Alphonse et Olivier.

Le voici!

M. DE BRUCHSAL.

Mon neveu!...

TOUS.

Son neveu!...

SCÈNE XVI.

LES PRÉCÉDENS, ALPHONSE ET OLIVIER, SE TENANT PAR LA MAIN.

(Alphonse a repris son costume de jeune homme)

ALPHONSE, courant à son oncle.

Ah! mon cher oncle!...

M. DE BRUCHSAL.

Comment, c'est toi?... quoi! cet époux invisible, qui se marie, et qui se bat à ma place!

MADAME DE LINSBOURG.

A la bonne heure! c'est beaucoup mieux!

ACTE II, SCÈNE XVI.

M. DE BRUCHSAL.

Non, c'est très mal! c'est indigne! et je suis furieux!...

(Mathilde passe auprès de M. de Bruchsal, et cherche à le calmer.)

MICHEL.

De ce qu'il a pris votre place.

M. DE BRUCHSAL.

Non; de n'avoir pas pris la sienne, (à Mathilde) de ne pas vous avoir épousée; je m'y étais déjà habitué.

MICHEL.

Voilà qu'il a du regret à présent!...

M. DE BRUCHSAL.

Une femme si bonne, si aimable, qui aurait été à la tête de ma maison, qui, tous les soirs, m'aurait fait de la musique, pour m'endormir, voilà la femme qu'il me fallait!

MATHILDE.

C'est tout comme... puisque je ne ne vous quitterai pas.

M. DE BRUCHSAL.

Je l'espère bien, et je ne pardonne qu'à cette condition-là. Mais c'est égal, vous m'avez raccommodé avec le mariage, et c'est votre faute; si je rencontre jamais une femme pareille...

MICHEL.

Ah, mon Dieu! qu'est-ce qu'il lui prend encore?

ALPHONSE, souriant.

Je suis tranquille, mon oncle, il n'y en a pas deux comme elle.

MICHEL, bas.

Il faut l'espérer.

21

M. DE BRUCHSAL.

Hein, qu'est-ce que tu dis, Michel?

MICHEL.

Je dis, Monsieur, que votre neveu est un brave jeune homme qui nous a rendu un fameux service. Et pour vous, comme pour moi, j'aime mieux que ce soit lui... (montrant Mathilde) Madame aussi, j'en suis sûr.

CHOEUR.

Air du Coureur de veuves.

A notre }
A votre } tristesse
Qu'une douce ivresse
Succède en ce jour ;
Un destin prospère,
Par les mains d'un père,
Bénit notre }
Bénit votre } amour.

MATHILDE, au public.

Air : Si ça t'arrive encore (de ROMAGNÉSI).

O vous ! de qui dépend ici
Le destin de tous nos ouvrages,
Voici venir un vieux mari
Qui sollicite vos suffrages.
Qu'aux yeux de votre tribunal
Son âge excuse sa faiblesse ;
Et, suspendant l'arrêt fatal,
Laissez-le mourir de vieillesse.
Oui, suspendant l'arrêt fatal,
Laissez-le mourir de vieillesse.

FIN DU VIEUX-MARI.

THÉOBALD,

ou

LE RETOUR DE RUSSIE,

COMÉDIE-VAUDEVILLE,

DÉDIÉE A MADAME SOPHIE GAY.

Représentée, pour la première fois, à Paris, sur le théâtre du Gymnase dramatique, le 12 février 1829.

EN SOCIÉTÉ AVEC M. VARNER.

PERSONNAGES.

RAYMOND, docteur en médecine.
BERNARDET, substitut du procureur du roi.
THÉOBALD, jeune officier.
Madame de LORMOY.
CÉLINE, sa petite-fille.
La baronne de SAINVILLE, sa nièce.

La scène se passe à Bordeaux, dans la maison de madame de Lormoy.

M.me DE LORMOY

EH MAIS! TA MAIN EST FROIDE.....

Théobald. T. XVII.

THÉOBALD.

Le théâtre représente un salon ; porte au fond, deux portes latérales ; la porte à la droite de l'acteur est celle de l'appartement de madame de Lormoy. Sur le deuxième plan, à droite et à gauche, la porte de deux cabinets. Sur le devant de la scène, à droite, une table avec écritoire, plumes, papier et tout ce qu'il faut pour écrire.

SCÈNE PREMIÈRE.

CÉLINE, LA BARONNE, MADAME DE LORMOY, BERNARDET.

(Au lever du rideau, tout le monde est assis autour d'une table ronde placée à gauche, et sur laquelle on est en train de déjeûner. Un domestique debout derrière madame de Lormoy.)

BERNARDET, présentant une tasse.

Très peu, pour ma belle-mère.

CÉLINE.

Soyez tranquille, je sais ce qu'il lui faut.

BERNARDET.

Vous vous rappelez ce que dit le docteur : plus on est faible, moins il faut manger : et, avec ce régime-là, peu à peu l'on reprend des forces.

MADAME DE LORMOY.

Moi, qui commence à me trouver mieux, je crois

que je pourrais m'écarter un peu du régime qu'on m'a prescrit.

CÉLINE.

Ma mère, attendons le docteur.

MADAME DE LORMOY.

Mais viendra-t-il aujourd'hui ?

BERNARDET.

Je sors de chez lui; c'est le médecin de Bordeaux le plus occupé; il était sorti; mais à son retour, on nous l'enverra; ainsi, jusque-là, rien de plus que l'ordonnance. (Ils se lèvent, le laquais enlève la table, et range les fauteuils.) Oui, belle-mère, en ma qualité de substitut, je suis pour qu'on exécute les ordonnances à la rigueur.

LA BARONNE.

Oh! vous, Messieurs les magistrats, vous êtes d'une sévérité.

BERNARDET.

C'est possible, sous la toge; c'est notre état qui veut ça; moi, par exemple, je requiers tous les jours des condamnations; je suis la terreur des coupables; j'ai l'air très méchant... (A Céline.) Oui, Mademoiselle, je me fâche tous les jours; mais jamais pour mon compte, c'est toujours pour celui de la société et de la morale. Dès que j'ai déposé les foudres du ministère public, je suis l'homme le plus doux, le plus facile... je ferai un époux excellent, quand la belle-mère voudra bien le permettre; car il y a assez long-temps que je suis en instance.

MADAME DE LORMOY, à Céline.

J'en conviens, cette union était le plus cher désir

de ta mère; et je ne demanderais pas mieux, si ton frère, si mon petits-fils était ici.

BERNARDET.

Oui; mais comme il n'y est pas, comme il y a force majeure...

MADAME DE LORMOY.

Oh! il reviendra; j'en suis sûre; ne me dites pas le contraire.

BERNARDET.

M'en préserve le ciel! Mais il me semble que sa sœur pourrait toujours se marier en attendant.

CÉLINE.

Non, ma bonne maman.

Air : J'en guette un petit de mon âge.

Faut-il que mon hymen s'apprête,
Quand de nous mon frère est si loin?
Pour que ce soit un jour de fête,
Il faut qu'il en soit le témoin.
Autrement, dans la foule immense
Que d'un hymen attire la splendeur,
Loin, hélas! de voir mon bonheur,
Vous ne verriez que son absence.

BERNARDET, à part.

Je n'ai jamais vu de jeune personne aussi peu pressée de se marier.

MADAME DE LORMOY.

Songez donc qu'à chaque instant nous pouvons le voir paraître. Tous les jours, il arrive des prisonniers du fond de la Russie. N'est-ce pas, ma chère baronne?

LA BARONNE.

Oui, ma tante.

MADAME DE LORMOY

Tu y es intéressée autant que nous; toi, qui aimais ce cher Léon, qui étais sur le point de l'épouser. Ne nous disait-on pas hier, que le fils de madame de Valbelle, dont tous les journaux avaient annoncé la mort, était tout à coup revenu, au moment où l'on s'y attendait le moins?... (Voyant Céline et la baronne qui détournent la tête.) Eh bien! qu'est-ce que cela veut dire? je vois des larmes dans tes yeux.

LA BARONNE.

Non, ma tante.

MADAME DE LORMOY.

Tu sais quelque chose.

LA BARONNE.

Non, rien, absolument rien; et voilà ce qui me désole.

MADAME DE LORMOY.

Et moi, c'est ce qui me rassure sur le sort de mon petit-fils, de ton prétendu. Tant qu'il n'y a pas de nouvelles, elles peuvent être bonnes, et pourvu qu'on ne m'empêche pas d'espérer... Il y a si long-temps que j'en suis là!

BERNARDET.

Et voilà ce que je ne comprends pas, que vous, qui aimez tant votre petit-fils, vous ayez pu vivre aussi long-temps séparés; et que vous n'ayez pas trouvé quelque moyen de vous réunir.

MADAME DE LORMOY.

Et comment le vouliez-vous?

CÉLINE.

Ma mère, vous allez vous fatiguer.

SCÈNE I.

MADAME DE LORMOY.

Non, non; cela ne me fatigue jamais de parler de mes enfans. Songez donc qu'à une fatale époque, toute notre famille a été obligée de se réfugier aux colonies; et quand il fut permis à mon gendre de revoir la France, il ramena avec lui son fils Léon, qui avait alors huit ans, confiant à mes soins sa femme, trop souffrante pour le suivre, et ma petite Céline qui venait de naître.

CÉLINE, à la baronne.

Ah! mon Dieu, oui; je suis créole.

BERNARDET.

Je sais bien tout ça. Mais, plus tard, ne pouviez-vous vous rejoindre?

MADAME DE LORMOY.

Plus tard, la guerre éclata.

CÉLINE.

La route des mers nous fut fermée.

BERNARDET, à la baronne.

Je n'y pensais pas.

MADAME DE LORMOY.

Et lorsqu'après seize ans d'exil, nous sommes rentrées toutes deux en France; toutes deux (car depuis long-temps nous avions perdu sa mère), mon gendre n'existait plus, et mon petit-fils Léon venait de partir pour la Russie.

BERNARDET.

C'est vrai; cette année-là nous partions tous. Tel que vous me voyez, j'ai fourni un remplaçant. Mais au moins, belle-mère, vous avez ici une consolation ; celle de la correspondance.

CÉLINE.

Les lettres qu'il m'écrit sont si tendres, que nous nous sommes aimés tout de suite, comme si nous y avions été élevés... Et il me semble que, quand je le verrai, je le reconnaîtrai sur-le-champ.

MADAME DE LORMOY.

C'est comme moi. Je l'ai là, devant mes yeux. Je le crois, du moins ; et ce vague, cette incertitude se prêtent aux plus douces illusions de l'amour maternel. Si je rencontre un jeune homme beau, bien fait, je me dis : « Mon petit-fils doit être comme cela. » Si j'entends parler d'une belle action, d'un trait de courage, je me dis : « Voilà ce qu'aurait fait mon petit-fils. » Je me plais ainsi à le parer de tout ce qui peut le faire aimer ; et il me semble que je l'en aime davantage.

BERNARDET.

Eh bien ! que l'on dise encore que les absens ont toujours tort. (A la baronne.) Il faudra que j'en essaie.

(On entend la ritournelle de l'air suivant.)

CÉLINE.

Maman, voilà M. Raymond.

SCÈNE II.

CÉLINE, madame de LORMOY, RAYMOND,
BERNARDET, la BARONNE.

RAYMOND.

Air : Vive les amours qui toujours.

En docteur savant
Et prudent,
Je suis toujours dispos et bien portant,
Pour donner à chaque client
L'échantillon vivant
De mon talent.

MADAME DE LORMOY.

Que ne veniez-vous déjeuner ?

RAYMOND.

C'est déjà fait... (à part) je viens de me soigner ;
J'estime fort la diète, mais
Je la prescris et ne m'y mets
Jamais.

RAYMOND ET LES AUTRES.

En docteur savant
Et prudent,
Je suis } toujours dispos et bien portant,
Il est }
Pour donner à chaque client
L'échantillon vivant
De mon } talent.
De son }

BERNARDET.

On vous a dit, docteur, que j'étais passé chez vous ?

RAYMOND.

Non, vraiment. Je viens de moi-même ; car je n'étais pas rentré au logis.

BERNARDET.

Eh bien! vous y trouverez du monde. Un jeune homme de fort bonne tournure, qui vous attend avec impatience. Il vient de Montauban.

RAYMOND.

Encore une consultation.

BERNARDET.

Et quand je lui ai dit que vous ne rentreriez peut-être que pour dîner, il a dit : « J'attendrai. »

RAYMOND.

Il attendra donc jusqu'à ce soir : car je dîne chez le préfet, et d'ici là, tout mon temps est employé, des visites essentielles, des malades à l'extrémité.

Air de Partie carrée.

Avec ceux-là, j'agis en conscience ;
Je les visite autant que ça leur plaît :
Car du malade endormant la souffrance,
Notre présence est un dernier bienfait.
Oui, le docteur, par sa douce parole,
Lui rend l'espoir aux portes du trépas ;
Et c'est le moins qu'un médecin console
Ceux qu'il ne guérit pas.

CÉLINE.

Vous ne pouvez cependant pas refuser un pauvre jeune homme qui, pour vous consulter, vient de trente lieues d'ici.

BERNARDET.

En poste.

SCÈNE II.

RAYMOND.

Ah! il est en poste!

BERNARDET.

Une calèche et trois chevaux qui étaient encore à la porte, tout attelés.

RAYMOND.

Voilà qui est différent. Cela me gênera beaucoup ; mais n'importe, il faudra voir ce que c'est.

CÉLINE.

La calèche et les trois chevaux font donc quelque chose à la maladie ?

RAYMOND.

Sans doute ; cela prouve que c'est une maladie pressée, puisqu'elle prend la poste. Aujourd'hui, à cinq heures, je rentrerai chez moi exprès pour cela... (Tâtant le pouls à madame de Lormoy.) Allons, il y a du mieux ; néanmoins le pouls est un peu agité ; je trouve encore de l'émotion ; c'est qu'on vous aura parlé de votre fils.

MADAME DE LORMOY.

C'est vrai ; cela me fait tant de plaisir !

RAYMOND.

Cela vous fait aussi beaucoup de mal.

MADAME DE LORMOY.

Air : Muse des bois.

Vous ignorez combien une grand'mère
Garde d'amour pour ses petits-enfans ;
Rêve dernier, espérance dernière,
Qui dans l'hiver nous ramène au printemps.
Vieille, on revit dans le fils qu'on adore,
Et l'on se dit, par un espoir confus :

Grâce à son âge, il peut m'aimer encore
Long-temps après que je ne serai plus.

(Après ce couplet, Bernardet passe entre Céline et madame de Lormoy.)

RAYMOND.

Songez donc que vous êtes à peine convalescente d'une maladie terrible, qui a demandé tous mes soins. Encore, j'ai eu bien peur, et vous aussi, convenez-en.

MADAME DE LORMOY.

Peur de mourir! oh! non; mais j'avais peur de ne pas voir mon fils.

RAYMOND.

Ah! mon Dieu, il reviendra! il reviendra ce cher enfant que j'aime autant que vous; car c'est moi qui l'ai vu naître, et qui l'ai vacciné; et de plus, je l'ai soigné dans ses dernières blessures. Il reviendra, c'est moi qui vous en réponds, et vous serez bien surprise, un beau matin, quand je vous l'amènerai.

MADAME DE LORMOY.

Surprise! non : car je l'attends toujours. Tous les jours en me levant, je me dis : « C'est aujourd'hui que je vais voir mon fils. » (A Céline.) Tu me demandais ce matin, pourquoi je voulais me faire aussi belle? c'était pour lui.

RAYMOND.

Allons, allons, voilà que nous recommençons. Je défends qu'on en parle davantage. Vous devez fuir les émotions; vous avez surtout besoin de calme et de repos. Si vous n'êtes pas raisonnable...

CÉLINE ET BERNARDET.

Au fait, maman, il faut être raisonnable.

SCÈNE II.

MADAME DE LORMOY.

Ne me grondez pas. Je vais rentrer dans mon appartement ; je n'y recevrai personne, je n'entendrai parler de rien.

RAYMOND.

A la bonne heure.

BERNARDET, donnant le bras à madame de Lormoy.

Air du ballet de Cendrillon.

Ah ! permettez que je guide vos pas,
C'est à moi, ma belle grand'mère,
A m'acquitter de ce doux ministère,
Et comme gendre, ici, j'offre mon bras.
J'estime fort la vieillesse, et par goût
Je la fréquente et je l'honore ;
Il faut soigner nos grands parens (à part.) surtout
Quand ils ne le sont pas encore.

(Céline passe à la gauche de madame de Lormoy, et lui donne aussi le bras.)

ENSEMBLE.

BERNARDET.

Ah ! permettez que je guide vos pas, etc.

MADAME DE LORMOY.

Soyez mon guide, et soutenez mes pas,
Votre appui m'est bien nécessaire ;
Un jour viendra, qui n'est pas loin, j'espère,
Où mon Léon pourra m'offrir son bras.

CÉLINE, RAYMOND, LA BARONNE.

Avec prudence il va guider vos pas,
Son appui vous est nécessaire ;
Gendre futur, à sa bonne grand'mère,
Avec plaisir monsieur offre son bras,

(Madame de Lormoy, s'appuyant sur le bras de Bernardet, rentre dans son appartement : Céline l'accompagne.)

SCÈNE III.

CÉLINE, RAYMOND, LA BARONNE.

RAYMOND, retenant Céline, qui s'apprête à suivre madame de Lormoy.

Vous avez grand tort, ma chère enfant, de lui parler de votre frère. Il faut, en pareil cas, une prudence, des ménagemens dont nous seuls possédons le secret; car il est malheureusement trop certain que ce pauvre Léon n'existe plus.

LA BARONNE, chancelant.

C'est fait de moi!

RAYMOND.

Eh! bien, qu'est-ce donc?

CÉLINE, à Raymond.

Qu'avez-vous fait!... (A la baronne.) Sophie, Sophie, ce n'est pas vrai.

RAYMOND.

Certainement, ce n'est pas vrai. Moi, qui n'y pensais pas... devant sa cousine!... Dans cette maison-ci, on ne devrait jamais parler... Pardon, madame la baronne, je ne sais ce que je dis ; ce sont des craintes; mais sans aucune espèce de preuves.

LA BARONNE.

Vraiment?

RAYMOND.

Et puis, nous autres docteurs, nous nous trompons si souvent. J'ai eu plus de cent malades que j'ai crus morts, que j'ai abandonnés, et qui se portent à merveille, *et vice versâ*.

SCÈNE III.

LA BARONNE.

Ah! vos craintes ne sont que trop réelles. Sa dernière lettre était datée de Moscou, et depuis, n'avoir trouvé aucuns moyens d'écrire à sa famille, à celle qu'il aimait!

RAYMOND.

Est-ce que c'était possible? Toutes les communications n'étaient-elles pas interceptées? Les Hulans, les Baskirs, les Cosaques, c'est la mort aux estafettes.

LA BARONNE.

Oui, c'est possible. Je vous crois, docteur; mais c'est égal, vous m'avez fait un mal...

RAYMOND.

C'est ma faute, et je m'en accuse. C'est le résultat de cette maudite conversation. Ainsi jugez de l'effet sur votre mère.

CÉLINE, avec inquiétude.

Vous la trouvez donc bien malade?

RAYMOND.

Pas précisément : mais elle est bien faible, hors d'état de résister à une secousse un peu forte. La moindre émotion peut compromettre sa santé, et même son existence.

CÉLINE, effrayée.

Grand Dieu!

RAYMOND.

Ne vous alarmez point. Il est facile, avec des soins, des précautions... mais pour cela, il faut m'écouter toutes les deux. (A la baronne.) Vous, d'abord, faites-moi le plaisir de retourner chez vous ; car, dans ce moment, cette maison-ci ne vous vaut rien. Il faut prendre l'air, vous tranquilliser.

LA BARONNE.

Je n'ai demandé ma voiture que dans quelques heures.

RAYMOND.

La mienne est en bas, à vos ordres.

LA BARONNE.

Et vos visites ? et ce jeune homme de Montauban qui est chez vous ?

RAYMOND.

Je le verrai tantôt en rentrant. Pour mes autres visites, en attendant que vous me renvoyiez ma voiture, j'en ferai quelques-unes à pied, dans le quartier, à des cliens près de qui ma réputation est faite, et avec ceux-là, je ne suis pas obligé d'avoir équipage. (A Céline.) Vous, retournez près de votre mère; je l'ai trouvée très émue, très agitée. Je vais m'occuper de réparer le mal. Ce sera l'objet d'une ordonnance que je vais écrire pour madame de Lormoy, (à la baronne) et qui vous conviendrait aussi. Je vais prescrire quelques gouttes de mon élixir.

(Il s'assied près de la table, et écrit.)

Air de Renaud de Montauban.

Élixir anti-lacrymal,
Que j'ai composé pour l'usage
Des dames qui se trouvent mal ;
De tout Paris il obtient le suffrage...
Au théâtre il a du succès...

SCÈNE IV.

CÉLINE.

Oui, j'entends... pour les tragédies.

RAYMOND.

Non, vraiment, pour les comédies
Qu'on donne à présent aux Français.

CÉLINE ET LA BARONNE, en s'en allant.

Adieu! adieu! M. le docteur.

(La baronne sort par le fond. Céline entre dans la chambre de madame de Lormoy.)

SCÈNE IV.

RAYMOND, ASSIS PRÈS DE LA TABLE, ENSUITE THÉOBALD.

RAYMOND, continuant d'écrire.

Dépêchons-nous de rédiger notre formule, de continuer mes visites. Ce jeune homme de Montauban, qui peut-il être? le fils du préfet...

THÉOBALD, entrant par le fond, à part et sans voir Raymond.

Me voici donc arrivé chez madame de Lormoy; j'ai cru que je n'aurais jamais le courage de monter jusqu'ici; la mission que j'ai à remplir est si pénible!

RAYMOND, apercevant Théobald; mais continuant d'écrire.

Un jeune homme, un inconnu!

THÉOBALD, voyant Raymond.

Monsieur...

RAYMOND, à part

C'est à moi qu'il en veut. Peut-être une consultation, peut-être mon jeune homme de Montauban, qui s'est lassé d'attendre. (Se levant et allant vers Théobald.) Monsieur, qu'est-ce qu'il y a pour votre service?

THÉOBALD.

Je désirerais parler à madame de Lormoy.

RAYMOND, à part.

Je me trompais, ce n'est pas un malade. (Haut.) Monsieur, elle n'est point en état de vous recevoir.

THÉOBALD.

Vous croyez?

RAYMOND.

Je dois le savoir, je suis son médecin.

THÉOBALD.

Tant mieux. Je puis alors vous dire...

RAYMOND.

Je vous demande bien pardon; mais j'ai des malades qui m'attendent, et qui peut-être ne m'attendraient pas, si je restais plus long-temps. Je vais entrer chez madame de Lormoy, et vous envoyer sa fille, ou faire prévenir son gendre.

THÉOBALD, avec étonnement.

Son gendre! Est-ce que mademoiselle Céline serait mariée?

RAYMOND.

Pas encore; mais ça ne tardera pas. Tout est convenu, réglé. Il ne s'agit plus que de remplir les formalités ordinaires : et alors... vous comprenez.

THÉOBALD, avec embarras.

Parfaitement.

RAYMOND, à part.

Ce jeune homme m'a bien l'air d'un soupirant retardataire.

Air du vaudeville de Partie et Revanche.

Il avait compté sans son hôte,
   Oubliant le prix des instans ;
Pourquoi vient-il aussi tard !... c'est sa faute...
Pour les docteurs, les époux, les amans,
   Le tout est d'arriver à temps.
   Aussi, de crainte de disgrâce,
Soyez à l'heure, amans, docteurs, époux...
   Sinon, docteurs, sans vous on passe ;
Sinon, maris, l'on se passe de vous.

(Pendant le couplet de Raymond, Théobald s'est assis et paraît préoccupé ; le docteur le salue, et s'apercevant qu'il ne fait pas attention à lui, il entre chez madame de Lormoy.)

SCÈNE V.

THÉOBALD, SEUL.

Infortuné Léon! mon digne et malheureux frère d'armes! Comment m'acquitter du triste devoir que ton amitié m'a légué? Quelle émotion j'éprouve en entrant dans cette maison, au sein de cette famille, que jamais je n'ai vue, et que je connais si bien! Ce médecin, ce doit être M. Raymond. Cette jeune dame, qui montait en voiture au moment où j'entrais, ce doit être Sophie, cette veuve, cette cousine qu'il adorait. Pauvre femme!... Et Céline! et sa jeune sœur, dont nous parlions sans cesse, dont chaque jour nous relisions les lettres, dont nous aimions à contempler les traits si séduisans ; celle, enfin, qu'il me destinait, et que déjà je m'étais habitué à chérir. Elle est engagée, unie à un autre ! Le moment qui nous rapproche est celui d'une séparation éternelle. Amour, amitié, espérance! en te perdant, Léon, j'ai tout perdu. (Regardant autour de lui.) On ne vient point; tant mieux. Ce moment sera si affreux! Ces parens, cette famille désolée, comment leur dire?... Le pourrais-je jamais! Si du moins quelques mots de ma main les préparaient à cette funeste nouvelle? Oui, écrivons.

(Se mettant à la table, et écrivant.)

« Madame,

« Mon nom est Théobald. Compagnon de Léon,
« votre fils, nous servions dans le même régiment, et
« l'amitié la plus tendre nous a toujours unis. Parta-
« geant les mêmes périls, et prisonniers ensemble lors-
« de la retraite de Moscou, nous fûmes conduits dans
« le gouvernement de Tobolsk, et enfermés dans la
« forteresse de *Tioumen*, au bord de la Tura. Après
« cinq mois de la plus horrible captivité, un moyen
« d'évasion nous fut offert; mais un de nous deux
« pouvait seul en profiter. Dans sa généreuse amitié,
« Léon voulait que ce fût moi. Mais il avait une fa-
« mille qui le pleurait en France. Moi, j'étais orphelin,
« ce fut lui qui partit... » (Il cesse d'écrire.) Ah! je me rappelle encore ses derniers mots : « Si je succombe dans ma fuite, me disait-il; si, plus heureux que moi, tu revois jamais la France, va porter à ma pauvre grand'mère et à ma sœur (fouillant dans sa poche) ce portrait qu'elles m'avaient envoyé, ces lettres, et mes derniers adieux. Tâche d'en adoucir l'amertume. Ménage surtout le cœur d'une mère. Remplace-moi auprès de la mienne. Deviens son appui, celui de ma sœur. » (Posant sur la table le portrait et les lettres, et reprenant la plume.)

Ah! comment achever? comment lui dire le reste?
(Il se lève) Des fenêtres de ma prison, j'ai vu les soldats du fort tirer sur cette nacelle qui portait mon malheureux ami. Atteint du plomb mortel, je l'ai vu, tout sanglant, tomber et disparaître dans ce fleuve rapide. Ah! non, ne leur offrons point une pareille image.

Air de Lantara.

Pour leur cœur elle est trop terrible :
Différons ce coup redouté ;
Par degrés, le plus tard possible,
Apprenons-leur la vérité,
Apprenons-leur la triste vérité.
Oui, dans le doute où les tient son absence,
D'un songe heureux éprouvant les bienfaits,
Ils dorment tous bercés par l'espérance ;
Ah! puissent-ils ne s'éveiller jamais!

(Il prend sa lettre qu'il ploie et qu'il tient à la main au moment où Bernardet entre.)

SCÈNE VI.

THÉOBALD, BERNARDET.

BERNARDET, entrant par le fond, et parlant à un domestique.

Un monsieur, dis-tu, qui désire me parler?...
(Voyant Théobald.) C'est lui, sans doute.

THÉOBALD.

Pardon, Monsieur, j'avais demandé à voir madame de Lormoy.

BERNARDET.

Ma belle-mère?

THÉOBALD, à part.

Sa belle-mère! C'est donc lui?

BERNARDET.

Impossible, dans ce moment elle ne reçoit pas.

THÉOBALD.

C'est ce qu'on m'a dit. Mais je voudrais seulement lui faire parvenir cette lettre que j'ai à peine achevée.

BERNARDET.

Une lettre... permettez... S'il s'agit d'affaires, nous ne pouvons pas prendre sur nous. Le docteur l'a défendu. Elle est si faible en ce moment, que la moindre émotion pénible lui ferait un mal affreux.

THÉOBALD, avec intérêt.

Vraiment!

BERNARDET.

Le moral est si affecté depuis l'éloignement de son fils. Le docteur prétend même qu'une secousse violente, ce que nous appelons un contre-coup, une révolution, la tuerait net, comme un coup de foudre.

THÉOBALD.

Que me dites-vous là? Je n'insiste plus pour que vous lui remettiez cette lettre. Il vaut mieux attendre un autre moment, et lui parler moi-même. Ce que j'ai à lui confier demande tant de ménagemens, tant de précautions! Et croyez, Monsieur, que je ne voudrais pas...

BERNARDET.

J'en suis persuadé. Mais dès qu'il s'agit de précautions adroites, en magistrat prudent, ne puis-je savoir?...

SCÈNE VII.

THÉOBALD.

Daignez lui apprendre seulement qu'un officier qui arrive de Russie lui demande, plus tard, un moment d'entretien.

BERNARDET.

Vous arrivez de Russie! Vous avez vu Léon; vous apportez de ses nouvelles?

THÉOBALD.

Pas un mot de plus, je vous en prie.

BERNARDET.

C'est différent. Elle sera trop heureuse de vous voir. *(On entend une sonnette dans l'appartement de madame de Lormoy.)* Je crois l'entendre. Entrez là un moment *(lui montrant le cabinet à gauche de l'acteur)* ; seulement le temps de la prévenir.

THÉOBALD, entrant dans le cabinet.

Oui, Monsieur, oui, j'attendrai... Pauvre famille!

SCÈNE VII.

BERNARDET, SEUL, LE REGARDANT.

Il y a du mystère... il y en a... Et pour nous autres qui avons l'habitude d'en trouver partout... *(Il s'approche de la table.)* Moi, d'abord, il ne me faut qu'un rien, un indice... Et ce jeune homme, cet air ému... *(Il aperçoit le portrait et le paquet de lettres que Théobald a laissés sur la table.)* Quel est ce portrait?... celui de mademoiselle Céline... *(Regardant les lettres.)* L'écriture de ma prétendue... celle de ma belle-mère... *(Il en prend une dont il lit l'adresse.)* « A

« M. Léon, capitaine au 6ᵉ de hussards, quartier-
« général de la grande armée. » C'est lui, c'est mon
beau-frère ! c'est M. Léon.

SCÈNE VIII.

CÉLINE, madame de LORMOY, BERNARDET, ensuite THÉOBALD.

MADAME DE LORMOY, qui est entrée avec Céline, sur les derniers mots de Bernardet.

Mon fils !... qui a parlé de mon fils ?... C'est vous, Bernardet ?

BERNARDET.

Oui, belle-mère ; oui, c'est moi qui, grâce au ciel, espère bientôt être votre gendre.

MADAME DE LORMOY.

Que dites-vous ?

BERNARDET.

Je dis que, si vous voulez être bien raisonnable, on a peut-être de bonnes nouvelles à vous apprendre.

MADAME DE LORMOY ET CÉLINE.

Il serait possible ?

BERNARDET.

Mais pour cela, il faut me promettre de ne pas avoir d'émotion.

MADAME DE LORMOY.

Je n'en ai pas, je n'en ai pas, je vous le jure... Le bonheur ne me fait pas de mal ; au contraire.

BERNARDET, leur montrant le portrait et les lettres.

Eh bien, connaissez-vous ce portrait, ces lettres ?

SCÈNE VIII.

CÉLINE.

Celles que j'écrivais à mon frère.

MADAME DE LORMOY.

A mon fils...

BERNARDET.

Air des Deux Journées.

Et que diriez-vous maintenant,
Si je pouvais... ce cher enfant,
A vos regards le faire ici paraître ?

MADAME DE LORMOY.

Que dites-vous ?

CÉLINE.

Où peut-il être ?

MADAME DE LORMOY.

Je le verrais... ne me trompez-vous pas ?

BERNARDET.

Qui, moi ?

MADAME DE LORMOY.

Ne me trompez-vous pas ?
Je verrais mon fils dans mes bras !

CÉLINE.

Mon frère serait dans nos bras !
Ah Dieu ! ne me trompez-vous pas ?

BERNARDET, se tournant du côté du cabinet.

Venez, venez donc dans leurs bras,
Léon, venez donc dans leurs bras.

(Madame de Lormoy et Céline entrent dans le cabinet, et en sortent un instant après avec Théobald qu'elles pressent dans leurs bras.)

MADAME DE LORMOY, CÉLINE, BERNARDET.

O céleste Providence !
Que je bénis tes bienfaits !

Plus de crainte, plus de regrets!...
O ciel, que je bénis tes bienfaits!

THÉOBALD.

O ciel! quel embarras!...
Comment les détromper, hélas!

MADAME DE LORMOY.

C'est toi, c'est bien toi. Le ciel a exaucé ma prière.
Je ne mourrai donc pas sans t'avoir vu.

BERNARDET.

Et à qui le devez-vous? C'est à moi.

THÉOBALD.

Je crains... je tremble... qu'une telle surprise...

MADAME DE LORMOY.

Non, je le disais tout à l'heure; et je l'éprouve
maintenant, la joie ne fait pas de mal, c'est le chagrin, c'est la douleur qui vous tue.

THÉOBALD, à part.

Grand Dieu!

CÉLINE.

Pauvre frère! Sa main tremble dans la mienne.

THÉOBALD.

Je suis confus de tant de bontés.

CÉLINE.

Oh! tu en verras bien d'autres.

Air : Ces postillons,

Après une si longue absence,
Il faudra bien t'y soumettre, entends-tu?
Car mon cœur s'est promis d'avance
De réparer le temps qu'il a perdu...
A cet égard il tiendra ses promesses;
Pendant quinze ans, loin de toi, je t'aimais...

SCÈNE VIII.

Et je te dois pour quinze ans de caresses,
Avec les intérêts.

(Elle passe auprès de sa mère, à droite.)

THÉOBALD, à part.

Si elle savait...

BERNARDET.

Ah ça, il faut fêter le retour de Léon, donner un dîner de famille. Beaucoup de monde, de la joie, du bruit : ça distrait, ça occupe, ça empêche d'être trop heureux. Il vous faut cela.

MADAME DE LORMOY.

C'est que je ne suis guère en état de donner des ordres.

BERNARDET.

Comme beau-frère, je m'en charge. Je ne veux rien épargner. L'enfant prodigue est de retour; il faut tuer le... Cela me regarde. Je me mettrai en quatre, s'il le faut.

THÉOBALD, à part.

C'est cela! pour que la nouvelle se répande dans toute la ville. Comment faire? A qui me confier?... Ah! le médecin que j'ai vu ici...

MADAME DE LORMOY.

Qu'as-tu donc?

THÉOBALD, troublé.

Rien... Mais votre ancien ami... le docteur Raymond...

CÉLINE.

Qui ce matin encore nous parlait de toi?

THÉOBALD.

Je désirerais le voir pour une importante affaire

dont on m'a chargé, et qui ne souffre point de retard.

MADAME DE LORMOY.

Demain, il viendra à son heure ordinaire, l'heure de sa visite.

THÉOBALD.

Oui, mais auparavant, je voudrais qu'il eût cette lettre, à laquelle je vais ajouter quelques mots.

(Il va s'asseoir à la table, et écrit.)

CÉLINE.

N'est-ce que cela? sois tranquille, il la recevra aujourd'hui à cinq heures, car il nous a dit qu'il rentrerait à cette heure-là. (A Bernardet.) Vous vous rappelez bien?

BERNARDET.

Oui, vraiment; et, pour plus de sûreté, je me charge de la faire remettre chez lui.

MADAME DE LORMOY.

Et en même temps, (prenant Bernardet à part, à gauche du théâtre, pendant que Théobald écrit à la table à droite) passez chez ma nièce, chez cette pauvre baronne. Dites-lui que j'ai besoin d'elle; qu'elle vienne... Mais, je vous en supplie, pas un mot sur Léon. Ne lui parlez pas du bonheur qui l'attend. Je veux jouir de sa surprise.

BERNARDET.

Vous avez raison, ce sera charmant!

MADAME DE LORMOY.

Et mon fils, qui doit la croire à Paris! qui ne sait pas qu'elle nous a suivis! Je pourrai lui rendre le bonheur qu'il vient de me causer.

SCÈNE VIII.

BERNARDET, à demi-voix.

Soyez tranquille, c'est dit... (Haut.) M. Léon a fini ses dépêches ?

Air de la walse de Robin des Bois.

Je vais porter la lettre à son adresse...

(Bas à madame de Lormoy.)

Puis, m'acquittant d'un emploi délicat,
Sans lui rien dire, avertir votre nièce :
On est discret quand on est magistrat.
Puis, reprenant ma course diligente,
Pour le repas je vais tout ordonner,
Car la justice, hélas ! qu'on dit si lente,
Ne l'est jamais alors qu'il faut dîner.

(Théobald lui donne la lettre.)

ENSEMBLE.

Je vais porter la lettre à son adresse, etc.

MADAME DE LORMOY.

Allez porter la lettre à son adresse,
Puis, remplissant un devoir délicat,
De notre part, avertissez ma nièce ;
Soyez discret... vous êtes magistrat.

CÉLINE.

Il va porter la lettre à son adresse,
Il était temps vraiment qu'il s'en allât ;
Il me gênait... pour Léon, ma tendresse
Craint d'éclater devant un magistrat.

THÉOBALD.

Oui, le docteur, qui connaît sa faiblesse,
Peut seul, hélas ! éviter un éclat,
Et sans danger, détrompant leur tendresse,
Pour moi remplir un devoir délicat.

(Bernardet sort.)

SCÈNE IX.

THÉOBALD, madame de LORMOY, CÉLINE.

MADAME DE LORMOY.

Il nous laisse : je n'en suis pas fâchée. Je suis avare de ta vue, et j'avais besoin d'en jouir seule.

CÉLINE, souriant.

Avec moi cependant, car j'en veux aussi. (Elle passe à la droite de Théobald.) Allons, mon frère, place toi entre nous deux. Il faut absolument que tu te partages.

THÉOBALD, à part.

Je suis au supplice !

MADAME DE LORMOY.

Tu nous raconteras tout ce que tu as fait, tout ce que tu as souffert.

CÉLINE.

Nous avons tant de choses à lui demander, et tant de choses à lui dire, moi, surtout. Si tu savais combien de fois je t'ai désiré ! Je me disais : « Si mon frère était près de moi, ce serait un confident, un ami, je n'aurais plus de chagrins ! »

MADAME DE LORMOY.

Comment ?

CÉLINE.

Je sais bien, maman, que vous êtes là : mais ce n'est pas la même chose. On a toujours, au fond du cœur, des idées, des secrets, qu'on n'ose dire à personne qu'à soi-même, ou à son frère. Aussi que de confidences je te gardais, à commencer par ce mariage!

THÉOBALD.

Ce mariage!...

MADAME DE LORMOY.

Est-ce que, par hasard ?...

CÉLINE.

Non, maman, non; ce n'est rien. Je dirai cela à mon frère, en secret, et puis il te le dira de même.

MADAME DE LORMOY, souriant.

Tu as raison; c'est bien différent. Mes enfans, je me sens un peu fatiguée.

THÉOBALD, qui a été chercher un fauteuil.

De grâce, reposez-vous.

MADAME DE LORMOY.

Merci, mon fils. Mais ne me quittez pas. Asseyez-vous auprès de moi. Léon, donne-moi ta main. (Théobald s'assied auprès de madame de Lormoy, à sa gauche.) Me voilà tranquille, tu ne m'échapperas pas.

CÉLINE, qui est debout à la droite de madame de Lormoy.

Oh! il n'a plus envie de nous quitter. (A Théobald.) N'est-ce pas?

THÉOBALD, regardant tendrement Céline.

Non; c'est impossible une fois que l'on vous a vue.

CÉLINE.

Ne voilà-t-il pas qu'il fait le galant! C'est beau dans un frère, parce qu'on dit que c'est rare... Mais regardez donc, maman, comme il est bien! Ce n'est pas pour lui faire un compliment, mais il est bien mieux encore que je ne le croyais.

MADAME DE LORMOY.

Vraiment!

CÉLINE.

Oui; je m'étais imaginé un frère, un bon enfant, qui me sauterait au cou, et m'embrasserait sans faire attention à moi, tandis que Léon a quelque chose de si aimable, de si expressif... Rien qu'à la manière dont il me regarde... (Théobald, qui la regardait, détourne la tête.) Il ne faut pas que cela t'empêche. Il y a dans ses yeux je ne sais quoi de tendre et de mélancolique qui va là... Ah! que c'est gentil, un frère!

MADAME DE LORMOY, qui a commencé à fermer les yeux, s'étendant sur son fauteuil.

Allons, cause un peu avec ta sœur... Que je ne vous gêne pas.

CÉLINE.

Merci, maman, nous allons user de la permission.

MADAME DE LORMOY, s'endormant.

Il est si doux de pouvoir ouvrir son cœur, et de...

CÉLINE, à Théobald.

AIR: Garde à vous (de LA FIANCÉE.)

Taisons-nous. (*bis.*)
Je crois qu'elle sommeille:
Que rien ne la réveille;
De son repos jaloux,
    Taisons-nous. (*ter.*)
J'en suis sûre d'avance,
C'est à toi qu'elle pense:
Que son sommeil est doux!
Pas de bruit... taisons-nous.

ENSEMBLE.

THÉOBALD.

Oui, faisons, faisons silence:

SCÈNE IX.

Serait-ce à moi qu'elle pense ?
Taisons-nous.
Que son sommeil est doux !
Taisons-nous.

CÉLINE.

Taisons-nous,
Taisons-nous,
Taisons-nous.

DEUXIÈME COUPLET.

THÉOBALD, se levant, et à part.

Taisons-nous. (*bis.*)
Comment près de sa mère
Éclaircir le mystère
Qui les abuse tous ?
Taisons-nous. (*ter.*)
Oui, l'amour, la prudence,
M'obligent au silence :
Pour leur bonheur à tous,
Il le faut, taisons-nous.

ENSEMBLE.

THÉOBALD.

L'amour, la prudence,
Nous obligent au silence ;
Taisons-nous.
Pour leur bonheur à tous,
Taisons-nous.

(Il se rassied.)

CÉLINE.

Taisons-nous.
Taisons-nous.
Taisons-nous.

CÉLINE, se rapprochant de Théobald. Ils sont assis sur le devant de la scène ; madame de Lormoy, endormie, se trouve presque cachée par eux.

Tu sauras donc que ce grand secret dont je voulais te parler...

THÉOBALD, à part.

Je ne sais si je dois...

CÉLINE.

Tu me gronderas peut-être; mais c'est égal... Tu as vu ce M. Bernardet, qu'on me destine...

THÉOBALD.

Eh bien!

CÉLINE.

Maman est si faible et si souffrante, que je n'ai jamais osé lui donner la moindre contrariété. Mais la vérité est que ce prétendu-là, je ne l'aime pas du tout.

THÉOBALD, avec joie.

Vraiment!

CÉLINE.

Cela ne te fâche pas... J'ai tâché d'abord... je me suis donné un mal... Quand j'ai vu que je ne pouvais pas y parvenir, je me suis raisonné; je me suis dit : « Je ferai comme tant d'autres, je l'épouserai sans l'aimer. » Et cela me coûtait beaucoup; car tu sauras... mais tu n'en diras rien, au moins... (Elle se lève, passe derrière le fauteuil de madame de Lormoy, va auprès de Théobald, et tous deux s'avancent sur le devant du théâtre, à la gauche de madame de Lormoy.) Je crois... j'ai idée... que peut-être j'en aime un autre.

THÉOBALD, après avoir fait un mouvement de dépit.

O ciel!... Et quel est celui que vous préférez?

CÉLINE, d'un ton mystérieux.

Un inconnu.

THÉOBALD.

Un inconnu!

CÉLINE.

Ah! mon Dieu! oui. Et cela ne doit pas t'étonner.

SCÈNE IX.

Nous autres demoiselles, avant que le prétendu qu'on nous destine se présente, nous nous en créons un à notre manière. C'est toujours un beau jeune homme, bien fait, tendre, spirituel; presque toujours un militaire, brun ou blond; cela dépend. J'en étais à choisir la couleur, lorsque nous avons reçu ta première lettre. Tu nous y parlais d'un de tes compagnons d'armes : celui qui t'avait sauvé la vie à Smolensk; un modèle accompli de bravoure, d'esprit et de grâce. La peinture que tu nous en traçais était si séduisante!...

AIR : Et voilà tout ce que j'en sais (de LÉOCADIE).

Cédant à la reconnaissance,
Je l'ai d'abord aimé pour toi ;
Puis, grâce à ta correspondance,
Je l'ai bientôt aimé pour moi... (*bis.*)
Maintenant, quelle différence !

THÉOBALD.

O ciel !

CÉLINE.

Quand je pense aujourd'hui
A son mérite, à sa vaillance,
Je crains bien de l'aimer pour lui.
A son mérite quand je pense,
Je crains bien de l'aimer pour lui,

Voyons, Léon, parle-moi franchement : est-il aussi bien, aussi aimable que tu me l'as dit ?

THÉOBALD.

Mais...

CÉLINE.

Vous hésitez, Monsieur ; c'est un mauvais signe.

THÉOBALD, troublé.

Malheureusement pour lui, cela dépend peut-être de l'idée que vous vous en faites... Comment voudriez-vous qu'il fût?

CÉLINE, tendrement.

Comme toi.

THÉOBALD, vivement.

Serait-il vrai?

CÉLINE, passant à la droite de madame de Lormoy, tandis que Théobald reste toujours à la gauche, en reprenant sa place sur la chaise.

Tais-toi, elle va se réveiller.

MADAME DE LORMOY, endormie.

Mon fils! mon fils!

CÉLINE, qui a repris sa place auprès de sa mère.

Non, elle rêve. Elle est toujours avec toi. Elle est si heureuse avec son fils!

THÉOBALD, à part.

Ah! ce bonheur n'est qu'un songe!

CÉLINE.

Qu'est-ce que tu dis?... A quoi penses-tu?...
(Elle se lève, et passe à la gauche de Théobald, qui est toujours assis.)
Au lieu de me regarder, tu détournes la tête. Tu te parles tout seul, au lieu de me dire des choses agréables.

THÉOBALD.

Si vous saviez la contrainte que j'éprouve.

CÉLINE.

C'est ta faute. Pourquoi cette contrainte? Fais comme moi. Je n'aime pas à aimer seule; et, pour commencer, j'exige que tu me tutoies.

THÉOBALD.

Comment, vous voulez?...

SCÈNE IX.

CÉLINE.

Absolument. Sans cela, je me fâche, et je ne réponds pas.

THÉOBALD.

Eh bien! j'obéirai, Céline. Mais souvenez-vous... (Céline lui tourne le dos.) Souviens-toi...

CÉLINE.

A la bonne heure! j'aime qu'on soit docile. Cela mérite une récompense : (l'embrassant) la voilà... En vérité, je crois que tu t'éloignes? Ne dirait-on pas que je t'effraie?

THÉOBALD, à part.

Je n'y tiens plus. Il faut tout lui avouer... (Haut.) Céline...

(Il se lève.)

CÉLINE.

Quoi ?

THÉOBALD.

Je voudrais te parler.

CÉLINE.

Parle.

THÉOBALD.

Mais il ne faut pas que ta mère puisse m'entendre.

CÉLINE.

Eh bien! ce soir, quand tu l'auras embrassée, quand elle se sera retirée dans son appartement, viens dans le mien. C'est un bon moyen, nous serons seuls.

THÉOBALD.

Non. Cela ne se peut.

CÉLINE.

Pourquoi donc?... (Regardant madame de Lormoy,) Eh bien! elle dort : dis-moi tout de suite...

THÉOBALD.

Je ne puis... je n'oserai jamais. Il y va de ce que j'ai de plus cher au monde.

CÉLINE.

O ciel! il s'agit de la baronne, de ma cousine qui t'aime tant... Est-ce que, par hasard, vous ne l'aimeriez plus?

THÉOBALD.

Que dis-tu?

CÉLINE.

Chut! la voilà qui se réveille : mais je ne renonce pas à ton secret; j'ai une envie de le connaître!... je viendrai te rejoindre ici, dès que je le pourrai.

THÉOBALD.

J'attendrai.

MADAME DE LORMOY, appelant d'une voix faible.

Léon!... (Théobald et Céline prennent place à côté de madame de Lormoy, mais Théobald se trouve placé à sa droite, et Céline à sa gauche. Madame de Lormoy, en s'éveillant, porte ses yeux sur le fauteuil qu'occupait Théobald; elle paraît surprise de ne pas le voir d'abord; mais, en se retournant, elle l'aperçoit à sa droite, et lui prenant la main:) Qu'il est doux de te retrouver là, au réveil, avec ta sœur... (A Céline, qui est restée debout.) Céline, est-ce que ton futur n'est pas rentré?

CÉLINE, avec indifférence.

Je ne sais. Il avait tant d'ordres à donner pour ce dîner, pour cette soirée!

SCÈNE IX.

MADAME DE LORMOY, se levant.

C'est vrai, le retour de mon fils est un jour de fête, et nous allons avoir tous nos amis. Je ne puis les recevoir en négligé du matin... Ma fille, tu vas m'aider.

CÉLINE.

Air de la Walse des Comédiens.

Quoi, vous parer, quelle coquetterie !
Ma grand'maman, à quoi bon de tels soins ?
De vingt-cinq ans vous semblez rajeunie.

MADAME DE LORMOY.

C'est qu'à présent j'ai des chagrins de moins.
De tous mes maux enfin voici le terme...

(Faisant quelques pas vers Théobald, qui s'est un peu éloigné d'elle.)
Et de longs jours me sont encor promis.

CÉLINE.

Oui, vous marchez déjà d'un pas plus ferme.

MADAME DE LORMOY, montrant Théobald et Céline, dont elle prend le bras.

C'est qu'à présent j'ai là mes deux appuis.

ENSEMBLE.

A ma toilette en ce jour, chère amie,
J'ai résolu de donner quelques soins ;
De vingt-cinq ans je me sens rajeunie,
C'est qu'à présent j'ai des chagrins de moins.

CÉLINE.

Quoi ! vous parer... quelle coquetterie !
Ma grand'maman, à quoi bon de tels soins ?
De vingt-cinq ans vous semblez rajeunie,
Car vous avez tous vos chagrins de moins.

THÉOBALD.

De leur malheur quand j'ai l'ame remplie,

De leur transport mes yeux sont les témoins ;
Tu crois avoir, ô famille chérie !
Un fils de plus et des chagrins de moins.

(Madame de Lormoy rentre dans son appartement, accompagné de Céline, qui, de la main, fait signe à Théobald de rester là, et qu'elle va venir le retrouver.)

SCÈNE X.

THÉOBALD, SEUL.

Ah! je n'y peux plus tenir. En les abusant ainsi, en prolongeant leur erreur, n'est-ce pas devenir coupable? Oui, il y va de mon honneur, de mon repos. Chaque regard de Céline, chaque instant que je passe près d'elle augmente un amour que je voudrais en vain me cacher. Il faut détruire une illusion qui m'est bien chère. Hâtons-nous ; car bientôt je n'en aurais plus la force... On vient : n'est-ce pas le docteur !... Non, c'est mon rival.

SCÈNE XI.

BERNARDET, THÉOBALD.

BERNARDET, entrant par le fond.

J'espère que l'on sera content de l'ordonnance de la fête. J'ai invité, je crois, toute la ville.

THÉOBALD, à part.

J'en étais sûr... (Haut à Bernardet.) Je vous demande pardon de la peine que je vous donne.

SCÈNE XI.

BERNARDET.

Laissez donc, entre beaux-frères... Quand je dis beaux-frères, c'est moi qui suis dans mon tort, parce qu'avant tout, les formalités d'usage. Dans la magistrature, nous sommes à cheval sur le cérémonial et l'étiquette.

(Il met ses gants.)

THÉOBALD.

Que faites-vous ?

BERNARDET.

Mon devoir... (Gravement.) Monsieur, mon nom est Bernardet. Ma famille s'est long-temps distinguée dans la robe. J'ai un peu de figure, de la fortune, de l'éloquence, une réputation qui s'augmente à chaque cour d'assises. Pour l'esprit, je n'en parle pas, parce qu'à présent tout le monde en a au Palais, jusqu'aux greffiers. D'après ces considérans, je conclus à ce que vous daigniez regarder comme bonnes et valables les promesses qu'on m'a déjà faites. Et c'est à vous, Monsieur, comme chef de la famille, que je viens demander officiellement la main de mademoiselle votre sœur.

THÉOBALD.

A moi, Monsieur, à moi ? (A part.) Quelle situation !

BERNARDET.

C'est de vous que cela dépend maintenant. Votre grand'mère me l'a répété plus de vingt fois; et je ne doute point de votre consentement.

THÉOBALD.

Mon consentement. C'est ce qui vous trompe.

BERNARDET.

Comment! vous refusez?

THÉOBALD.

Oui, Monsieur. Il est des motifs.

BERNARDET.

Et quels sont-ils?

THÉOBALD.

C'est que Céline... (A part.) Allons, je lui rendrai du moins ce service... (Haut.) C'est que Céline, c'est que ma sœur, tout en rendant justice à votre mérite, n'en est encore qu'à l'estime.

BERNARDET, d'un ton suffisant.

Vous croyez? Eh bien! vous êtes dans l'erreur.

THÉOBALD, vivement.

Que dites-vous?

BERNARDET.

Que je suis sûr de mon fait... que je suis sûr d'être aimé. Sans cela, je serais le premier à refuser.

THÉOBALD, avec joie.

Vraiment?

BERNARDET.

Dans notre profession, il faut croire à l'amour de sa femme.

Air de Turenne.

Pour parler avec éloquence,
Pour avoir la tête aux débats,
Il faut, pendant qu'on est à l'audience,
Être sûr que sa femme, hélas!
De son côté n'en donne pas.
Oui, régner seul et sans partage,
Voilà les plans qu'en hymen j'ai conçus...

Moi, qui déjà suis dans les substituts,
Je n'en veux pas dans mon ménage.

THÉOBALD.

Je comprends.

BERNARDET.

Aussi, je vous répète que si mademoiselle Céline ne m'aime pas, je me mets moi-même hors de cause... Mais je l'entends, vous pouvez l'interpeller devant moi.

SCÈNE XII.

BERNARDET, CÉLINE, THÉOBALD.

CÉLINE.

Mon frère, mon frère. Je suis parvenue à m'échapper, et j'arrive toujours courant. Aussi, sens mon cœur, comme il bat! *(Théobald retire sa main.)* N'as-tu pas peur?... Et puis tu ne sais pas une surprise que ma mère veut te faire? une chaîne de mes cheveux qu'elle a tressée elle-même, et qu'elle veut te donner. Ça te fera plaisir, n'est-ce pas?... Eh bien, Monsieur, répondez donc... On dit : « Ma petite sœur, ah! que je te remercie; ça ne me quittera jamais... » Dieu! que c'est froid un frère! ça vous regarde à peine. Moi, je te dévore des yeux. Je t'embrasserais toute la journée; mais je me retiens, parce que je crains de te contrarier.

BERNARDET.

Ah! si j'étais à sa place!...

CÉLINE, regardant Bernardet.

Hein !... quoi donc?

BERNARDET.

Je dis... que, si j'étais à sa place... je me laisserais faire.

CÉLINE, à Théobald.

Ah ça, je t'ai dit mon secret, tu vas me dire le tien; car je brûle d'impatience.

THÉOBALD, bas à Céline.

Nous ne sommes pas seuls.

CÉLINE, regardant Bernardet.

C'est juste. (Bas à Théobald.) Je vais t'en débarrasser. (Haut à Bernardet.) M. Bernardet...

BERNARDET, d'un ton aimable et riant.

Mademoiselle, qu'est-ce qu'il y a pour votre service?

CÉLINE.

Je voudrais causer avec mon frère.

BERNARDET.

Eh bien, causons. Est-ce que je suis de trop, moi qui suis presque de la famille?

CÉLINE.

C'est égal. (D'un ton caressant.) Vous qui êtes si complaisant, faites-nous le plaisir de... nous laisser. Vous voyez, j'agis sans façons.

BERNARDET, s'inclinant.

Comment donc... (Passant entre Céline et Théobald, bas à Théobald.) Vous l'entendez, cette douce familiarité! On n'en agit ainsi qu'avec ceux que l'on aime. Il n'y a que l'amitié qui ose vous dire : « Allez-vous-en. » Aussi je suis digne de la comprendre, et je m'en vais... (A Céline.) Enchanté, mademoiselle, de pouvoir vous être agréable.

(Il sort.)

SCÈNE XIII.

CÉLINE, THÉOBALD.

CÉLINE.

Il est parti, tu peux parler... Eh bien, tu hésites?

THÉOBALD.

Oui, sans doute : plus je vous vois, plus mon sort me semble digne d'envie. Et il est si cruel d'y renoncer !

CÉLINE.

Y renoncer !...

THÉOBALD.

Il le faut. Chaque instant rend cet aveu plus difficile et plus nécessaire. Et cependant, si je parle, je vais perdre tous mes droits à votre amitié.

CÉLINE.

Moi ? jamais.

THÉOBALD,

Promettez-moi du moins de ne pas me haïr, de me pardonner, de vous rappeler que, dans tout ce qui est arrivé, rien n'a dépendu de moi. Que mon seul crime, le seul dont je sois coupable, et que je ne puis empêcher, c'est de vous aimer plus que moi-même.

CÉLINE, *le pressant dans ses bras, et d'un ton caressant.*

Ce crime-là, je te le pardonne, et je t'en remercie.
C'est tout ce que je désirais.

THÉOBALD.

Vous ne parlerez pas ainsi, quand vous saurez que
je... vous ai trompée.

CÉLINE.

Toi, mon frère !

THÉOBALD.

Et si je n'étais pas votre frère ?

CÉLINE, *s'éloignant de lui avec vivacité.*

Qu'entends-je !... Et qui donc êtes-vous ?

THÉOBALD.

Son ami, son compagnon d'armes, ce Théobald...

CÉLINE.

O ciel ! Venir sous son nom, surprendre nos secrets ! remplir notre famille de joie, pour rendre ensuite notre douleur plus amère !

THÉOBALD.

Une fatale méprise a causé tous mes torts ; ils sont involontaires.

CÉLINE.

Et comment le prouver ? C'est affreux à vous,
Monsieur, c'est indigne.

Air de Céline.

User d'un pareil stratagème,
Et moi qui, dans cet entretien,
N'ai pas craint de dire à lui-même...

THÉOBALD, *parlant:*

Comment ?

SCÈNE XIII.

CÉLINE, *se reprenant.*

Ce n'est pas vrai, n'en croyez rien.

THÉOBALD.

Je perds à la fois votre estime,
Et mes droits à votre... amitié ;
Car je vois qu'excepté mon crime,
Votre cœur a tout oublié.

Et si, pour vous justifier à tous les yeux, il ne faut que mon témoignage, je vais moi-même publier la vérité.

CÉLINE.

Et ma mère ! ma pauvre mère, à qui cette nouvelle imprévue peut donner le coup de la mort.

THÉOBALD.

Il n'est que trop vrai... Attendons le docteur que j'ai prévenu, à qui j'ai tout écrit ; et jusqu'à son arrivée du moins ne trahissez pas ce mystère.

CÉLINE.

Moi ! devenir votre complice ! consentir à une pareille ruse ! jamais. Et cependant, comment faire ? Si encore, je ne le savais pas.

THÉOBALD.

Soumis à vos ordres, je suis prêt à vous obéir. Serai-je Léon, ou Théobald ? Parlez, que décidez-vous ?

CÉLINE.

Je décide, Monsieur... je décide que je vous déteste, que je vous abhorre. (Apercevant madame de Lormoy qui entre.) Dieu ! ma mère !... Eh bien, Léon, tu disais donc...

THÉOBALD, *à demi-voix.*

Vous le voulez ?

CÉLINE.

Il le faut bien... A condition, Monsieur, que vous ne me parlerez pas, que vous ne m'approcherez pas. Je vous le défends sur l'honneur.

SCÈNE XIV.

BERNARDET, madame de LORMOY, CÉLINE, THÉOBALD.

BERNARDET.

Oui, belle-mère, on m'avait mis à la porte. J'ai été obligé de faire antichambre, et de me promener de long en large. Pour me distraire, j'ai composé un réquisitoire.

MADAME DE LORMOY, à Théobald.

Me voilà prête; et tandis que nous ne sommes encore que nous, je t'apporte un présent de ta sœur; cette tresse de ses cheveux.

CÉLINE, bas à Théobald.

Refusez, Monsieur, refusez.

MADAME DE LORMOY.

Tiens, Céline, c'est à toi de la lui donner. Place-la toi-même à son cou.

CÉLINE.

Mais, ma mère...

MADAME DE LORMOY.

Allons donc... toi qui t'en faisais une fête... (A Théobald.) Incline-toi devant elle.

(Théobald met un genou à terre.)

SCÈNE XIV.

CÉLINE, bas à Théobald en lui passant la tresse de cheveux autour du cou.

Eh bien, Monsieur, puisqu'il le faut...

BERNARDET.

Le tableau est vraiment délicieux.

MADAME DE LORMOY, à Théobald.

Comment, tu ne la remercies pas ?

THÉOBALD, avec hésitation.

Je ne sais comment exprimer ma reconnaissance.

MADAME DE LORMOY.

Embrasse-la ; c'est bien le moins.

CÉLINE, bas à Théobald.

Je vous le défends.

THÉOBALD.

Je n'ose pas.

MADAME DE LORMOY.

Comment ! tu n'oses pas. (A Bernardet, en riant.) Il n'ose pas. (Se tournant du côté de Théobald qu'elle encourage à embrasser Céline.) Allons...

CÉLINE, à Théobald, sans le regarder.

Allez donc, Monsieur, maman vous regarde.

(Théobald l'embrasse.)

MADAME DE LORMOY.

C'est fort heureux !... (Prêtant l'oreille.) Qu'entends-je ! une voiture qui entre dans la cour.

BERNARDET.

C'est une autre surprise que nous lui ménagions. J'ai été avertir la jeune baronne, celle qu'il aimait, et la voilà.

THÉOBALD.

O ciel !

THÉOBALD.

CÉLINE, bas.

Comment faire?

THÉOBALD, de même.

Ne peut-on pas la prévenir?

(Il va pour sortir.)

BERNARDET.

Voyez-vous comme il est déjà troublé? l'effet du sentiment!

MADAME DE LORMOY, arrêtant Théobald qui était déjà à la porte.

Non, non, mon fils... Viens donc.

(Elle ramène Théobald, qui, en descendant la scène, se trouve à sa droite.)

CÉLINE.

Je cours au devant d'elle.

MADAME DE LORMOY, la retenant aussi.

Non, vraiment. Je veux être témoin de sa surprise (A Théobald) Tiens-toi là, à l'écart. (A Bernardet.) Cachez-le bien, qu'elle ne le voie pas d'abord.

(Elle fait placer Théobald à l'écart, à droite, de manière qu'il soit caché par Bernardet.)

SCÈNE XV.

THÉOBALD, BERNARDET, MADAME DE LORMOY, LA BARONNE, CÉLINE.

LA BARONNE, entrant vivement.

Ma tante, ma tante. Qu'ai-je appris? Serait-il vrai?...

MADAME DE LORMOY.

Qu'a-t-elle donc? Est-ce que, malgré mes ordres, on t'aurait parlé?

SCÈNE XV.

LA BARONNE.

Non, je ne sais rien; mais il est une nouvelle qui se répand dans la ville; et puis, M. Bernardet m'avait donné à entendre...

BERNARDET.

Quelques mots au hasard, pour préparer la reconnaissance.

LA BARONNE.

La reconnaissance. Que dites-vous?

MADAME DE LORMOY.

Eh! oui, je ne veux pas plus long-temps te laisser dans l'incertitude, je ne veux plus différer ton bonheur. Celui que tu aimes, que tu dois épouser, mon fils, mon cher Léon nous est enfin rendu.

LA BARONNE.

Ah! je ne puis le croire encore. Que je le voie; où est-il?

MADAME DE LORMOY.

Près de toi; le voilà.

LA BARONNE.

Lui... Ah!...

(Prête à s'élancer dans les bras de Théobald, elle le regarde, pousse un cri et tombe sans connaissance dans un fauteuil.)

MADAME DE LORMOY.

Ah! malheureux! qu'avons-nous fait?

BERNARDET.

C'est l'excès de la joie.

THÉOBALD.

Il faut se hâter de la secourir.

BERNARDET.

Lui faire respirer des sels. Je dois avoir mon flacon.

J'en ai toujours un sur moi, à l'usage des dames qui fréquentent la cour d'assises.

MADAME DE LORMOY.

Céline, chez moi, cette potion que le docteur m'a donnée ce matin.

CÉLINE.

Dans votre appartement.

MADAME DE LORMOY.

Non, là haut.

CÉLINE.

Oui, maman; mais où, je ne sais pas.

MADAME DE LORMOY.

Non, non, tu ne la trouverais pas. C'est là haut. J'y vais-moi-même; restez près d'elle.

(Elle rentre dans son appartement.

BERNARDET, pendant qu'elle sort.

Belle-mère, belle-mère, c'est inutile; je crois qu'elle revient; oui, elle ouvre les yeux.

SCÈNE XVI.

THÉOBALD, BERNARDET, LA BARONNE, CÉLINE.

LA BARONNE, revenant à elle.

Ah! Monsieur, quel mal vous m'avez fait! ce n'est pas lui.

BERNARDET.

Que dites-vous?

LA BARONNE.

Non, ce n'est pas Léon.

SCÈNE XVI.

BERNARDET, à Céline et élevant la voix.

Ce n'est pas votre frère ?

CÉLINE.

Silence.

BERNARDET, passant entre la baronne et Céline.

Je ne me tairai point ; car il y a là un mystère qui devient de ma compétence. On connaîtra ses projets téméraires.

THÉOBALD.

Ah ! Monsieur, je n'en avais point, je m'acquittais d'un devoir ; vous ne m'avez pas donné le temps de m'expliquer. Votre imprudence et votre indiscrétion ont causé l'erreur de toute la famille.

BERNARDET.

Et pourquoi ne pas la détruire sur-le-champ ?

THÉOBALD.

Le pouvais-je ? le puis-je encore ?

CÉLINE.

Quand nous venons de voir par elle-même (montrant la baronne) ce qu'une pareille nouvelle ferait de mal à une mère.

BERNARDET.

Trouvez alors quelques moyens de lui apprendre... vous-même à l'instant... ou je m'en charge.

LA BARONNE.

Y pensez-vous ?

BERNARDET.

Oui, Madame, je ne laisserai pas plus long-temps, avec le titre et les priviléges de frère, auprès de mademoiselle Céline, qui connaissait la vérité...

CÉLINE, avec indignation.

Quel indigne soupçon! Vous pouvez penser...

THÉOBALD.

Monsieur! vous m'en ferez raison.

BERNARDET.

Non; mais je vous ferai un procès en substitution de personnes.

LA BARONNE.

Taisez-vous, c'est ma tante; je crois l'entendre.

BERNARDET, remontant la scène.

Tant mieux.

CÉLINE, l'arrêtant.

Monsieur! au nom du ciel! voulez-vous donc la tuer?

BERNARDET, à voix basse, et avec vivacité.

Non; mais je veux qu'elle sache la vérité; c'est à vous trois à la lui faire connaître; je vous donne dix minutes pour cela, sinon, c'est mon état de parler, et je parlerai.

SCÈNE XVII.

THÉOBALD, LA BARONNE, MADAME DE LORMOY, QUI PENDANT LA FIN DE LA SCÈNE PRÉCÉDENTE, EST ENTRÉE LENTEMENT; BERNARDET, CÉLINE.

MADAME DE LORMOY, tenant un flacon.

Pardon de ne pouvoir aller plus vite à ton secours!... Eh bien! eh bien! je vois avec plaisir que c'est inutile.

SCÈNE XVII.

LA BARONNE.

Oui, ma tante.

MADAME DE LORMOY, posant le flacon sur la table.

Sa présence était le remède le plus sûr... Eh! mais, comme tu es encore émue! (regardant Théobald) et lui aussi ; (regardant de même Céline) jusqu'à Céline, tandis que moi... En vérité, mes enfans, je crois maintenant que c'est moi qui suis la plus forte de vous tous.

BERNARDET, bas à Céline.

Vous l'entendez, on peut parler.

CÉLINE, passant auprès de madame de Lormoy.

Ma mère...

MADAME DE LORMOY.

Que me veux-tu, mon enfant ?

CÉLINE, à part.

Si le docteur arrivait.

BERNARDET, à madame de Lormoy.

Mademoiselle Céline avait quelque chose à vous apprendre.

CÉLINE.

Moi, non ; c'est ma cousine.

MADAME DE LORMOY.

J'entends ; quelque confidence qui regarde Léon.

LA BARONNE.

Oui, ma tante. Oui! c'est cela même, et monsieur (désignant Théobald) pourrait mieux que personne...

MADAME DE LORMOY.

Eh bien! mon fils, parle. (Théobald s'approche de madame de Lormoy, qui lui prend la main.) Eh mais! ta main est froide et tremblante; tu détournes les yeux. (Regardant tour à tour la baronne et Céline.) Vous aussi!...

Air: Le Luth galant.

D'où vient ici le trouble où je vous voi ?
Vous gardez tous le silence... pourquoi ?
Vous avez l'air contraint ; vos yeux semblent me plaindre ;
Parlez, je vous écoute, et le puis sans rien craindre ;
Le malheur désormais ne saurait plus m'atteindre,
Mon fils est près de moi.

RAYMOND, en dehors.

C'est bien, c'est bien; je les trouverai tous au salon.

TOUS, avec joie.

C'est Raymond!

LA BARONNE.

C'est le docteur!

CÉLINE.

Dieu soit loué!

(Ils vont tous au devant de lui.)

SCÈNE XVIII.

CÉLINE, THÉOBALD, MADAME DE LORMOY, RAYMOND, LA BARONNE, BERNARDET.

MADAME DE LORMOY.

Venez, docteur, venez, vous êtes de la famille, et, dans ce moment, vous la voyez un peu dans l'embarras.

RAYMOND, souriant.

Je m'en doute.

SCÈNE XVIII.

MADAME DE LORMOY.

Je ne sais pas ce qu'ils ont tous.

RAYMOND, de même.

Eh bien ! moi je le sais ; c'est quelque chose qu'ils voudraient vous dire, et ils ne savent comment s'y prendre.

MADAME DE LORMOY.

Vraiment ?

RAYMOND.

Un pur enfantillage.

MADAME DE LORMOY.

Ah ! tant mieux ; vous me rassurez.

RAYMOND.

Nous en parlerons plus tard, quand nous serons seuls. (A demi-voix.) Cela a rapport à cette lettre, que tantôt votre fils a envoyée chez moi.

CÉLINE et THÉOBALD, vivement.

Et que vous avez lue ?

RAYMOND.

Vous le voyez, puisque j'arrive à votre secours.

MADAME DE LORMOY, souriant.

J'y suis ; quelques folies de jeunesse, et on craignait de m'en parler.

RAYMOND.

Non ; c'est l'action d'un digne et honnête jeune homme, et il en sera récompensé. (Madame de Lormoy s'assied sur un fauteuil que lui donne Théobald ; Raymond s'assied auprès d'elle et lui prend le bras.) Voyons d'abord... Pas mal, pas mal ; je dirai même excellent.

MADAME DE LORMOY, regardant Théobald.

Je crois bien, cela va de mieux en mieux, à mesure que je le regarde... Mais, docteur, je suis femme, ce qui veut dire un peu curieuse, et je voudrais bien savoir tout de suite...

RAYMOND.

Je ne demande pas mieux? nous y arriverons plus tard. Procédons par ordre; car j'ai vu aujourd'hui tant de monde, j'ai appris des aventures si singulières, qu'il faut que je vous dise avant tout celle qui vient de m'arriver.

CÉLINE ET LA BARONNE.

Docteur, de grâce...

RAYMOND.

Ah! vous savez que nous autres médecins, nous avons toujours des histoires à raconter; ce sont les trois quarts de la visite; il n'en faut plus qu'un quart pour le talent, et encore... (A madame de Lormoy.) A moins cependant que cela ne fatigue la malade.

MADAME DE LORMOY.

Non, docteur, je vous l'assure.

RAYMOND.

Il faut alors que le pouls reste comme il est; car, à la moindre pulsation un peu vive, je m'arrête, et vous en serez fâchée; parce que c'est une anecdote curieuse, et surtout véritable. Je l'atteste, quoique la scène se passe à Bordeaux.

MADAME DE LORMOY ET LES AUTRES.

Mais voyons donc, docteur, voyons donc.

SCÈNE XVIII.

RAYMOND.

Ah! vous êtes tous pressés!... Eh bien donc, mes amis, quoique Racine ait dit quelque part :

Et l'avare Achéron ne lâche point sa proie,

je soutiens qu'il a tort. Nous avons vu des gens en revenir, rarement, il est vrai; surtout nous autres docteurs; mais enfin, c'est possible.

MADAME DE LORMOY.

Témoin mon fils, que nous avons cru mort, et que voilà.

RAYMOND.

Ah! bien oui, votre fils! ce n'est rien, rien du tout. Vous en conviendrez vous-même, quand vous m'aurez entendu.

CÉLINE, bas.

Il me fait trembler.

BERNARDET, à part.

Il y arrive enfin... (Haut.) Eh bien, docteur?...

RAYMOND.

Eh bien! Je venais de rentrer chez moi, où l'on m'avait remis cette fameuse lettre dont nous parlerons plus tard. J'achevais à peine de la lire, lorsqu'un jeune homme descend vivement l'escalier, se précipite dans mes bras, et me serre dans les siens, de façon à m'étouffer. « Mon ami, mon père! c'est vous que je « revois. Vous voilà donc enfin. Depuis ce matin que « je vous attends chez vous. »

BERNARDET.

Comment! c'était!...

RAYMOND.

Un ancien malade à moi, un client, votre jeune homme de ce matin.

MADAME DE LORMOY, riant.

Celui de Montauban.

RAYMOND.

Précisément. Je savais bien que la rencontre vous étonnerait. Il arrivait en effet de Montauban; mais il venait de plus loin, de Russie.

MADAME DE LORMOY.

Comme mon fils.

RAYMOND.

D'où il n'avait échappé que par miracle; car ses compagnons d'armes eux-mêmes l'avaient cru mort. Aussi il brûlait du désir de revoir sa famille, sa jolie fiancée, et surtout d'embrasser sa mère.

MADAME DE LORMOY, à Théobald.

Comme toi, mon ami.

RAYMOND.

Et c'est chez moi qu'il était descendu d'abord, pour me prier de me rendre chez elle, et de trouver quelque moyen adroit de la préparer peu à peu à un retour aussi extraordinaire.

MADAME DE LORMOY.

Il me semble, docteur, que rien n'est plus aisé.

BERNARDET.

En effet...

RAYMOND.

Point du tout. Et c'est là que l'histoire se complique. Ma mission était d'autant plus difficile, que sa place était déjà prise.

SCÈNE XVIII.

TOUS.

O ciel!

CÉLINE ET THÉOBALD.

Que dites-vous?

LA BARONNE, dans le plus grand trouble.

Quelle idée!

RAYMOND, froidement.

Ce n'est pas une idée. Sa place, dans la maison paternelle, était réellement occupée...

BERNARDET, regardant Théobald.

Par un imposteur?

RAYMOND, le regardant aussi.

Non; par un ami qui lui est bien cher; qui deux fois lui a sauvé la vie; un ami, qu'une méprise involontaire a jeté au sein de sa famille, dans les bras d'une mère, et qui n'ose s'en éloigner de peur qu'une émotion funeste... (Prenant le bras de madame de Lormoy.) Vous en avez, votre pouls bat plus vite.

MADAME DE LORMOY, regardant alternativement Théobald et le docteur.

Non, non, je vous le jure.

THÉOBALD, CÉLINE ET LA BARONNE, regardant Raymond d'un air suppliant.

De grâce, achevez.

RAYMOND, les regardant.

Et vous aussi. Qu'est-ce que cela signifie?

LA BARONNE, à demi-voix, et s'appuyant sur le fauteuil du docteur.

Achevez, ou je me meurs.

RAYMOND, lui prenant la main.

Non, non, vous ne mourrez point, vous vivrez

pour le bonheur ; mais vous réprimerez l'excès d'une joie qui pourrait être fatale à votre mère.

LA BARONNE, hors d'elle-même.

A ma mère !

RAYMOND.

A celle, du moins, que bientôt vous nommerez ainsi.

THÉOBALD.

Il est donc vrai !... Mon ami, mon frère...

MADAME DE LORMOY, à moitié levée de son fauteuil.

Mon cher Léon.

RAYMOND, lui tenant toujours le pouls.

C'est bien, c'est bien ; je suis content. (Se levant.) Oui : il existe. Je viens de le voir, de l'embrasser, et vous êtes la plus heureuse des mères ! Au lieu d'un fils, vous en avez deux ; car Léon ne vient ici que pour unir sa sœur à son ami Théobald. C'est à cette condition qu'il consent à paraître. (Mouvement de Bernardet.) Et Monsieur (montrant Bernardet) est trop galant homme, pour retarder une entrevue si désirée.

BERNARDET.

Qui... moi ?... non certainement... (à part) surtout après ce que...

RAYMOND.

C'est ce que j'ai dit à Léon, qui a dû sortir de chez moi une demi-heure après mon départ,(regardant à sa montre) en sorte qu'en ce moment, il pourrait bien être en route.

SCÈNE XVIII.

MADAME DE LORMOY, CÉLINE, LA BARONNE, THÉOBALD.

Vraiment!

RAYMOND.

Peut-être même est-il dans la rue.

TOUS.

Comment!...

RAYMOND.

Et tout près de cette maison, où il doit m'annoncer son arrivée par trois coups bien distincts, frappés à la porte cochère.

(On entend un coup.)

TOUS.

O ciel!

RAYMOND, remontant le théâtre, et prêtant l'oreille.

Attendez, pas de fausse joie, ce n'est peut-être pas lui.

(On entend un second coup. — MOUVEMENT GÉNÉRAL. — Tout le monde penche la tête pour écouter avec plus d'attention.)

RAYMOND, souriant.

Malgré cela, j'ai de l'espoir.

(On entend un troisième coup.)

TOUS.

Mon fils, mon ami, mon frère, courons au devant de lui.

(Ils se précipitent tous vers la porte.)

La toile tombe.

FIN DE THÉOBALD.

LA FAMILLE DU BARON,

VAUDEVILLE ÉPISODIQUE EN UN ACTE.

Représenté pour la première fois, à Paris, sur le théâtre du Gymnase dramatique, le 31 août 1829.

EN SOCIÉTÉ AVEC M. MÉLESVILLE.

PERSONNAGES.

SAINT-YVES, jeune artiste.
Le baron de VARINVILLE, ami de Saint-Yves.
Le vicomte DESTAILLIS.
Mademoiselle JUDITH, sa sœur.
OSCAR, son neveu.
CORINNE DE BRÉVANNES, sa nièce.
NATHALIE, son autre nièce.
DUMONT, domestique.

La scène se passe dans le château du vicomte Destaillis.

SAINT-YVES

JE SUIS MIEUX LA QU'ASSIS....

La Famille du Baron Sc. XI

LA FAMILLE DU BARON.

Le théâtre représente un salon du château de M. Destaillis : porte au fond. A droite de l'acteur, porte conduisant au dehors ; à gauche, celle d'un boudoir.

SCÈNE PREMIÈRE.

OSCAR, CORINNE, DESTAILLIS, assis, NATHALIE, MADEMOISELLE JUDITH, assise.

CORINNE, regardant une corbeille.

Oui, certainement, cela vient de Paris; car ce n'est pas à Vendôme qu'on ferait des broderies pareilles! Ne trouvez-vous pas, Oscar, que cette corbeille a quelque chose d'élégant, de poétique, qui donne à rêver?

OSCAR.

Oh! vous, ma belle cousine, qui êtes la Sapho du département, vous voyez de la poésie partout; mais moi, qui suis pour la prose, pour le solide... pour cet écrin, par exemple, parlez-moi de celui-là; il y en a là au moins pour trente mille francs, n'est-ce pas, mon oncle?

DESTAILLIS.

Eh! qu'importe? voilà ce qui me plaît, voilà ce que j'aime! (Montrant le dessus de l'écrin.) Des armes gravées et dorées. Savez-vous que ce cher Varinville a de brillantes armoiries!

MADEMOISELLE JUDITH.

Il est d'assez bonne famille pour cela. Il y a eu un Varinville tué à la Terre-Sainte; car il y a toujours eu dans cette maison-là de bons sentimens et de bons exemples.

OSCAR.

De bons exemples que notre futur cousin a bien fait de ne pas suivre.

CORINNE.

C'est un baron qui a de l'esprit.

DESTAILLIS.

Ils en ont tous, ma chère.

MADEMOISELLE JUDITH.

Et celui-là encore plus que les autres.

OSCAR.

Si c'est possible.

MADEMOISELLE JUDITH.

M. Oscar rit toujours.

OSCAR.

Et ma tante Judith ne rit jamais; elle est presque aussi grave et aussi sérieuse que Nathalie, une fiancée qui a l'air d'une veuve.

NATHALIE.

Moi, mon cousin!

SCÈNE I.

CORINNE.

Eh! oui; l'on ne se douterait pas que tu es la mariée; je n'étais pas comme cela quand j'ai épousé M. de Brévannes, votre frère, qui alors était chambellan. Voyons, comment trouves-tu la corbeille?

NATHALIE.

Cela ne me regarde pas, ma cousine. Dès que ma famille la trouve bien...

CORINNE.

Et le prétendu?

NATHALIE.

Dès que ma famille l'a choisi...

DESTAILLIS.

A merveille, ma nièce, à merveille! voilà comme parlaient les demoiselles d'autrefois.

MADEMOISELLE JUDITH.

La famille avant tout.

DESTAILLIS.

On ne faisait rien sans l'avis et le consentement de ses ascendans.

OSCAR.

Laissez donc; quand on voulait mener son époux, on demandait...

DESTAILLIS.

L'avis des parens.

CORINNE.

Et quand il était maussade, ou jaloux, et qu'on voulait le punir, il fallait peut-être...

MADEMOISELLE JUDITH.

L'avis des parens.

DESTAILLIS.

Qui ne le refusaient jamais.

Air de Marianne.

Oui, pour l'honneur de la morale,
En famille tout se passait ;
Et l'on arrêtait le scandale
Avec des lettres de cachet.
C'était parfait :
On enfermait
Un fils joueur,
Un neveu séducteur ;
La femme aussi ;
Puis, dieu merci,
Ses créanciers y mettaient le mari...
Si bien que, sous la même grille,
Femme, enfans, époux et neveux,
Disaient : *Où peut-on être mieux*
Qu'au sein de sa famille !

SCÈNE II.

Les précédens, DUMONT.

DESTAILLIS.

Qu'est-ce que c'est ?

DUMONT.

Monsieur le baron de Varinville, qui demande à présenter ses hommages.

DESTAILLIS.

Qu'il entre.

DUMONT.

Oui, Monsieur... (Revenant.) Ah! on vient d'apporter la perruque et l'habit neuf de M. le vicomte.

DESTAILLIS.

C'est bien! je m'habillerai pour la signature du contrat.

DUMONT.

Quand Monsieur voudra, tout est prêt, là, à côté.

(Il sort.)

SCÈNE III.

Les précédens, VARINVILLE.

DESTAILLIS.

Eh! le voici, ce cher neveu.

VARINVILLE.

Oui, mon respectable oncle... (à Judith) ma belle tante... (à Corinne) ma jolie cousine... il me manque quelqu'un ; il paraît que votre mari, notre aimable chambellan, est encore à la chasse.

CORINNE.

Oui, Monsieur.

VARINVILLE, à Oscar.

Heureusement qu'il nous reste notre jeune cousin.

MADEMOISELLE JUDITH.

Et vos chers parens que nous attendons depuis un mois, à quelle heure arrivent-ils? en avez-vous des nouvelles?

VARINVILLE.

D'assez tristes ; le comte de Varinville mon père est indisposé, et ma mère est restée près de son époux afin de le soigner.

DESTAILLIS.

C'est trop juste; mais vos autres parens, votre oncle de Bordeaux?

VARINVILLE.

Il est à Paris.

MADEMOISELLE JUDITH.

La vicomtesse et son fils?

VARINVILLE.

Ils sont à Toulouse.

DESTAILLIS.

Je les croyais en route pour venir assister à votre mariage; vous nous l'avez dit.

VARINVILLE.

Oui, sans doute; mais Dieu sait quand ils arriveront; et dans l'impatience où je suis, je crois que nous pouvons toujours procéder, dès ce soir, à la signature du contrat, demain à la célébration, et ainsi de suite.

DESTAILLIS.

Y pensez-vous, mon cher ami? nous faire une proposition pareille? je ne voudrais pas l'accepter pour tout l'or du monde.

VARINVILLE.

Et pourquoi donc?

DESTAILLIS.

C'est faire un affront à votre famille de ne pas l'attendre.

OSCAR.

Et puis, je n'y pensais pas. Ce proverbe que j'ai composé pour elle, je ne peux pas le jouer pour vous seul. Et ma cousine, la muse de la famille, qui vous préparait aussi quelque chose.

CORINNE.

Oui, je comptais vous donner une improvisation. J'ai entre autres, sur la bénédiction paternelle, une tirade à effet.

VARINVILLE.

Mon père n'y sera pas.

CORINNE.

Raison de plus pour réclamer la présence de votre oncle; c'est de rigueur.

« Second père d'un fils dont le père est absent,
« De la nature en deuil auguste remplaçant... »

Comme cela, je pourrai m'en tirer; mais vous voyez qu'il me faut un oncle, ou au moins une tante. N'est-ce pas, Nathalie ?

NATHALIE.

Si ma famille l'exige...

DESTAILLIS.

Sans doute.

Air de Voltaire chez Ninon.

Ils auraient droit d'être surpris,
Et de nous faire des reproches ;
Je veux ici voir réunis
Tous vos parens et tous vos proches.
Pour moi, tant qu'ils seront absens,
Au mariage je m'oppose.

NATHALIE, à part.

Mon oncle a raison... les parens
Servent souvent à quelque chose.

VARINVILLE.

Mais...

DESTAILLIS.

Nous vous laissons à vos affaires. Moi qui n'en ai pas, je vais m'installer dans la petite tourelle, celle qui donne sur la grande route de Paris, et à chaque voiture... Comment voyage votre oncle?

VARINVILLE.

En landau; un landau jaune.

DESTAILLIS.

C'est bien.

Air de la walse de Robin des bois.

Par bonheur le temps est superbe,
Je vais m'établir au donjon.

CORINNE, à Oscar.

Allez composer un proverbe.

OSCAR, à Corinne.

Allez invoquer Apollon.

VARINVILLE, à Nathalie.

Vous, à l'amant tendre et fidèle,
Que vient de frapper cet arrêt,
Penserez-vous, mademoiselle?

NATHALIE, baissant les yeux.

Si ma famille le permet.

ENSEMBLE.

Par bonheur le temps est superbe, etc.

DESTAILLIS.

Je cours m'établir au donjon.
Toi, va répéter ton proverbe;
Toi, cours invoquer Apollon.

SCÈNE V.

OSCAR ET CORINNE.

Allez observer au donjon,
Vous, répéter votre proverbe ;
Vous, invoquer votre Apollon.

(Ils sortent.)

SCÈNE IV.

VARINVILLE, SEUL.

Au diable les égards et les convenances ! Voilà de braves gens qui, avec leur considération et leurs devoirs de famille, m'embarrassent autant que possible. Comment faire ? et comment me tirer de là ?

SCÈNE V.

VARINVILLE, SAINT-YVES, PORTANT SUR SON DOS UN ÉQUIPAGE DE PEINTRE EN VOYAGE, ET ENTRANT PAR LE FOND.

SAINT-YVES.

Beau point de vue ! Ces ruines font admirablement, et je veux demander au propriétaire la permission de les croquer d'ici.

VARINVILLE.

Qui vient là ?

SAINT-YVES.

Sans doute le maître de la maison... Eh ! ce cher Varinville.

VARINVILLE.

Mon camarade Saint-Yves! que j'ai à peine revu depuis le collége, depuis ton prix de rhétorique.

SAINT-YVES.

Tu t'en souviens encore?

VARINVILLE.

Ainsi que de la belle pièce de vers que tu nous récitas ce jour-là.

SAINT-YVES.

Les Ruines de Rome. J'y pensais, en regardant ces tourelles.

(Déclamant.)

« Où donc est la cité, métropole du monde !...
« En vertus si fertile, en héros si féconde?
« Montrez-moi ses palais, ses temples, ses remparts...
« Où sont-ils ?.... »

(Riant.)

Et cœtera... J'ai, grâce au ciel, oublié le reste. Ah ça! est-ce que tu serais ici chez toi?

VARINVILLE.

A peu près.

SAINT-YVES.

Je te fais mon compliment. Tu as là le plus beau château ruiné que j'aie vu.

VARINVILLE.

C'est une ancienne demeure féodale, appartenant à une des premières familles du Vendômois, au vicomte Destaillis, riche propriétaire et gentilhomme arriéré, qui, dans ses idées, aime mieux de vieilles tourelles qu'une maison neuve.

SCÈNE V.

SAINT-YVES.

Il a raison ; il n'y a pas de comparaison pour l'effet.

VARINVILLE.

Tu ne songes qu'à ta peinture. Tu es donc toujours artiste ?

SAINT-YVES.

Oui, mon ami, et toi ?

VARINVILLE, avec satisfaction.

Au contraire ; je suis millionnaire.

SAINT-YVES.

Cela ne m'étonne pas. En sortant du collége, tu avais déjà des dispositions ; tu me prêtais toujours de l'argent.

VARINVILLE.

Je suis encore à ton service : tu n'as qu'à parler.

SAINT-YVES.

Merci, mon cher camarade ; je n'ai plus besoin de rien, je suis riche aussi.

VARINVILLE.

Tu as fait comme moi ; tu as joué à la Bourse.

SAINT-YVES.

Pas si bête.

Air de Préville.

Sur cette route, où l'ardeur vous emporte,
   Trop de gens se sont égarés ;
Mais un beau jour la fortune, à ma porte,
Vint à frapper... moi, je lui dis : « *Entrez.* »
Elle frappa ; moi, je lui dis : « *Entrez.* »
Je te vois rire, ô grand capitaliste :
Oui, c'était bien pour moi qu'elle venait ;
Mais, comme toi, j'en doutais en effet ;
Car, la voyant entrer chez un artiste,
   J'avais cru qu'elle se trompait.

VARINVILLE.

C'est un bonheur unique.

SAINT-YVES.

Que je partage avec soixante ou cent mille individus. Tu sais que j'étais d'une bonne famille ; mais, ruiné à la révolution, je me suis lancé dans l'atelier de Gérard, de Girodet, et, comme tant d'autres, j'ai dit à mon pinceau : « *Fais-moi vivre.* » C'est tout au plus s'il m'obéissait ; mais j'étais jeune, j'étais amoureux, avec cela tout est beau.

VARINVILLE.

Amoureux !

SAINT-YVES.

Oui, mon ami ; un amour de haut étage, au faubourg Saint-Germain, une inclination mutuelle, une jeune personne charmante, que son père emmena de Paris un beau matin, sans me donner son adresse. Il y a de cela deux ans, et j'y pense toujours ; l'image de ma belle est toujours là, dans mon carton et dans mon cœur. Mes regrets sont d'autant plus vifs, que, quelques mois après son départ, je reçus une invitation.

VARINVILLE.

A dîner en ville ?

SAINT-YVES.

A peu près. Je t'ai dit que j'avais eu l'avantage de perdre à la révolution tout le bien de ma famille. Eh bien ! mon ami, on daignait m'admettre, moi, et de nombreux convives, au splendide festin de l'indemnité, où, pour ma part, j'ai été fort bien traité.

SCÈNE V.

VARINVILLE.

Vraiment!

SAINT-YVES.

Vingt à vingt-cinq mille livres de rente; c'est fort honnête. Mais fidèle aux pinceaux qui m'avaient secouru dans la détresse, je ne les ai point abandonnés dans la fortune. Je suis resté artiste pour mon plaisir, mon bonheur. Je voyage à pied, *incognito*, courant les aventures, poursuivant ma belle fugitive, que j'adore toujours; et en cherchant une maîtresse, je rencontre un ami. Tu vois que c'est encore une indemnité.

VARINVILLE.

Ah! que tu es heureux! Un nom, de la naissance et de la fortune.

SAINT-YVES.

Cela te va bien; toi, qui es quatre ou cinq fois plus riche que moi.

VARINVILLE.

Cela ne suffit pas.

SAINT-YVES.

Laisse donc, est-ce que l'argent ne donne pas tout?

VARINVILLE.

Cela ne donne pas... de parens.

SAINT-YVES.

Des parens! A quoi bon? il en faut pour venir au monde; mais t'y voilà, et une fois qu'on a le nécessaire...

VARINVILLE, avec embarras.

Oui, quand on l'a.

SAINT-YVES.

Est-ce que tu n'as pas, comme tout le monde, un père et une mère?

VARINVILLE.

Tout au plus.

SAINT-YVES.

Qu'est-ce que cela signifie? explique-toi.

VARINVILLE.

C'est que justement le difficile est de l'expliquer. Ne connais-tu pas des ouvrages, d'ailleurs fort estimables; mais qui ne portent point de noms d'auteurs?

SAINT-YVES.

Oui, qu'on appelle des productions anonymes.

VARINVILLE.

Eh bien! voilà ma situation, je suis un ouvrage de ce genre.

SAINT-YVES.

Et c'est ce qui t'afflige?

Air du vaudeville de Partie et Revanche.

Vraiment, je te croyais plus sage;
Quand la fortune a comblé tous tes vœux,
De ses dons fais un bon usage,
Amuse-toi, fais du bien... tu le peux,
Et tends parfois la main aux malheureux.
En toi, que chacun trouve un frère;
Une famille est bien douce à ce prix.
On ne peut pas se faire un père,
On peut toujours se faire des amis.

D'ailleurs, il y a tant de grands hommes qui ont commencé comme toi; et M. de La Harpe, et M. d'Alembert, et le beau Dunois!

SCÈNE V.

VARINVILLE.

Le beau Dunois ne voulait pas se marier.

SAINT-YVES.

Tu veux donc te marier ?

VARINVILLE.

Eh! oui, mon cher; je veux m'allier à la famille la plus noble de la province; parce que, quand on est riche, il faut un rang, un nom, de la considération.

SAINT-YVES.

Je croyais avoir entendu dire que tu étais baron.

VARINVILLE.

Baron de Varinville, c'est un titre que je me suis donné. J'ai acheté, sur vieux parchemins, une généalogie toute neuve, où je descends d'un Varinville tué à la croisade.

SAINT-YVES.

Ces croisades ont été bien utiles pour les familles.

VARINVILLE.

Mais ça ne suffit pas, les Destaillis veulent en outre des parens vivans.

SAINT-YVES.

Vraiment!

VARINVILLE.

Il leur en faut.

SAINT-YVES.

Et combien ?

VARINVILLE.

Pas beaucoup; mais enfin ce qu'il faut pour composer une famille raisonnable.

SAINT-YVES.

J'entends : d'abord un père et une mère; c'est de première nécessité.

VARINVILLE.

Non, je les ai faits malades; et l'on peut s'en passer.

SAINT-YVES.

C'est une économie. Il ne te faudrait alors qu'un ou deux oncles, une tante et quelques cousins.

VARINVILLE.

Oui, mon ami.

SAINT-YVES.

C'est facile; et... (Écoutant.) Chut.

Air : Povera signora.

Mais tais-toi;
Car vers moi
Quelqu'un s'avance :
Et j'entends
Des accens
Doux et touchans.
Du silence,
Écoutons bien,
Ne disons rien.

TOUS DEUX.

Du silence,
Écoutons bien,
Ne disons rien.

VARINVILLE, regardant.

C'est le cousin, répétant ses proverbes;
Puis une sœur qui fait des vers superbes.

SAINT-YVES.

Une sœur...
Ah ! quel bonheur

SCÈNE VI.

Pour la maison !
   Apollon
Portant jupon !...

VARINVILLE, les voyant entrer.

Mais tais-toi donc.

SCÈNE VI.

Les précédens, OSCAR, un cahier a la main ; CORINNE, marchant lentement et composant. Oscar et Corinne s'avancent ; et, pendant qu'ils descendent sur le devant de la scène, Saint-Yves et Varinville montent et se trouvent derrière eux.

CORINNE, sans les voir.

« Second père d'un fils dont le père est absent,
« De la nature en deuil auguste remplaçant...
« Sur le front d'un neveu que ta main protectrice,
« Pleine de vœux s'abaisse ; et...

SAINT-YVES, achevant le vers.

Et que Dieu le bénisse. »

CORINNE ET OSCAR.

Qu'entends-je ?

SAINT-YVES, gaîment.

Pardon, belle dame, de me présenter aussi cavalièrement. Mais, en ma qualité de frère du baron de Varinville.

CORINNE ET OSCAR.

Son frère !

VARINVILLE, étonné

Mon frère ! (Bas à Saint-Yves.) Qu'est-ce que tu dis donc ?

SAINT-YVES, bas.

Tais-toi. C'est toujours un à-compte.

OSCAR.

Son frère !... Eh bien ! je l'aurais reconnu.

CORINNE.

C'est singulier. Monsieur ne nous avait pas parlé...

SAINT-YVES.

D'Anatole Varinville, son jeune frère... L'ingrat ! Je conçois. Il ne devait pas compter sur moi. Depuis trois ans, je parcours l'Italie. L'amour des arts me tenait lieu de tout. Apollon et les muses sont une famille.

CORINNE.

Monsieur est poète?

SAINT-YVES.

Oui, Madame; je fais la poésie ténébreuse et mélancolique, les spectres, les tombeaux, les suppliciés, les condamnés, et généralement tout ce qui est épouvantable, tout ce qui est horrible.

CORINNE.

Monsieur est de la nouvelle secte?

SAINT-YVES, s'inclinant.

J'ai cette horreur-là. Poésie nouvelle, comme vous savez, qui vit de ruines, de lézards, de chauves-souris, de lierre, de crapauds. Nous ne sortons pas de là; car nous aimons les corps verts, les corps blancs, les corps bleus, le jaune aussi; nous l'employons beaucoup, c'est bon teint. Enfin une littérature de toutes les couleurs, qui n'en a aucune.

SCÈNE VI.

<small>Air du vaudeville de l'Écu de six francs.</small>

Employés aux pompes funèbres,
Nos auteurs, amis du trépas,
Ne brillent que dans les ténèbres,
Et quoique toujours gros et gras,
Et faisant leurs quatre repas,
En tout temps, leur muse éplorée
Est en deuil....

VARINVILLE.

En deuil !... de qui donc ?

SAINT-YVES, bas à Varinville.

Probablement de la raison
Que ces messieurs ont enterrée.
Ils sont en deuil de la raison
Que ces messieurs ont enterrée... (1).

(Haut.)

Et j'ose dire que, dans ce genre littéraire et funéraire, j'ai obtenu quelques succès.

OSCAR.

Des succès. Ce doit être difficile !

SAINT-YVES.

Mais non. *Je me prône, tu te prônes, il se prône, nous nous prônons.* Dès qu'on sait conjuguer ce verbe-là, il n'en faut pas davantage pour obtenir un succès à notre manière, et se faire, entre amis, une immortalité à huis-clos, qui dure au moins sept à huit jours, et qu'on recommence la semaine suivante.

CORINNE.

Ce doit être bien fatigant...

SAINT-YVES.

Pour le public ; car, pour nous autres, nous y

(1) Varinville passe à la gauche de Corinne.

sommes faits. (A Corinne.) Et quand nous nous connaîtrons mieux, j'espère bien que nous jetterons ensemble les bases de nouveaux triomphes ; car on m'a cité de vous des choses charmantes ; des improvisations. C'est mon genre ; j'y excelle. Et puis l'on m'a parlé aussi...

CORINNE.

De mes Épîtres ? de mes Occidentales ?

SAINT-YVES.

Oui, vraiment.

CORINNE.

J'en avais fait une avant mon mariage : *Épître à celui qui m'aura* ; et deux depuis : *Épître à celui qui m'a*, et *à celui qui m'a eue*.

SAINT-YVES.

Délicieux ! Heureux les mortels privilégiés à qui vous daignerez en adresser encore !

CORINNE, à Varinville.

Il est fort bien, votre frère Anatole.

VARINVILLE.

Oui, pas mal.

CORINNE, à Saint-Yves.

Si je ne craignais d'être indiscrète, je vous demanderais une petite improvisation.

OSCAR.

Ah ! vous ne pouvez nous refuser.

CORINNE.

Pour la première grâce que je réclame de vous.

SAINT-YVES.

Certainement.

SCÈNE VI.

VARINVILLE, à part.

Où diable a-t-il été se fourrer?

SAINT-YVES.

Si la compagnie veut m'indiquer un sujet... (A part et regardant Varinville.) J'espère qu'il va me demander les Ruines de Rome.

VARINVILLE, à part.

Qu'est-ce qu'il a donc à me regarder?

OSCAR.

Je demanderai à Monsieur un parallèle entre la tragédie et la comédie.

SAINT-YVES, à part.

Que le diable l'emporte! (Haut.) Ce serait un sujet bien pénible, vu que, dans ce moment, les pauvres chères dames sont défuntes toutes deux.

OSCAR.

Vraiment!

SAINT-YVES, déclamant.

« Seigneur, Laius est mort : laissons en paix sa cendre. »

CORINNE.

Il a raison; j'aimerais mieux un sujet noble.

SAINT-YVES, regardant Varinville.

Oui; quelque chose de romain, quelque chose d'antique.

CORINNE.

Puisque Monsieur vient de Paris, qu'il nous dise des vers sur les dernières nouveautés.

SAINT-YVES.

C'est bien vieux.

OSCAR.

Sur les derniers évènemens.

SAINT-YVES.

C'est bien petit ! Et je préférerais quelque chose de romain, de grandiose.

OSCAR.

La Baleine ou l'Éléphant.

CORINNE.

Ah ! oui, la Fontaine de l'Éléphant.

SAINT-YVES.

Ça n'en finirait pas.

CORINNE.

Eh bien ! sur les nouveaux embellissemens de Paris. A votre choix.

OSCAR.

Ah ! oui, les embellissemens de Paris ; c'est à ce sujet que nous nous arrêtons.

VARINVILLE.

Autant cela qu'autre chose.

SAINT-YVES, à part, regardant Varinville

L'imbécile ! (Haut.) Il paraît que la demande générale est pour les embellissemens de Paris. (A part.) Nous voilà loin des Ruines de Rome. (Haut.) Volontiers. Nous avons à Paris le Diorama, le Néorama...

OSCAR.

Représentant la basilique de Saint-Pierre.

SAINT-YVES, regardant Varinville avec intention.

De Saint-Pierre de Rome.

VARINVILLE.

Précisément.

SCÈNE VI.

SAINT-YVES.

Qu'est-ce que tu dis là?

VARINVILLE.

Moi! rien.

SAINT-YVES.

Il me semblait que tu avais parlé des Ruines de Rome; je croyais du moins avoir entendu ce mot.

VARINVILLE, à part.

Je comprends. (Haut et vivement.) Oui, oui, c'est vrai, c'est ce sujet-là que je préfère.

SAINT-YVES.

Il fallait donc le dire, tous les sujets me sont égaux; peu m'importe, et si cela te plaît, si cela plaît à l'honorable compagnie...

TOUS.

Sans contredit.

SAINT-YVES.

J'aurais préféré un autre sujet; mais enfin puisque vous voulez absolument les Ruines de Rome...

TOUS.

Oui, oui.

SAINT-YVES.

Je commence. (A part.) Pourvu que je me le rappelle à présent. (Brusquement, et comme inspiré.) J'y suis; je commence.

(Passant ses doigts dans ses cheveux.)

« Où donc est la cité, métropole du monde,
« En héros si fertile, en vertus si féconde?
« Montrez-moi ses palais, ses temples, ses remparts...
« Où sont-ils?... quels débris s'offrent à mes regards!...
« O temps dévastateur!.. à tes coups rien n'échappe!
« Où veillait le sénat, dort un soldat du pape!

TOUS.

Très beau.

SAINT-YVES, commençant à s'embrouiller, regardant Varinville et passant auprès de lui.

« Forum, que Cicéron n'a jamais trouvé sourd !

(Aux autres.)

Pardon, quand on improvise... (Bas à Varinville.) Souffle-moi donc.

« Forum, où Cicéron... n'est jamais resté court...
« Il était bien heureux ! que n'ai-je son langage ?
« Que n'ai-je son talent ? j'en dirais davantage.

(S'adressant à Corinne qui le regarde en riant.)

« Mais où trouver la rime ?... alors qu'un œil fripon
« Vous fait perdre à la fois l'esprit et la raison ? »

OSCAR ET VARINVILLE.

Bravo !

CORINNE.

Délicieux... (A Varinville.) Quel dommage que la famille n'ait pas été témoin...

OSCAR.

Nous allons le présenter.

CORINNE.

A M. Destaillis.

OSCAR.

A M. de Brévannes, un connaisseur.

VARINVILLE, bas.

Un oncle, qui a été chambellan, et qui, maintenant, fait de l'opposition.

SAINT-YVES, à part.

C'est bon à savoir.

SCÈNE VII.

CORINNE.

Venez, venez.

SAINT-YVES.

Dans cet équipage, ce ne serait pas convenable; je vais d'abord me faire conduire à l'appartement de mon frère, pour prendre un habit plus décent.

OSCAR ET CORINNE, allant au devant de Destaillis.

Eh! mais j'entends mon oncle.

(Ils sortent par le fond.)

SAINT-YVES, bas.

Ah! mon Dieu! et où serrer mon attirail de peinture?

VARINVILLE, lui montrant le cabinet à gauche.

Dans ce cabinet.

SAINT-YVES, ouvrant la porte.

A merveille!... qu'est-ce que je vois là? c'est mon affaire.

VARINVILLE.

Qu'as-tu donc?

SAINT-YVES.

Rien; sois tranquille.

(Il s'élance dans le cabinet. Oscar, Corinne et Destaillis entrent aussitôt.)

SCÈNE VII.

VARINVILLE, CORINNE, DESTAILLIS, OSCAR.

VARINVILLE, à part.

Allons, me voilà un frère qui m'est venu bien à propos.

OSCAR, à Destaillis.

Oui, vous dis-je; un jeune homme charmant.

CORINNE.

Le frère de M. de Varinville.

DESTAILLIS.

Son frère. Eh bien, je vous apporte aussi de bonnes nouvelles, car voilà son oncle.

TOUS.

Son oncle !

VARINVILLE, étonné.

Celui-là est un peu fort.

DESTAILLIS.

Oui, mon cher ami, j'ai aperçu un landau jaune.

VARINVILLE.

Vraiment ! (A part.) Il n'en manque pas sur la grande route.

DESTAILLIS.

Et ce doit être le marquis, parce qu'un landau annonce toujours une fortune respectable et légitime.

VARINVILLE, à part.

Oui, légitime, comme moi.

DESTAILLIS.

Il y en avait même deux qui se croisaient,

Air du vaudeville de Partie carrée.

Je voudrais bien savoir qui ce peut être.

VARINVILLE.

Quelque seigneur, quelque acteur en congé.

DESTAILLIS.

L'un, cependant, si je puis m'y connaître,
Marche à pas lents, tant il paraît chargé...
L'autre n'a rien, et son allure est vive.

SCÈNE VII.

VARINVILLE.

Ce doit être, d'après cela,
Deux receveurs, dont l'un arrive,
Et dont l'autre s'en va.

DESTAILLIS.

Du tout; il y en a au moins un qui est votre oncle.

VARINVILLE.

On entendrait déjà la voiture.

DESTAILLIS.

Non pas : elle a dû rester au bas de la montagne qui domine la ville; c'est un avantage de mon château... Il est tellement bien situé, que rien n'y peut arriver, pas même les voitures; c'est une position militaire bien agréable.

VARINVILLE, à part.

En temps de paix !

DESTAILLIS.

Vous entendez bien que je m'y connais, un ancien mousquetaire.

OSCAR.

Il faut aller au-devant de lui.

CORINNE.

Lui offrir le bras.

VARINVILLE.

Je vous répète que vous vous êtes trompé, et qu'il est impossible...

DESTAILLIS.

Comment ? impossible ! vous pouvez d'ici apercevoir au bas de la montagne... (Regardant.) C'est singulier, je ne vois plus sa voiture, ni aucune autre.

CORINNE.

Les oncles ont toujours la vue basse; vous surtout.

DESTAILLIS.

Oui; mais j'ai là ma longue-vue, une longue-vue anglaise.

CORINNE.

Qui pourrait bien vous tromper; elles sont sujettes à caution.

DESTAILLIS.

Du tout, du tout, attendez seulement que je sois à mon point; m'y voici.

CORINNE.

Cela me rappelle mon mari, qui, depuis qu'il n'était plus chambellan, se mettait tous les matins à sa fenêtre pour voir arriver une préfecture.

DESTAILLIS.

Je ne vois rien.

CORINNE.

C'est justement ce qu'il me disait... Attendez, attendez que j'aille à votre aide.

VARINVILLE.

Air : Le briquet frappe la pierre.

D'après un usage antique,
Toujours dans les dénoûmens,
Il nous tombait des parens
Du ciel ou de l'Amérique...
Que n'en vient-il aujourd'hui ?

DESTAILLIS.

J'en crois voir un, Dieu merci;
Mais si loin, si loin d'ici...

SCÈNE VII.

OSCAR.

Il tarde bien à paraître.

VARINVILLE.

N'en soyez pas étonnés ;
(A part.)
Ceux que le ciel m'a donnés,
Quand j'y pense, doivent être
Des parens bien éloignés.

DESTAILLIS.

Il approche, il approche, et ce doit être lui, quoique cette fois-ci ce ne soit point un landau.

CORINNE.

Qu'est-ce donc ?

DESTAILLIS.

Voyez vous-même.

(Pendant qu'ils sont tous à regarder à la fenêtre, Saint-Yves, qui a pris un costume d'oncle, sort furtivement du cabinet et se glisse en dehors par la porte du fond.)

CORINNE.

Oui, c'est une *briska*, ou plutôt une berline... Ah! mon Dieu! je vois les maîtres sur le siége, et des chiens dans la voiture.

DESTAILLIS.

Ce sont des Anglais.

CORINNE.

C'est juste ; ils n'en font jamais d'autres ; trois bouldogues la tête à la portière.

SAINT-YVES, en dehors.

Hum, hum.

SCÈNE VIII.

Les mêmes, SAINT-YVES, arrivant par le fond et en costume d'oncle.

VARINVILLE, l'apercevant.

C'est lui ; et où diable a-t-il pris cela ? (Haut.) Mon cher oncle !

DESTAILLIS, étonné.

Votre oncle de Bordeaux ?

VARINVILLE.

Oui, mon oncle de Bordeaux.

SAINT-YVES, vivement, et avec l'accent gascon.

Moi-même, qui arrive comme le vent, pour assister à ton bonheur.

VARINVILLE.

Voici une partie de nos nouveaux parens.

SAINT-YVES, saluant.

Belle dame, voulez-vous permettre.

(Il lui baise les mains.)

VARINVILLE, montrant Destaillis.

Et je vous présente mon oncle futur.

SAINT-YVES, à part.

L'oncle chambellan, qui fait de l'opposition. (Haut.) Par malheur, je n'ai que peu d'instans à donner à cette aimable famille.

TOUS.

Que voulez-vous dire ?

SCÈNE VIII.

SAINT-YVES.

Je me rends dans le sol natal, où tout un peuple d'électeurs m'attend avec impatience pour me proclamer.

DESTAILLIS.

Je fais d'avance mon compliment à l'honorable député.

SAINT-YVES.

Vous sentez bien que je suis au-dessus de cela. Si j'accepte, c'est uniquement pour servir les bons principes, pour protéger mes amis, ou placer mes parens, quels qu'ils soient.

CORINNE.

Oh! quelle bonne occasion pour mon mari, qui voudrait être replacé.

SAINT-YVES.

Tout ce qui vous sera agréable, je le demanderai pour vous à la France.

DESTAILLIS.

Je n'ai adressé dans ma vie qu'une seule pétition à la chambre; c'était au sujet des chiens de chasse, et de l'impôt qu'on voulait établir sur eux.

SAINT-YVES.

Pétition admirable dans ses principes, et bien digne de vous, mon cher. Je me rappelle parfaitement; j'étais à la séance, et la chambre a eu l'honneur...

DESTAILLIS.

De passer à l'ordre du jour.

SAINT-YVES.

Qu'importe? ce qui se défait une année, se refait la suivante. Je reproduis la pétition, je monte à la tribune, et je leur dis : Messieurs, s'il est un oubli de la législation actuelle, s'il est un reste déplorable de l'ancienne féodalité, c'est dans les immunités et avantages dont jouit encore une caste privilégiée, c'est dans l'exemption d'impôt dont on favorise les chiens, les chiens dits de chasse.

DESTAILLIS et VARINVILLE, à part.

Qu'est-ce qu'il dit donc là ?

SAINT-YVES.

Chez les Anglais, nos voisins, les chiens... (tirade sur l'Angleterre, et je rentre dans la question), chez les Danois eux-mêmes qui pourraient y paraître les plus intéressés (tirade sur les cours du nord; je traverse la Russie, je touche à la Turquie et je rentre dans la question), partout, messieurs, le luxe est imposé dans l'intérêt des contribuables eux-mêmes; car cette admirable fable de l'ancienne Grèce, cette fable d'Actéon mis en pièces par sa meute en furie, est l'emblème de ces riches propriétaires dont les chiens de chasse dévorent la fortune...

VARINVILLE, bas.

Qu'est-ce que tu dis donc ? Ce n'est pas l'oncle chambellan; au contraire c'est M. Destaillis, l'ancien noble, l'ancien mousquetaire !

SAINT-YVES, de même.

Il fallait donc le dire ; et moi qui ai donné à gauche. (Haut à Destaillis, qui depuis le commencement du discours s'est assis avec impatience et finit par lui tourner le dos tout-à-fait.) Voilà ce que diront nos antagonistes, se croyant sûrs de la victoire, et voici ce que nous leur répondrons, M. Destaillis et

SCÈNE VIII.

moi, si toutefois l'honorable assemblée veut bien nous prêter un instant d'attention.

DESTAILLIS, étonné, se levant.

Comment, Monsieur, ce que je viens d'entendre...

SAINT-YVES.

Est le discours de nos adversaires.

DESTAILLIS.

Aussi je me disais : c'est tout le contraire de ma pétition ; car je demandais, moi, dans le cas où l'impôt aurait lieu, que les chiens de chasse seulement en fussent exemptés, à cause de l'excellence de leur race.

SAINT-YVES.

Je le sais bien : nous pensons tous deux de même ; et maintenant que nous connaissons les moyens de ceux qui ont parlé contre, je vais parler pour et les pulvériser.

DESTAILLIS, se tournant vers lui avec complaisance.

A la bonne heure, au moins...

(Corinne et Destaillis s'asseyent.)

SAINT-YVES.

Messieurs...

VARINVILLE, à part.

Il va dire encore quelque bêtise. (Haut.) Messieurs !

SAINT-YVES, se tournant vers lui.

Point d'interruption ; j'ai écouté en silence... je réclame la même faveur.

TOUS.

C'est trop juste.

VARINVILLE.

Je voulais le prévenir seulement...

DESTAILLIS, se levant.

Laissez parler l'orateur, et écoutez.

TOUS.

Oui, écoutez...

SAINT-YVES.

Messieurs, l'honorable membre auquel je succède, et dont je me plais à reconnaître les talens et l'éloquence, veut proscrire le luxe et l'anéantir. Je lui répondrai par un axiome d'un publiciste, qu'à coup sûr il ne récusera pas : Le superflu, chose très nécessaire, fait la fortune des états, et l'agrément des particuliers.

DESTAILLIS.

Très bien, très bien.

SAINT-YVES.

D'ailleurs, Messieurs, laissons de côté les phrases déclamatoires ; qui veut la fin, veut les moyens. Vous aimez tous les perdreaux, et moi aussi je les aime ; j'en fais l'aveu à cette tribune ; et notre adversaire lui-même n'est peut-être pas fâché de les voir apparaître aux jours de fête sur sa table libérale et splendide. Eh bien ! Messieurs, qui les y amènera, sinon ces habiles pourvoyeurs, ces intelligens quadrupèdes, que dans votre ingratitude vous voulez proscrire ? Les proscrire ! eux, le plus touchant emblème de la fidélité (ici une tirade sur la fidélité), eux, les ennemis du despotisme (ici une tirade sur le despotisme) ; car vous savez, comme moi, quels sont ceux

SCÈNE VIII.

qui, jadis, ont fait justice de l'infame Jezabel, cette usurpatrice, dont ils n'ont fait qu'un déjeuner; et pour flétrir leur noble caractère, on vous a parlé d'Actéon, qui fut déchiré par sa meute rebelle. Mais, Messieurs, on a oublié de vous dire que dans ce fatal évènement leur fidélité avait été ébranlée par des agens soudoyés, par les artifices de Diane, par les principes révolutionnaires qui les avaient égarés; ces principes révolutionnaires (tirade sur la révolution), sans compter que les ornemens mis au front de leur maître avaient dû le rendre méconnaissable, tant il est vrai qu'on doit prendre garde à ce qu'on met à la tête des gouvernemens (tirade sur les ministres), et je conclus, Messieurs, en votant contre l'impôt!

DESTAILLIS, se levant.

Sublime, admirable!

OSCAR.

Une vigueur de raisonnement...

VARINVILLE.

Et un choix d'expressions...

CORINNE, se levant.

C'est-à-dire qu'on n'a jamais rien entendu de pareil.

Air : Ah! c'est affreux, ah! c'est abominable (de JONAS).

TOUS.

Quels jours heureux nous passerons ensemble,
Si ses parens sont tous ainsi que lui.

SAINT-YVES.

Vous jugerez combien je leur ressemble ;
Dans un moment vous les verrez ici.

OSCAR.

Dieux ! je me sauve.

CORINNE.

Eh ! vite, à ma toilette.

DESTAILLIS.

Je vais chercher, moi, pour leur faire honneur,
Et ma perruque, et mon habit noisette.

SAINT-YVES, à part, et regardant son habit.

Oui... s'il le trouve, il aura du bonheur.

TOUS.

Quels jours heureux nous passerons ensemble !
De vos parens vous nous voyez ravis.
Si chacun d'eux à celui-ci ressemble,
Cette alliance aura bien plus de prix.

(Destaillis, Oscar et Corinne sortent. Saint-Yves donne la main à Corinne, et la reconduit jusqu'à la porte du fond.)

SCÈNE IX.

VARINVILLE, SAINT-YVES.

SAINT-YVES.

Victoire ! te voilà avec un frère et un oncle reconnus ; c'est déjà fort gentil.

VARINVILLE.

Oui ; mais ces autres parens que j'ai eu l'imprudence de leur promettre.

SAINT-YVES.

Ils vont arriver.

VARINVILLE.

Ensemble ?

SCENE IX.

SAINT-YVES.

Peut-être bien.

VARINVILLE.

Et comment ?

SAINT-YVES.

Ne suis-je pas là ? A présent que me voilà lancé.

VARINVILLE.

Air du Pot de Fleurs.

Y penses-tu ?

SAINT-YVES.

J'y suffirai, j'espère ;
Sans hésiter, mon cher, je les ferai.

VARINVILLE.

Un ou deux, bien... mais la famille entière !

SAINT-YVES.

Pour te servir, je me multiplirai.
Sur moi que ton espoir se fonde.

VARINVILLE.

Quoi ! vingt parens, à toi seul ?

SAINT-YVES.

Vraiment oui,
Depuis long-temps on a dit qu'un ami
Valait tous les parens du monde.

VARINVILLE.

Tais-toi. Je crois entendre ma tante Judith, la prude.

SAINT-YVES.

Ta tante Judith ! la prude !

VARINVILLE.

Oui, celle qui fait de la morale, qui tient aux bienséances, et qui ne joue point de proverbes.

SAINT-YVES.

Elle joue peut-être autre chose.

VARINVILLE.

Je te préviens que celle-là ne se paiera point de tes improvisations.

(Saint-Yves retourne sa perruque, boutonne son habit, et prend un air modeste et compassé.)

VARINVILLE, qui pendant ce temps a regardé venir Judith.

La voilà, Saint-Yves... *(Étonné, et regardant autour de lui)* Eh bien! où est-il donc?

SAINT-YVES, d'un ton doux.

Près de vous, mon frère.

SCÈNE X.

LES PRÉCÉDENS, MADEMOISELLE JUDITH EN GRANDE TOILETTE.

MADEMOISELLE JUDITH.

Qu'ai-je appris! M. le marquis de Varinville serait arrivé?

VARINVILLE.

Il est déjà reparti, madame... Mais voici son neveu, mon cousin, qui demande l'honneur de vous offrir ses respects.

MADEMOISELLE JUDITH.

Que ne se présentait-il?

SAINT-YVES.

Vous étiez à votre toilette... et je n'aurais pas voulu, pour tout au monde... m'exposer... Je vous

SCÈNE X.

demanderai la permission de n'en pas dire davantage... à cause de la bienséance.

MADEMOISELLE JUDITH.

Voilà un jeune homme qui a de fort bonnes manières. (A Varinville.) Quelle carrière a-t-il suivie ?

SAINT-YVES.

Aucune, madame. Il y a foule partout. Dans ma famille, me suis-je dit, les uns auront de la fortune, d'autres des dignités ; celui-ci des places !... moi, j'aurai des mœurs : c'est un état comme un autre... Célibataire avec des mœurs, voilà ma profession.

MADEMOISELLE JUDITH.

C'est exactement la mienne.

SAINT-YVES.

C'est à mademoiselle Judith que j'ai l'honneur de parler, cette respectable dame, dont le cœur est le réceptacle de tous les bons principes ?

MADEMOISELLE JUDITH.

Moi-même.

SAINT-YVES.

Et qui, dans son austère rigueur, fuyant le mariage et ses chaînes, a juré jusqu'à présent de rester... Je vous demanderai la permission de n'en pas dire davantage, à cause de la bienséance.

MADEMOISELLE JUDITH, à Varinville.

Votre cousin a une mesure et un ton parfait.

SAINT-YVES, hésitant.

Madame...

MADEMOISELLE JUDITH.

Qu'est-ce que c'est ?

SAINT-YVES, à mademoiselle Judith.

Oserai-je réclamer de vous une audience particulière ?

VARINVILLE.

Je comprends ; je vous laisse. (Il passe à la gauche de Saint-Yves.) (A part.) Que diable va-t-il lui dire ? (Bas à Saint-Yves.) Comment, tu risques le tête-à-tête ?

SAINT-YVES, bas et gaiement.

Je t'ai dit que je me dévouais ; et quand on y est une fois.... (Se retournant gravement vers mademoiselle Judith.) Madame, je suis à vos ordres.

(Varinville sort.)

SCÈNE XI.

Mademoiselle JUDITH, SAINT-YVES.

MADEMOISELLE JUDITH.

Daignez vous asseoir. (Saint-Yves offre un fauteuil à mademoiselle Judith, et va ensuite en prendre un pour lui. Mademoiselle Judith s'assied. Voyant Saint-Yves qui, en s'asseyant, fait un geste de douleur :) Qu'avez-vous donc ?

SAINT-YVES.

Rien ; mais quand on vient de faire quarante-cinq lieues en poste, malgré la bénignité des coussins, cela endommage toujours plus ou moins... Je vous demanderai la permission de n'en pas dire davantage, à cause de la bienséance.

MADEMOISELLE JUDITH.

A merveille, je vous écoute, Monsieur.

SCÈNE XI.

SAINT-YVES.

Vous sentez, madame, que, prêt à faire alliance avec une famille, on désire la connaître intimement; c'est pour cela que mon oncle m'a prié de vous demander à ce sujet des admonitions et renseignemens.

MADEMOISELLE JUDITH.

Inutiles à tous égards : la famille Destaillis est la famille la plus irréprochable et la plus respectable...

SAINT-YVES.

J'en vois en ce moment de grandes preuves et témoignages. Ainsi donc, M. Destaillis votre frère...

MADEMOISELLE JUDITH.

D'excellens principes, mais peu de tête, et de l'importance comme un marguillier.

SAINT-YVES.

Quelle vanité !

MADEMOISELLE JUDITH.

Comme ces dames qui ne songent qu'à leur parure, et quelle parure encore ! car la toilette d'à présent...

SAINT-YVES.

C'est comme chez nous ; j'ai des tantes et des cousines qui souvent me forcent à baisser les yeux ; elles ont surtout... comment appelez-vous cela ?

MADEMOISELLE JUDITH.

Des corsets ?

SAINT-YVES, *lui montrant la manche de sa robe.*

Non, ce que vous avez là ?

MADEMOISELLE JUDITH.

Des gigots.

SAINT-YVES.

Elles ont des gigots scandaleux, tant ils sont clairs et transparens : au point que la mousseline immodeste laisse apercevoir continuellement.... Je vous demanderai la permission de n'en pas dire davantage. Quelle différence avec les vôtres ! Voilà des gigots vertueux et opaques, qui ne permettent point à l'imagination de s'égarer sous leurs tissus diaphanes et tentateurs, et comme le reste de la toilette y répond bien !

MADEMOISELLE JUDITH.

Vous trouvez.

SAINT-YVES.

Quelle convenance ! quelle recherche gracieuse dans ces ajustemens ! et quelle élégante simplicité dans le choix même de cette étoffe !

MADEMOISELLE JUDITH.

Que fait là votre main ?

SAINT-YVES.

L'étoffe me paraissait si moelleuse que je craignais d'abord que ce ne fût de la soie.

MADEMOISELLE JUDITH, avec fierté, et éloignant sa chaise.

Soie et coton, Monsieur.

SAINT-YVES.

C'est bien différent ; car nous avons maintenant un si grand luxe...

MADEMOISELLE JUDITH.

Même chez les jeunes gens.

SAINT-YVES.

Ne m'en parlez pas, et la plupart ont si mauvais

SCÈNE XI.

ton. J'en ai vu dans les salons qui, au lieu de se tenir respectueusement éloigné des dames, s'en approchaient ainsi...

(Rapprochant son fauteuil.)

MADEMOISELLE JUDITH.

Vraiment !

SAINT-YVES.

C'est comme je vous le dis ; ils ne craignent pas de les regarder d'un air passionné... Voyez-vous, de ces yeux qui semblent dire : « O dieux, si j'osais ! » Et ils étaient plus hardis que leurs yeux.

MADEMOISELLE JUDITH.

Il serait possible !

SAINT-YVES.

J'en ai vu même qui prenaient la main d'une femme, non pas comme la vôtre, avec un gant, mais telle que la voilà. *(Il ôte le gant de Judith et lui baise la main.)* et qui avec ardeur osaient la porter à leurs lèvres, exactement comme cela... N'est-ce pas une horreur ?

MADEMOISELLE JUDITH.

Je n'en reviens pas.

SAINT-YVES.

On ne peut pas s'imaginer leur oubli des bienséances. Bien mieux encore : l'autre semaine, à Paris, j'allais dans un bel hôtel, chez une grande dame, pour une souscription. J'entre brusquement dans son boudoir, car elle en a un ; et qu'est-ce que je vois !... je n'ose y penser sans que le feu de l'indignation... Je suis rouge, n'est-ce pas ?

MADEMOISELLE JUDITH.

Dites toujours.

SAINT-YVES.

Je vois un officier, un beau brun, un brun superbe, qui était à genoux, exactement comme cela.

MADEMOISELLE JUDITH.

Que faites-vous?

SAINT-YVES.

C'est pour vous montrer; et puis je suis mieux là qu'assis, à cause de ce que je vous disais tout à l'heure.

MADEMOISELLE JUDITH.

Eh bien, monsieur, achevez.

SAINT-YVES.

Eh bien, madame...

SCÈNE XII.

Les précédens, VARINVILLE.

VARINVILLE.

Oui, je vais lui dire...

MADEMOISELLE JUDITH, s'enfuyant.

Ah! mon Dieu! votre cousin! s'il allait penser...

SAINT-YVES, à mademoiselle Judith, qui s'enfuit.

Ne craignez rien, madame, quand les intentions sont pures.

(A Varinville.)

Air des Amazones.

Pourquoi viens-tu troubler nos conférences?

VARINVILLE.

J'arrive à temps... que diable faisiez-vous?

SCÈNE XII.

SAINT-YVES.

C'est à propos des convenances
Qu'en ce moment j'étais à ses genoux...
Nous ne parlions tous deux, à cette place,
Que bienséance...

VARINVILLE.

Et pourvu, je le vois,
Que l'on en parle, aisément on s'en passe.

SAINT-YVES.

On ne peut pas faire tout à la fois.
Du reste, tu vois que je n'ai pas gâté tes affaires, et que je suis assez bien avec mademoiselle Judith.

VARINVILLE.

Dès la première entrevue, déjà à ses pieds.

SAINT-YVES.

Mon ambition en restera là! Je ne tiens plus à m'élever. Mais toi, qu'as-tu fait?

VARINVILLE.

J'ai annoncé à tout le monde que mon oncle, qui avait à se faire nommer député, venait de partir en poste, mais que son neveu...

SAINT-YVES.

En allait faire autant. Je vais lui donner ma voix, à ce cher oncle.

VARINVILLE.

Et que me restera-t-il donc de toute ma famille?

SAINT-YVES.

Ta chère tante que l'on attend. Allons vite à ma toilette.

VARINVILLE.

Et où veux-tu que je trouve un costume de tante?

SAINT-YVES.

Dans une maison où on joue des proverbes...

VARINVILLE.

Tu as raison; je vais prendre ce qu'il y a de mieux au magasin. Ah! j'oubliais... un incident qui a failli tout perdre... quelqu'un arrivé du Cheval Rouge...

SAINT-YVES.

De mon auberge.

VARINVILLE.

Un domestique en livrée jaune.

SAINT-YVES.

C'est le mien! je lui avais dit que j'allais au château.

VARINVILLE.

Il apportait une lettre que j'ai prise, et je l'ai bien vite renvoyé.

SAINT-YVES.

C'est prudent.

VARINVILLE, lui donnant la lettre.

Tiens, la voilà.

SAINT-YVES.

C'est bien; mais avant tout songe à ta tante.

VARINVILLE.

Je vais la chercher.

(Il sort.)

SCÈNE XIII.

SAINT-YVES, SEUL, DÉCACHETANT LA LETTRE.

C'est de mon camarade Verneuil, qui m'écrit de Paris. (Il lit.) « Mon cher ami, j'ai enfin des ren- « seignemens positifs sur ta belle fugitive... Made- « moiselle Granson. » (S'interrompant.) Dieu soit loué ! Voyez ce que c'est de servir un ami, cela vous porte bonheur. (Continuant la lecture de la lettre.) « Je sais, « à n'en pouvoir douter, que depuis plus de dix- « huit mois elle a perdu son père, et qu'elle vit « retirée auprès de sa famille, qui habite une terre « qu'on ne m'a pas désignée au juste, mais qui est si- « tuée entre Orléans, Vendôme et Beaugency. » Que le diable l'emporte avec ses renseignemens positifs... Comment faire ?

AIR de Turenne.

Jadis un chevalier fidèle,
Pour découvrir l'astre de ses amours,
Allait, disant de tourelle en tourelle :
« Où donc est-elle ?... » Au temps des troubadours
C'était fort beau, mais de nos jours,
S'il faut courir, pour retrouver son astre,
De terre en terre et d'arpent en arpent,
On a l'air, non pas d'un amant,
Mais d'un employé du cadastre.

SCÈNE XIV.

NATHALIE, SAINT-YVES.

SAINT-YVES.

Que vois-je?

NATHALIE, levant les yeux.

M. de Saint-Yves en ces lieux!

SAINT-YVES.

Nathalie!... Qu'on dise encore que les romans sont invraisemblables! Si je l'avais lu, je ne le croirais pas. Mais je vous vois; je vous retrouve. Depuis deux ans que je vous cherche, où étiez-vous donc?

NATHALIE.

Ici, dans ma famille.

SAINT-YVES.

Vraiment!

NATHALIE.

Et vous, qu'y venez-vous faire?

SAINT-YVES.

Rendre service à un ami, M. de Varinville.

NATHALIE.

Que dites-vous?

SAINT-YVES.

Et assister à sa noce.

NATHALIE.

A la mienne!

SAINT-YVES.

O ciel! c'est vous qu'il épouse!

SCÈNE XIV.

NATHALIE.

Moi-même. On n'attend plus pour cela que sa famille.

SAINT-YVES.

Malédiction !

NATHALIE.

Et voilà déjà un frère, un oncle et un cousin qui, dit-on, viennent d'arriver.

SAINT-YVES.

Ah ! si cette aventure se répand, comme on se moquera de moi !

NATHALIE,

Qu'avez-vous donc ?

SAINT-YVES.

Rien. Soyez tranquille ; il ne vous épousera pas, ou j'y perdrai mon nom, et lui aussi, ce qui lui coûtera moins qu'à moi.

NATHALIE.

Qu'est-ce que cela veut dire ?

SAINT-YVES.

Que je ne sais comment faire ; mais c'est égal. Rappelez-vous seulement que je vous aime ; que vous serez à moi ; que rien ne peut nous séparer. On vient... partez vite.

(Nathalie sort.)

SCÈNE XV.

SAINT-YVES, VARINVILLE.

VARINVILLE, *apportant un carton et un paquet de robes.*

Voilà, voilà ce que j'ai trouvé de plus nouveau, non pas au magasin, mais chez ma tante Judith. Un habillement charmant qu'elle s'était fait faire pour la noce. Et nous allons les battre avec leurs propres armes. Eh bien! qu'as-tu donc?

SAINT-YVES.

L'évènement le plus fâcheux!

VARINVILLE.

Ah! mon Dieu! est-ce que cette lettre que je t'ai remise?...

SAINT-YVES.

Précisément; c'est une lettre qui arrive de Paris, et qui m'annonce...

VARINVILLE.

Une perte? une faillite? Je suis là pour tout réparer.

SAINT-YVES.

Je te remercie; on m'apprend, au contraire, que ma belle inconnue est retrouvée.

VARINVILLE.

Et tu n'es pas enchanté?

SAINT-YVES.

Non, vraiment, car elle est sur le point d'en épouser un autre.

SCÈNE XV.

VARINVILLE.

Est-il temps encore ?

SAINT-YVES.

Oui, sans doute.

VARINVILLE.

Demain je retourne à Paris, et nous ferons si bien que nous l'enlèverons à ton rival.

SAINT-YVES.

Oui, mais c'est que ce rival est un ancien camarade.

VARINVILLE.

Qu'importe !

SAINT-YVES.

Un ami.

VARINVILLE.

Raison de plus. Dans ce cas-là il n'y a pas d'amis.

SAINT-YVES.

Tu crois ?

VARINVILLE.

Oui, sans doute; c'est de bonne guerre. Il n'y a que les imbéciles qui se fâchent. Quitte à lui, quand tu seras marié, de prendre sa revanche.

SAINT-YVES.

A la bonne heure ; je n'ai plus de scrupule, et je commence.

VARINVILLE.

Un instant, tu commenceras par moi.

SAINT-YVES.

C'est trop juste ; mais cette fois tu m'aideras, et ne va pas me laisser, comme ce matin, au milieu des Ruines de Rome..

VARINVILLE.

Volontiers. Que faut-il faire?

SAINT-YVES.

Je te le dirai ; mais ma toilette. On vient ; je n'aurai pas le temps. Je me retire dans mon boudoir ; empêche qu'aucun indiscret ne puisse y pénétrer.

VARINVILLE.

Et mon rôle que tu oublies.

SAINT-YVES.

Je vais te l'écrire en deux mots; je te le glisserai dans la main, et je te dirai quand il faudra commencer.

VARINVILLE.

A la bonne heure : va-t'en.

(Saint-Yves entre dans le cabinet à gauche.)

SCÈNE XVI.

OSCAR, NATHALIE, CORINNE, DESTAILLIS,
MADEMOISELLE JUDITH, VARINVILLE.

CHOEUR.

Air: Ah! quel outrage (du Coiffeur).

Quelle famille !
En elle brille
Tout ce qu'aime notre famille ;
Quelle alliance !
L'or, la naissance,
Oui, chez lui
Tout est réuni.

SCÈNE XVI.

CORINNE, à Varinville.

De votre frère on aime l'élégance.

MADEMOISELLE JUDITH.

Moi, du cousin j'aime l'air ingénu.

DESTAILLIS.

Moi, j'aime l'oncle et sa mâle éloquence.

NATHALIE, regardant autour d'elle.

Moi, ce que j'aime, hélas! a disparu.

TOUS.

Quelle famille! etc.

DESTAILLIS.

L'oncle le député est charmant; c'est un cavalier accompli, un gentilhomme de l'ancienne roche.

CORINNE.

Et le frère donc, un ami des arts qui improvise, comme les Italiens.

MADEMOISELLE JUDITH.

Et son neveu; ah! vous n'avez pas vu son neveu! un jeune homme si intéressant, et qui a de si bonnes manières.

VARINVILLE, riant.

Un ami des bienséances, des convenances.

MADEMOISELLE JUDITH.

Oui, Monsieur. Ce n'est pas lui qui s'aviserait d'entrer dans un appartement sans se faire annoncer. Et puis il a toujours de si bonnes intentions, que ce qui scandaliserait dans un autre devient chez lui tout-à-fait exemplaire.

CORINNE.

Ah! monsieur, que vous êtes heureux d'avoir une pareille famille!

DESTAILLIS.

Que nous sommes heureux, puisque cette famille est la nôtre.

VARINVILLE.

Vous êtes bien bon, mais vous n'avez rien vu encore, et j'espère vous présenter bientôt ma tante la vicomtesse de Varinville.

NATHALIE, à part

Ah! mon Dieu!

DESTAILLIS.

Qu'avez-vous donc?

NATHALIE.

Rien, mon oncle. (A part.) Plus d'espoir, la tante va arriver.

MADEMOISELLE JUDITH, à Varinville.

Vous l'attendez donc?

VARINVILLE.

Mieux que cela.

CORINNE.

Que voulez-vous dire?

VARINVILLE.

Elle est ici.

TOUS.

Il serait possible! et vous ne nous le disiez pas.

DESTAILLIS.

Où est-elle? où est-elle?

VARINVILLE, désignant le cabinet à gauche.

Là, dans ce boudoir.

DESTAILLIS.

Mon chapeau, mes gants, que j'aille lui offrir la main.

SCÈNE XVI.

VARINVILLE.

Vous ne la lui offrirez pas.

DESTAILLIS.

Je lui offrirai.

VARINVILLE.

Vous ne lui offrirez pas.

DESTAILLIS.

Et pourquoi donc?

VARINVILLE.

Parce que, dans ce moment, elle est à sa toilette.

MADEMOISELLE JUDITH.

C'est juste, mon frère, c'est juste, les bienséances avant la politesse. Mais les femmes du moins peuvent entrer?

CORINNE.

Sans doute, ne fût-ce que pour offrir nos soins.

MADEMOISELLE JUDITH.

Et j'y vais la première. (A Nathalie.) Venez donc, mademoiselle, venez donc avec nous.

VARINVILLE.

Ah! mon Dieu! que va-t-il arriver?

(Les deux dames s'élancent vers la porte à gauche, qu'on referme vivement, et on entend une voix de femme crier en dehors : On n'entre pas.)

VARINVILLE.

Cela ne m'étonne pas, ma tante la vicomtesse est d'une pudeur antique, la pudeur la plus chatouilleuse.

MADEMOISELLE JUDITH.

C'est comme moi.

VARINVILLE.

Je dirais même, si ce n'est le respect que je lui dois, qu'elle est un tant soit peu bégueule; mais elle rachète ce léger défaut par une grâce, une finesse, un esprit...

MADEMOISELLE JUDITH.

Ce que nous appelons femme de qualité, femme de cour.

VARINVILLE.

Mieux que cela; car j'ose dire qu'à la cour il n'y en a pas une comme elle.

CORINNE.

Je ne serai pas fâchée de voir cette merveille. Comment est-elle sous le rapport des dons extérieurs?

VARINVILLE, à part.

Ah! diable, je ne sais pas quelle figure il va se faire! (Haut.) Je ne vous dirai pas au juste; il y a très long-temps que n'ai vu ma tante, et je serais même capable de ne pas la reconnaître, sans la voix du sang, et puis si je ne savais pas que c'est elle.

DESTAILLIS.

Silence, la porte s'ouvre.

OSCAR, la lorgnant.

Il est de fait que de loin elle n'est pas mal pour son âge.

SCÈNE XVII.

Air de la contredanse de la Somnambule (1).

TOUS.

Silence, (*bis.*)
Vers nous elle s'avance ;
Silence, (*bis.*)
D'ici n'entends-je pas
Ses pas ?

DESTAILLIS.

C'est elle,
Modèle
Des vertus
Qu'on aime le plus.
Sa mise
Exquise
Prouve sa décence, et surtout
Son goût.

TOUS.

Silence, (*bis.*)
Vers nous elle s'avance ;
Silence, (*bis.*)
Elle a bien plus d'attraits
De près.

SCÈNE XVII.

Les précédens, SAINT-YVES, habillé en femme.

(*Tout le monde le salue ; Destaillis va lui offrir sa main.*)

SAINT-YVES, *voix de femme.*

Air de trio du Concert à la Cour.

Pour moi que ce jour a de charmes ;
Mais daignez calmer mes alarmes.

---

(1) Si l'acteur a le temps de s'habiller en femme, ce couplet se passe à la représentation.

Tant de beautés m'intimident un peu.
En faveur de mon cher neveu,
Mesdames, que je vous embrasse.

(Il embrasse Judith et Corinne.)

MADEMOISELLE JUDITH, d'un air aimable.

J'allais demander cette grâce.

SAINT-YVES, à Nathalie.

Et cette aimable enfant.

(Bas, avec sa voix naturelle.)

C'est moi.

NATHALIE.

O ciel!

DESTAILLIS.

Pourquoi donc cet effroi?

MADEMOISELLE JUDITH, la poussant.

Allons, ma chère, imitez-moi.

SAINT-YVES, l'embrassant.

Vraiment, elle est toute tremblante.

OSCAR, lui baisant la main.

Près de vous peut-on avoir peur?

SAINT-YVES, faisant des mines.

Cet accueil me touche et m'enchante.

(A Varinville, qui est à la gauche du théâtre.)

Et vous, avec votre air boudeur,
Venez donc près de votre tante.

(Lui tendant sa main à baiser.)

Je vous permets aussi, profitez-en, monsieur.

DESTAILLIS.

Moi, je réclame une telle faveur.

VARINVILLE, à part.

Au diable, au diable, une telle faveur!

SCÈNE XVII.

SAINT-YVES.

O ciel ! l'aimable caractère !
Oui, mon cœur, à ses doux regards,
Le reconnaît ! comme ancien mousquetaire,
Pour le sexe il a des égards.

ENSEMBLE.

SAINT-YVES, bas à Varinville, voix naturelle.

Allons, calme-toi, plus d'alarmes,
Vois ce regard, ce sourire vainqueur...
Il faut qu'on nous rende les armes,
Tout cède à ce sexe enchanteur.

LES HOMMES.

O ciel ! que d'attraits, que de charmes !
Quel doux regard, quel sourire enchanteur !
Oui, de lui rendre encor les armes,
On se ferait un vrai bonheur.

LES FEMMES.

Voyez que de grâce et de charmes !
Malgré son âge elle a de la fraîcheur ;
Et l'on rendrait encor les armes
A ce regard plein de douceur.

(A la fin du morceau, entrent deux domestiques qui donnent des siéges aux dames et aux messieurs. Tout le monde s'assied.)

DESTAILLIS.

Ah ! qu'on est heureux de se trouver en famille !

SAINT-YVES.

Ah ! oui, en famille, je crois bien y être. Sans cela, je n'oserais me présenter dans un pareil négligé.

DESTAILLIS.

Vous êtes superbe.

SAINT-YVES.

Taisez-vous, flatteur.

MADEMOISELLE JUDITH.

C'est-à-dire que c'est étonnant, et je me félicite maintenant de mon goût, car j'ai un ajustement tout-à-fait semblable.

SAINT-YVES.

Vraiment! c'est la dernière mode.

MADEMOISELLE JUDITH, avec satisfaction.

La dernière.

SAINT-YVES.

Oui, celle que l'on vient de quitter.

MADEMOISELLE JUDITH, fâchée.

Eh bien! par exemple... Mais ce qui m'étonne encore plus... (A Varinville.) c'est la ressemblance de madame avec le jeune cousin.

SAINT-YVES.

On se ressemble de plus loin; c'est mon fils.

DESTAILLIS.

Le fils du vicomte de Varinville?

SAINT-YVES.

Non, d'un autre mariage.

MADEMOISELLE JUDITH.

Ah! il est de votre premier mari!

SAINT-YVES.

Non, Madame, de mon second.

OSCAR.

Le vicomte est donc le troisième?

SAINT-YVES, le regardant tendrement.

Oui, Monsieur, il est à l'extrémité dans ce moment, ce qui l'a empêché de venir.

SCÈNE XVII.

TOUS.

Ah! mon Dieu!

VARINVILLE, à part.

Pourquoi diable va-t-il leur dire tout cela?

MADEMOISELLE JUDITH.

Je ne conçois pas qu'on puisse se marier trois fois.

SAINT-YVES.

C'est ce que je disais la première. Aussi il n'y a que celle-là qui ait eu lieu avec mon agrément; les deux autres, cela n'a été que malgré moi, et par respect humain.

DESTAILLIS.

Et comment cela?

SAINT-YVES.

Lors de la guerre, voyageant en poste avec ma femme de chambre, nous tombâmes dans un avant-poste ennemi, un pulk de Cosaques.

TOUTES LES FEMMES.

Ah! mon Dieu!

SAINT-YVES.

Ils étaient affreux, mes chères : des moustaches à la Souvarow, moustaches parfaitement cirées, et des barbes à la Saint-Antoine, comme les jeunes gens à la mode en portent à présent : c'était horrible! Comme j'ai eu l'honneur de vous le dire, ils étaient là en reconnaissance, et par suite de cette reconnaissance, je me vis obligée d'épouser un des chefs, un Tartare nogais, le comte de Tapcoquin, de qui j'ai eu mon petit Emmanuel Nicolaïof, que vous avez vu ce matin.

MADEMOISELLE JUDITH.

Quoi! ce jeune homme de si bonnes mœurs?

SAINT-YVES.

C'est un jeune Cosaque... Cosaque civilisé... Mais le naturel primitif commence à se déclarer. Vous avez dû vous en apercevoir à ses galantes entreprises.

DESTAILLIS.

Comment, ma sœur?

MADEMOISELLE JUDITH.

Qu'est-ce que cela signifie?

SAINT-YVES.

Il m'a tout dit; il m'a parlé d'un baiser... d'une déclaration faite à vos genoux.

MADEMOISELLE JUDITH.

Quelle horreur! une femme comme moi.

SAINT-YVES.

Est-ce que cela vous fâche? Est-elle drôle! c'est une plaisanterie; son père en faisait bien d'autres. Pauvre cher Tartare!... Grâce au ciel, je l'ai perdu en France, à la bataille de Montmirail. (Tirant son mouchoir.) Encore dans une reconnaissance, et j'en ai gardé une éternelle au boulet de canon tutélaire qui m'a rendue à la liberté, à ma patrie et à la société, dont j'étais, à ce qu'on m'a dit quelquefois, le plus bel ornement.

DESTAILLIS.

Voilà de singulière aventures.

SCÈNE XVII.

MADEMOISELLE JUDITH, à part.

Et une femme que je ne puis souffrir, pas plus que son benêt de fils.

VARINVILLE.

Qu'est-ce que cela signifie ? (Haut.) Il faut dire aussi qu'après cette vie agitée, madame la vicomtesse n'a plus coulé que des jours calmes et tranquilles, au sein des arts et de l'amitié.

SAINT-YVES.

Ah ! oui, les arts que j'aime d'instinct et de passion, et que j'ai cultivés dans mon printemps, j'ose dire avec un certain succès, et qui m'ont fait faire la conquête de M. de Varinville, mon dernier mari, que je crois voir encore avec son lorgnon et ses ailes de pigeon ; un dilettante qui adorait ma voix, car je chantais autrefois comme madame Malibran.

Air du Concert à la Cour (1).

> Dans un air de *Ma tante Aurore*,
> Une cadence le charma ;
> Le lendemain, plus tendre encore,
> Une roulade l'enflamma.
> Il vint chez moi... car près des belles
> L'Amour voltige sans façon.
> Lorsque l'Amour, outre ses ailes,
> Porte des ailes de pigeon.

Enfin il m'enleva, et voilà comment je fus séduite pour la seconde fois.

(1) Ce couplet peut se passer. Après les mots : *un dilettante qui m'adorait*, on va tout de suite à : *et qui m'enleva, voilà comment je fus séduite pour la seconde fois*, etc.

MADEMOISELLE JUDITH.

Pour la seconde fois!

VARINVILLE.

Ma tante se trompe; elle confond dans ses souvenirs.

SAINT-YVES.

C'est possible; j'avais si peu d'expérience, j'étais si jeune quand j'ai quitté le toit paternel... Mon père, pâtissier du roi... (Mouvement de tout le monde.) une charge qui donnait la noblesse, toujours en bas de soie, l'épée au côté, brutal de caractère, nous donnait plus de soufflets que de tarte aux pommes, plus de coups de pied que de croquignoles. Un jour, à la suite d'une vivacité paternelle, plus vive que de coutume, je pris mes jambes à mon cou, et mes chers parens n'entendirent plus parler de moi.

(Chantant)

Non, non, non, j'ai trop de fierté
Pour me soumettre à l'esclavage.

DESTAILLIS ET LA FAMILLE, se regardant.

Voilà qui est inconcevable.

SAINT-YVES, continuant de chanter.

Dans les liens du mariage
Mon cœur ne peut....

(S'interrompant.)

Pardon, je ne suis pas en voix aujourd'hui, et puis cet appartement est un peu sourd.

VARINVILLE, à part, avec humeur.

Il est bien heureux.

SCÈNE XVII.

SAINT-YVES.

Si vous m'aviez entendu chanter cet air dans la salle de Toulouse.

OSCAR.

Madame a brillé à Toulouse ?

SAINT-YVES.

Oui, Monsieur, j'y ai joué un certain rôle... Qu'est-ce que je dis ? j'en ai joué plus d'un ; j'ai tenu pendant trois ans, en chef, et sans partage, l'emploi des *Dugazon-corsets*.

DESTAILLIS.

Qu'est-ce que j'entends là ? Vous avez joué la comédie à Toulouse ?

SAINT-YVES.

Quelle ville, Monsieur! ancienne ville de parlement ; public sévère, mais connaisseur. J'étais son bijou, son enfant gâté ; on me passait tout. J'ai fait manquer plus de vingt spectacles pour des parties de plaisir. Je ne craignais rien, j'avais le maire dans la manche ; il était amoureux de moi.

TOUS.

C'est une horreur !

SAINT-YVES.

Vous l'auriez été comme lui, si vous m'aviez vu danser la cosaque. (Il fait quelques pas en chantant la cuisse : Tra, la, la, la.)

TOUS LES HOMMES.

C'est une indignité !

CORINNE.

Cette femme-là n'est pas de nos jours.

OSCAR.

Au contraire, cela me fait l'effet d'une contemporaine.

SAINT-YVES.

Hein? qui m'a appelée contemporaine?

OSCAR.

C'est moi.

SAINT-YVES.

Monsieur, vous m'insultez!

Air du Maçon.

Ah! grand Dieu! quel affront!
Mais de l'injure qu'ils me font
Tous mes parens me vengeront.
Allons, défendez-moi,
Allons, c'est votre emploi,
Mon cher neveu, défendez-moi.

VARINVILLE, s'approchant de Saint-Yves, à demi-voix.

D'un pareil tour j'aurai vengeance.

SAINT-YVES, de même.

Maintenant ton rôle commence.
(Lui glissant un billet dans la main.)
Il est ici,
Tiens, le voici.

TOUT LE MONDE.

Tout est rompu, tout est fini,
Non, plus d'hymen, tout est fini.

SAINT-YVES.

Oui, plus d'hymen, tout est fini,
Je dois me retirer d'ici.

(Il sort.)

SCÈNE XVIII.

Les précédens, hors SAINT-YVES.

DESTAILLIS.

A la bonne heure ! qu'elle s'éloigne ! Plus de mariage, plus d'alliance avec une telle famille !

VARINVILLE.

Arrêtez, Monsieur ; il y a ici quelque imposture, quelque trahison que je ne puis m'expliquer ; mais je renie la parenté, et cette personne-là n'est point ma tante.

DESTAILLIS.

Elle n'est point votre tante ?

CORINNE.

C'est peut-être son oncle !

TOUS.

Et qui donc est-elle ?

VARINVILLE.

Je n'en sais rien ; je ne comprends rien à sa conduite. Mais cette lettre qu'on vient de me glisser dans la main... cette lettre nous fera connaître...

TOUS.

Lisez vite.

VARINVILLE, jetant les yeux dessus.

Ah ! mon Dieu ! (Aux autres.) Permettez (Pendant que Varinville lit sa lettre sur le devant de la scène à gauche, Destaillis et les

autres sont restés au fond à droite.) (Lisant bas :) « Tu m'as con-
« seillé d'enlever la maîtresse d'un ami. Cette maî-
« tresse est Nathalie, et cet ami, c'est toi ; je viens
« de l'apprendre... Mais tu me pardonneras, car tu
« sais qu'en pareil cas il n'y a que les imbéciles qui
« se fâchent... »

(Il fait un mouvement.)

TOUS.

Qu'avez-vous ?

VARINVILLE.

Rien, je suis à vous. (Continuant la lecture de sa lettre.)
« J'ai suivi tes avis ; suis les miens : fais le généreux,
« c'est un beau rôle que je te laisse. Sinon, je suis
« là, à côté, je dirai tout ; je parlerai du beau Dunois. »
(S'arrêtant.) Il suffit.

DESTAILLIS, se levant.

Qu'est-ce donc ?

VARINVILLE.

Une aventure inconcevable. Je disais bien que ce
n'était pas ma tante. Il y avait si long-temps que je
ne l'avais vue, qu'il était facile de s'y méprendre ;
et, prévenu de son arrivée, un ami, un rival s'est
présenté à sa place.

DESTAILLIS.

Un rival !

MADEMOISELLE JUDITH.

Qu'est-ce que j'apprends là ?

VARINVILLE.

Ne vous fâchez pas, cela me regarde, (avec emphase.)

et je les punirai, les ingrats, en m'immolant pour eux, en faisant leur bonheur ; car il aime Nathalie, il en est aimé.

DESTAILLIS.

Sans l'aveu des parens.

VARINVILLE.

Ni celui du futur. Et cet amant préféré, ce rival, cet ami, le voici.

SCÈNE XIX.

Les précédens, SAINT-YVES, en costume de jeune homme.

NATHALIE.

M. de Saint-Yves !

TOUS.

Que vois-je ?

VARINVILLE.

Oui, mes ex-parens, je vous présente M. de Saint-Yves, jeune homme d'une excellente famille, d'une naissance non équivoque ; vingt-cinq mille livres de rente, et je renonce en sa faveur à des droits que vous ne refuserez point de lui transmettre. (Bas, à Saint-Yves.) Ma famille est-elle contente ?

SAINT-YVES, bas.

De toi, mon cher, je n'attendais pas moins. (Haut.) Et si M. Destaillis, si ces aimables dames veulent me permettre de réparer ce que ma présentation a eu d'inconvenant, j'espère, quand elles me connaîtront mieux...

DESTAILLIS.

C'était donc une comédie ?

SAINT-YVES.

Vous êtes trop bon de donner ce nom à un petit proverbe sans conséquence.

OSCAR.

Un proverbe.

VARINVILLE, à Oscar.

Dans le genre des vôtres.

OSCAR.

J'entends... un proverbe de famille.

VAUDEVILLE.

Air : de Démocrite (de Romagnési).

MADEMOISELLE JUDITH.

On dit, et depuis bien long-temps,
Que les hommes sont tous parens.
A voir leurs débats et leurs guerres,
On ne croirait pas qu'ils sont frères.
Mais un seul point le prouverait ;
Dès que parle leur intérêt ;
Noble ou vilain, que l'on mendie ou brille,
C'est toujours, toujours de la même famille ;
Ils sont tous de la même famille.

DESTAILLIS.

On ne boit jamais à son gré,
Tant l'homme est toujours altéré :

SCÈNE XIX.

Sans vin l'ouvrier ne peut vivre !
D'or et d'honneurs le grand s'enivre ;
Versez du vin, versez de l'or,
Tous les deux vous diront : « Encor. »
Depuis le Louvre, et jusqu'à la Courtille,
C'est toujours, toujours de la même famille ;
Il sont tous de la même famille.

VARINVILLE.

Puissions-nous voir, un beau matin,
Les peuples, se donnant la main,
Ne former qu'une chaîne immense,
De Saint-Pétersbourg à Byzance...
Et par un accord général,
Qui gagne même en Portugal,
Et du Portugal jusque dans la Castille,
Ne plus faire tous qu'une même famille,
Ne former qu'une seule famille.

SAINT-YVES.

Dans tout pays, de tout côté,
Que de liens de parenté !
Les guérillas et les corsaires,
Les cosaques, les gens d'affaires,
Les budgets et les percepteurs,
Les conquérans, les fournisseurs.
Que l'un dise : « Prends ! » que l'autre dise : « Pille... »
C'est toujours, toujours de la même famille ;
Ils sont tous de la même famille.

NATHALIE.

L'auteur dans ce moment fatal
Attend l'arrêt du tribunal.
Rappelez-vous, juges sévères,
Que tous les hommes sont des frères ;
Ou du moins, messieurs, que vos mains

Prouvent ici qu'ils sont cousins.
Entre parens que l'indulgence brille,
Que ce soir, Messieurs, tout se passe en famille,
Que ce soir tout se passe en famille.

FIN DE LA FAMILLE DU BARON.
ET DU TOME DIX-SEPTIÈME.

TABLE

DES PIÈCES CONTENUES DANS CE VOLUME.

	PAGES.
Caroline.	1
Le Ménage de Garçon.	51
L'Avare en goguettes.	99
Les Adieux au Comptoir.	147
La Charge à payer, ou la Mère intrigante.	191
Le Vieux Mari.	245
Théobald, ou le Retour de Russie.	323
La Famille du Baron.	387

FIN DE LA TABLE.

www.ingramcontent.com/pod-product-compliance
Lightning Source LLC
Chambersburg PA
CBHW060232230426
43664CB00011B/1624